高等职业教育理实一体化系列教材

仓储与配送管理
（基于ITP一体化教学管理平台）

主　编　靳荣利
副主编　欧阳菲　鲁　楠
参　编　王虹力　高　荣　豆佳梅
主　审　高　钧

机械工业出版社

本书是在"产教融合,协同育人"的背景下,由上海百蝶计算机信息技术有限公司联合国内多所高等职业院校中具有丰富一线教学经验的教师共同开发的、基于ITP一体化教学管理平台的高等职业教育理实一体化教材。

"仓储与配送管理"是高职物流管理专业的核心课程,本书的主要特色是教学管理平台化,教学载体虚拟化,教学内容项目化,教学模式理实一体化,能力训练任务化,考核评价成果化,以此实现以模拟操作技能训练为切入点,逐步提升学生管理技能的教学目标。

本书共设计了两个教学项目、七个子项目和十四个教学任务,主要内容包括配送中心调研方案设计与实施、货物入库作业方案设计与实施、货物库内作业方案设计与实施、货物出库作业方案设计与实施、货物配送作业方案设计与实施及货物储配作业优化方案设计与实施。

本书作为仓储与配送虚拟仿真软件的配套教材,适合高等职业院校物流管理及其相关专业的学生使用。

图书在版编目(CIP)数据

仓储与配送管理：基于ITP一体化教学管理平台/靳荣利主编. —北京：机械工业出版社,2018.7（2022.5重印）

高等职业教育理实一体化系列教材

ISBN 978-7-111-60377-1

Ⅰ. ①仓… Ⅱ. ①靳… Ⅲ. ①仓库管理—高等职业教育—教材 ②物流管理—物资配送—高等职业教育—教材 Ⅳ. ①F253 ②F252.14

中国版本图书馆CIP数据核字（2018）第146485号

机械工业出版社（北京市百万庄大街22号 邮政编码100037）
策划编辑：聂志磊　　　　　责任编辑：聂志磊　陈　浩
责任校对：王　欣　佟瑞鑫　封面设计：马精明
责任印制：常天培

固安县铭成印刷有限公司印刷

2022年5月第1版第5次印刷
184mm×260mm・14.25印张・354千字
标准书号：ISBN 978-7-111-60377-1
定价：45.00元

电话服务　　　　　　　　网络服务
客服电话：010-88361066　机　工　官　网：www.cmpbook.com
　　　　　010-88379833　机　工　官　博：weibo.com/cmp1952
　　　　　010-68326294　金　书　网：www.golden-book.com
封底无防伪标均为盗版　机工教育服务网：www.cmpedu.com

前　言

　　物流业是融合运输、仓储、配送、货代、集装箱码头、信息等产业的复合型服务业，是支撑国民经济发展的基础性、战略性产业。加快发展现代物流业，对于促进产业结构调整、转变发展方式、提高国民经济竞争力和建设生态文明具有重要意义。进入 21 世纪以来，随着互联网技术和电子商务技术的普及应用，"一带一路"倡议带来了物流业、电商业、商贸业等综合业态的全新发展，我国物流业总体规模快速增长，发展环境和条件不断改善，需要大批掌握先进技能的高素质物流人才以适应物流作业机械化、自动化和信息化的发展需求。仓储和配送作为物流的重要节点和主要功能，其发展对于促进一个国家和地区的经济增长，提升社会综合配套能力和服务水平具有不可替代的重要作用。

　　高等职业院校物流管理专业担负着培养面向生产或服务企业一线基层管理者的主要任务，作为配送中心的基层管理者，既要具备熟练的作业技能，又要具备客户意识、服务意识、质量意识、效率意识、成本意识等管理意识，并在此基础上培养和提升自身的管理技能。在实际工作中，基层管理者的作业技能和管理技能是密不可分的，两者互为前提和因果关系，彼此相互影响，相互促进。

　　本书就是为满足我国物流业对日益增长的高端技能型仓储与配送作业管理人才需求，在"产教融合，协同育人"的背景下，由上海百蝶计算机信息技术有限公司联合国内多所高等职业院校中具有丰富一线教学经验的教师共同开发的、基于 ITP 一体化教学管理平台的高等职业教育理实一体化教材。"仓储与配送管理"是高等职业物流管理专业的核心课程，编写本书的目的就是为了满足院校物流管理专业课程教学改革需要，为课程教学改革提供一套完整的教学解决方案，即以学生职业能力培养为中心，以突破高职院校教育专业课程教学改革困境为出发点，以仓储与配送虚拟仿真运营管理软件为教学载体，以教学内容项目化为导向，以任务驱动为能力训练手段，以理实一体为教学模式，以工作结果为考核评价依据。

　　本书以培养学生熟练掌握配送中心作业技能（货物入库作业、库内作业、出库作业及配送作业）为出发点，旨在以此为基础培养和提升学生的管理意识和管理技能。所以，书中技能链接部分主要是结合不同的项目任务要求，对有效实施该任务所需的管理技能加以陈述和强调，旨在为顺利完成作业任务建立起必要的管理逻辑和管理意识，为培养和提升管理技能奠定基础。

　　本书的主要特色是教学管理平台化，教学载体虚拟化，教学内容项目化，教学模式理实一体化，能力训练任务化，考核评价成果化，以此实现以模拟操作技能训练为切入点，逐步提升学生管理技能的高端技能型物流人才培养目标。

　　本书共设计了两个教学项目、七个子项目和十四个教学任务，主要内容包括配送中心调研方案设计与实施、货物入库作业方案设计与实施、货物库内作业方案设计与实施、货物出库作业方案设计与实施、货物配送作业方案设计与实施及货物储配作业优化方案设计与实施。

　　本书作为基于 ITP 一体化教学管理平台的仓储（IWMS 系统）与配送（IDMS 系统）虚拟仿真软件的配套教材，适合高等职业院校物流管理及其相关专业的学生使用。本书的配套教学管理平台及虚拟仿真软件可以向教材的合作企业上海百蝶计算机信息技术有限公司购买或以学校名义申请试用。本书提供完整的配套课程教学资源，其中供学生学习使用的教学资源可在 ITP 平台中获取，供教师使用的教学资源可向机械工业出版社申请获取。

本书由靳荣利任主编，欧阳菲和鲁楠任副主编。具体编写分工为欧阳菲和王虹力负责项目一中仓储部分的编写，鲁楠负责项目一中配送部分的编写，高荣和豆佳梅负责项目二的编写。靳荣利负责全书的策划和统稿。

本书在编写过程中，参考了大量文献资料，作者已经尽可能在参考文献中详细列出，在此对这些前辈、同行、专家、作者表示深深的谢意。引证材料可能有疏漏没有列出，在这里深表歉意。本书承蒙上海百蝶计算机信息技术有限公司刘华荣总经理提供各方面的鼎力支持，公司的两位研究生高荣和豆佳梅对全书的任务数据处理和测试做了大量工作，同时也承蒙顺德职业技术学院的高钧教授在百忙之中对本书进行了认真审阅，在此谨表示衷心的谢意，同时对参与和支持本书出版的所有同志表示谢意。

由于时间仓促，水平有限，书中难免有不妥之处，敬请读者批评指正。

编　者

目 录

前 言

项目一 货物储配作业方案设计与实施 ... 1

子项目一 配送中心调研方案设计与实施 ... 2
- 任务一 配送中心调研方案设计 ... 3
- 任务二 配送中心调研方案实施 ... 17

子项目二 货物入库作业方案设计与实施 ... 27
- 任务一 货物入库作业方案设计 ... 28
- 任务二 货物入库作业方案实施 ... 42

子项目三 货物库内作业方案设计与实施 ... 55
- 任务一 货物库内作业方案设计 ... 56
- 任务二 货物库内作业方案实施 ... 63

子项目四 货物出库作业方案设计与实施 ... 80
- 任务一 货物出库作业方案设计 ... 81
- 任务二 货物出库作业方案实施 ... 93

子项目五 货物配送作业方案设计与实施 ... 111
- 任务一 货物配送作业方案设计 ... 112
- 任务二 货物配送作业方案实施 ... 125

项目二 货物储配作业优化方案设计与实施 ... 137

子项目六 货物储配作业优化方案设计与实施（单人作业） ... 138
- 任务一 货物储配作业优化方案设计 ... 139
- 任务二 货物储配作业优化方案实施 ... 152

子项目七 货物储配作业优化方案设计与实施（小组作业） ... 166
- 任务一 货物储配作业优化方案设计 ... 167
- 任务二 货物储配作业优化方案实施 ... 172

附录 ... 176
- 附录A 教师演示任务数据 ... 176
- 附录B 配送中心调研模板（仅供参考） ... 184
- 附录C 方案模板 ... 186
- 附录D 客户档案 ... 204
- 附录E 配送中心货物堆码基础信息 ... 211
- 附录F 标准正态分布表 ... 212
- 附录G 货物基础信息表 ... 213

参考文献 ... 219

项目一

货物储配作业方案设计与实施

项目背景

AA 零售连锁集团成立于 1998 年,是一家实力雄厚的零售连锁企业。集团以三种主要经营业态引领市场:大型超市、超市及折扣店,此外还发展了便利店和云超市。通过多年的经营,AA 零售连锁集团积累了大型超市经营管理方面的技能和先进经验,并将货物采购、营销管理、资产管理等实现了现代化和本地化。其凭借先进的超市管理模式,成功地进入中国的 28 个城市,北至哈尔滨、南至海口、西至乌鲁木齐、东至上海,无论到哪个城市都融入当地的文化和环境,实现本土化管理,并为本土员工创造事业发展的机会。

该集团建立了自有物流体系,对所有分店实行统一采购、统一指挥、统一配送和分散销售等,从而实现规模效益,使得每个分店的经营成本低于独立经营的成本。为了快速响应客户订单,AA 零售连锁集团在上海、北京、深圳等 28 个城市建立了自己的配送中心。仓储面积已经超过 80 万 m^2,一些大型仓储配送中心,例如上海,已经建设了五个二级配送中心。

上海地区的 AA 配送中心为 AA 零售连锁集团旗下的超市及便利店提供货物储配作业,通过统一配送可以降低损耗、库存成本并提高货物周转率,从而降低整个企业的运营成本。AA 配送中心实行 24h 交叉作业不间断服务,高度自动化和机械化处理,还拥有快速运输系统,所有货物采用直配的送货方式,使货物从配送中心到每家分店的时间小于 6h,大大减少了储存空间和储存成本费用,从而降低了销售成本。

AA 配送中心作为华东地区的中转仓,每天业务非常繁忙,为了快速高效地响应客户订单,仓储部和配送部需要从各个环节优化作业流程,降低成本,并对仓库设施设备的改进和增设提供解决方案。配送中心每天出入库业务,作为一名仓储与配送管理的工作人员,通过对整个仓库的运营进行分析,你应该如何维持仓库的高效运营并开展一系列相关工作呢?

子项目一
配送中心调研方案设计与实施

子项目情景

  AA配送中心作为华东地区的中转仓，每天业务非常繁忙，为了快速高效地响应客户订单，仓储部和配送部招聘了一批新员工。2016年11月29日，人事部组织所有新员工召开培训会议，会议就近一周新员工轮岗工作进行全面总结，并对后续的培训工作进行合理的安排。

  人事部的崔经理先做了简短的开场白，"今天的会议主要讨论一下大家在轮岗期间遇到的问题。希望你们可以踊跃发言，我们积极配合，以便大家更快地融入新的工作环境。"

  一个小姑娘站起来点头示意了一下，"在我轮岗的时候主要还是对整个仓库的布局不是很熟悉，虽然以前学习了相关的理论知识，但在实际工作中还是有一些差异的。所以，我建议先对整个配送中心的设施设备和布局做个调研，这样便于我们更快地融入新环境。"

  一个表情很严肃的男生站了起来，说道："我要补充的是关于管理系统的问题，我们在客服部轮岗的时候只是根据入库单据进行简单的新增等工作，对整个管理系统不是很了解，更不明白其中的缘由。"

  崔经理环视一周，会议室里鸦雀无声，"经过大家的讨论，接下来的一周我们暂停轮岗实习工作，对配送中心做一个全面的调研，主要针对刚才说到的设施设备、仓库布局和管理系统。在调研的过程中，遇到问题及时反映，你们也要多沟通，把后续的工作做好。"

  2016年11月30日开始，通过对配送中心的调研，了解整个配送中心的布局，分析各设施设备的功能和用途，并熟悉管理系统中的各个功能和操作方法，最后将这些调研结果汇总整合，形成调研报告。作为一名新员工，通过对整个仓库的运营进行分析，你应该如何开展这一系列工作呢？

学习目标

【知识目标】
1. 掌握仓储及其相关概念，理解仓库的分类。
2. 掌握仓储管理的概念，理解仓储管理的主要内容。
3. 掌握配送的概念，理解配送的要素及分类。
4. 掌握配送中心的概念，理解配送中心的功能、分类、结构及设施设备用途。
5. 掌握配送中心岗位及其职责的相关内容，理解配送中心组织结构及岗位设置的原则。

【技能目标】
1. 能够依据方案设计任务书的要求设计完整的配送中心调研方案。
2. 能够依据调研方案完成配送中心岗位及其职责、设施设备及其规模的调研。
3. 能够依据调研方案完成配送中心货品数据、库存量数据及作业成本的调研。

4. 能够规范撰写配送中心调研报告。
5. 能够规范绘制配送中心平面图。

【素质目标】
1. 树立严谨认真的工作态度。
2. 培养吃苦耐劳的工作精神。

任务一　配送中心调研方案设计

知识链接

在进行配送中心调研方案设计时，首先要了解仓储、配送及配送中心运营管理的基础知识，在此基础上通过熟悉配送中心设施设备的规模与布局、货物的存储情况、订单流水、作业流程、作业岗位等相关基础信息，才能有效地进行配送中心调研方案的设计。

一、仓储及相关概念

（一）仓储的含义

《物流术语》（GB/T 18354—2006）对仓储（warehousing）的定义是：利用仓库及相关设施设备进行物品的入库、存贮、出库的活动。仓储的含义可以从两个方面来理解，即狭义的仓储和广义的仓储。狭义的仓储仅指通过仓库等场所实现对在库货物的储存与保管，是一种静态仓储。广义的仓储是指除了对货物的储存、保管，还包括货物在库期间的装卸搬运、分拣组合、包装刷唛、流通加工等各项增值服务功能，是一种动态仓储。

（二）仓库的含义及其分类

1. 仓库的含义

仓库（warehouse）：保管、储存货物的建筑物和场所的总称。一般来讲，仓库具有存储与保管、调节物资供需平衡、调节货物运输、配送与流通加工、信息处理、辅助市场销售等基本功能。其中，存储与保管是仓库最基本的传统功能。仓库具有一定的空间，用于储存货物，并配备相应的设备，保持储存货物的完好性，创造货物的时间效用。

2. 仓库的分类

仓库的种类繁多，分类标准不同，仓库的类型就不同，见表 1-1。

表 1-1　仓库的类型

序　号	分类标准	类　型
1	按仓库的用途划分	营业用仓库
		自备仓库
		公共仓库
		保税仓库

（续）

序　号	分类标准	类　型
2	按仓库在社会再生产过程中所起的作用划分	生产仓库
		销售仓库
		中转仓库
		储备仓库
3	按保管条件划分	普通仓库
		恒温仓库
		冷藏仓库
		危险品仓库
		气调仓库
4	按仓库的构造划分	单层仓库
		多层仓库
		立体仓库
		筒仓
		罐式仓库
		露天堆场
		地下仓库
5	按仓库存放货物的性质划分	综合性仓库
		专业性仓库

按仓库构造不同，常见的仓库有单层仓库、多层仓库、立体仓库、筒仓与露天堆场五种。

（1）单层仓库。单层仓库是使用最广泛的一种仓库建筑类型。这种仓库一般只有一层，设计简单，所需投资较少，并且在仓库内装卸搬运比较方便。同时，各种附属设备（如通风设备、供电设备等）的安装、使用与维护比较方便。

（2）多层仓库。多层仓库是指具有两层以上的仓库，它采用垂直输送机或提升机把货物运送到各层平台，或者把货车直接开到楼上。多层仓库一般占地面积小，适宜建在人口稠密、土地使用价格较高的地区。

（3）立体仓库。立体仓库又称高层货架仓库，由高层货架、巷道堆垛起重机、入出库输送机系统、自动化控制系统、计算机仓库管理系统及其周边设备组成，可对集装单元货物实现机械化自动存取和控制作业。立体仓库具有自动化、立体化、信息化、机械化等特点。

（4）筒仓。筒仓是用于存放散装的小颗粒或粉末状货物的封闭式仓库，经常用来存储粮食、水泥和化肥等。筒仓一般分为农业筒仓与工业筒仓两大类。

（5）露天堆场。露天堆场是指用于在露天堆放货物的场所，一般堆放大宗原材料或不怕受潮的货物。

（三）储存和保管的含义

1．储存的含义

储存（storing）：保护、管理、贮藏物品 [《物流术语》（GB/T 18354—2006）]。

2．保管的含义

保管（storage）：对物品进行储存，并对其进行物理性管理的活动 [《物流术语》（GB/T 18354—2006）]。

二、仓储管理

仓储管理是指对仓储设施布局和设计及仓储作业所进行的计划、组织、协调与控制[《物流术语》（GB/T 18354—2006）]。

仓储管理与仓库管理相比要复杂得多，仓库管理是指货物的入库、在库、出库等环节的管理，是一种业务层面的管理。而仓储管理既包括选址和建设等战略层面的管理，又包括出入库、储存保管、分拣配货等业务层面的管理。

仓储管理的主要内容包括：

（一）仓库的选址与建设

例如，仓库选址的原则与考虑的因素、仓库的建筑面积与结构、库内平面布置与作业区划分等。此类管理属于仓储战略管理，其直接关系到仓储企业未来的发展与战略的保持。

（二）仓库设备的选择与配置

仓库设备的选择与配置是指根据仓库作业特点和所储存货物的种类及其物理特性、化学特性、生理生化特性选择机械设备的类型及确定应配置的数量。恰当地选择适用于不同作业类型的仓库设施和设备将大大降低仓库作业中人工作业的劳动量，并提高货物流通的通畅性和有效保障流通过程中货物的质量。

（三）仓库作业管理

仓库作业管理是指针对货物的出入库、在库保管、保养等各项业务活动的管理。

（四）仓库的库存控制与管理

仓库的库存控制与管理是指利用新技术、新方法来实现在保证供应的前提下有效降低库存成本，进而实现物流总成本的最低。

（五）人力资源管理

人力资源管理是指仓储人员的招聘与后期培训，建立、健全各岗位职责、各岗位人员的配置与优化、人机系统的高效组合等。

三、配送的概念和要素

（一）配送概念的理解

配送（distribution）是指在经济合理区域范围内，根据客户要求，对物品进行拣选、加工、包装、分割、组配等作业，并按时送达指定地点的物流活动[《物流术语》（GB/T 18354—2006）]。

配送是根据客户的要求，在物流据点内进行拣选、配货等工作，并将配好的货物适时地送交收货人的过程。根据定义，可以从如下几个方面理解配送：

1．以送货为目的，但配是送的前提

配送是"配"和"送"的统一。配送是按照客户对物品的品种、规格、等级、型号、数量等方面的要求，经过拣选、配货、配装等活动，将配好的物品送交客户。"配"是"送"的前提和条件，"送"是"配"的指向目标。配送中的送货是一种固定的形态，是有确定组织、有确定渠道、有设施设备、有管理、有技术支持的送货，不是偶然的行为。

2．配送推动了物品的流动

在现代经济运行中，流通物品的种类越来越多，批量越来越小，这使得送货的规模效益

受到影响，物品会因物流不畅而不能及时到达客户手中。配送的出现很好地解决了这一问题，从事配送活动的组织集中客户的需求、集中物品本身，使送货的规模效益得以体现。同时，也通过配送活动的精细安排，使得物畅其流。

3. 配送是专业化的增值服务

从事配送工作需要专门的配送设施和设备，通过专业化的管理与客户之间形成一种长期的伙伴关系，通过专业的工作人员来组织实施备货、存储、分拣和拣货、配装等工作，优化资源配置，为客户提供优质、低成本的服务。配送有资源配置的作用，是"最终配置"，因而是接近客户的配置。而接近客户是企业经营战略至关重要的内容。

4. 配送以客户要求为出发点

在配送的定义中强调"根据客户要求"，明确了客户的主导地位。配送是从客户利益出发，按客户要求进行的一种活动，因此在观念上必须明确"客户第一""质量第一"。

（二）配送的要素

1. 集货

集货（goods consolidation），即将分散的或小批量的物品集中起来，以便进行运输、配送作业 [《物流术语》（GB/T 18354—2006）]。

集货是配送的重要环节，为了满足特定客户的配送要求，有时需要把从几家甚至数十家供应商处预订的货物集中，并将要求的物品分配到指定的容器和场所。集货是配送的准备工作或基础工作，是配送的优势之一。

2. 储存

配送中的储存有储备及暂存两种形态。配送储备，储配数量较大，储存更加有计划性。暂存是指在具体执行日配送时，按分拣配货要求，在理货场地所做的少量储存准备。

3. 分拣和拣货

分拣是将货物按品种、出入库的先后顺序进行分门别类堆放的作业。拣货是按订单或出库单的要求，从储存场所拣出货物，并码放在指定场所的作业。

4. 配货

配货是指使用各种拣货设备和传送装置，将存放的货物，按照客户的要求分拣出来，配备齐全，送入指定发货地点。

5. 配装

在单个客户配送数量不能达到车辆的有效运载负荷时，就需要将几种不同客户的配送货物进行搭配装载以充分利用运能、运力，这就是配装。

6. 配送运输

配送运输是较短距离、较小规模的运输形式，一般使用汽车做运输工具，配送运输的路线选择问题是一般干线运输所没有的。干线运输的干线是唯一的运输线，而配送运输由于配送客户多，一般城市交通路线又较复杂，所以如何组合成最佳路线，以及如何使配装和路线有效搭配，就成为较重要的工作。

7. 送达服务

将配好的货物运输到客户指定处并不表示配送工作已经结束，还要完成货物向客户的移交,并有效地、方便地处理相关手续和完成结算,因此,为了提高配送效率,必须事先与客户协调好卸货地点和卸货方式等事宜。

8．配送加工

配送加工是按照配送客户的要求所进行的流通加工。流通加工(distribution processing)是指根据客户的需要在流通过程中对产品实施的简单加工作业活动(如包装、分割、计量、分拣、刷标志、拴标签、组装等)的总称[《物流术语》(GB/T 18354—2006)]。

四、配送的类型

(一)按照配送物品的种类和数量划分

1．少品种大批量配送

少品种大批量配送适用于需要数量较大的商品,单独一种或少数品种就可以达到较大的运输量,可实行整车运输。

2．多品种小批量配送

按客户要求,将所需的各种商品(每种商品的需要量不大)配备齐全,凑成整车后由配送中心送达客户手中。日用商品的配送多采用这种方式。

(二)按照配送时间和数量划分

1．定时配送

按照规定的时间间隔进行配送,配送的商品品种和数量可根据客户要求有所不同。

2．定量配送

按照规定的数量进行配送,但配送的时间间隔可以有所不同。定量配送的计划性强,备货工作简单,配送成本低。

3．定时定量配送

按照规定的时间间隔和固定的配送数量进行配送。

4．即时配送

不预先确定配送数量、配送时间和配送路线,而是按照客户要求的时间、数量进行配送。

(三)按照配送的组织形式划分

1．集中配送

集中配送是指由专门从事配送业务的配送中心对多个客户开展配送业务。集中配送的品种多、数量大,一次可同时对同一路线中的几家客户进行配送,其配送的经济效益明显。集中配送是主要的配送方式。

2．共同配送

几个配送中心联合起来,共同制订计划,共同对某一地区客户进行配送,具体执行时共同使用配送车辆,因而称之为共同配送。

3．分散配送

分散配送是由商业零售网店对小量、零星商品或临时需要的商品进行的配送业务。这种配送适合于近距离、多品种、小批量商品的配送。

4. 加工配送

加工配送是指在配送中心进行必要的加工后再配送。这种方式将流通加工和配送一体化，使加工更有计划性，配送服务更趋完善。

五、配送中心的概念及功能

（一）配送中心（distribution center）的概念

《物流术语》（GB/T 18354—2006）中规定：配送中心是从事配送业务且具有完善信息网络的场所或组织，应基本符合下列要求：

（1）主要为特定客户或末端客户提供服务。
（2）配送功能健全。
（3）辐射范围小。
（4）提供高频率、小批量、多批次配送服务。

（二）配送中心的作用

配送中心在如下几个方面发挥着较好的作用：

（1）减少交易次数和流通环节。
（2）产生规模效益。
（3）减少客户库存，提高库存保障水平。
（4）有利于与厂商建立紧密的合作关系，通过快速有效的信息反馈控制货物质量。
（5）配送中心是电商物流的物质技术基础。

（三）配送中心的功能

配送中心一方面集成了物流和商流活动，商物合一；另一方面集成了物流活动的所有功能，可以看作是物流活动的缩影。从理论上讲，配送中心有如下功能：

1. 存储功能

配送中心必须按照客户的要求，将其所需要的商品在规定的时间内送到指定的地点，以满足生产和消费需要。因此，配送中心必须储备一定数量的商品。储存在配送运行过程中还能创造时间效用，配送中心通过集中商品，形成储备来保证配送服务所需要的货源。

2. 集散功能

配送中心凭借自身拥有的物流设施和设备将分散的商品集中起来，经过分拣、配装，输送给多家客户。集散功能是流通型物流节点的一项基本功能，通过集散商品来调节生产与消费，实现资源的有效配置。

3. 分拣功能

配送中心必须依据客户对商品品种、规格、数量等方面的不同要求，从储备的商品中通过拣选、分货等作业完成配货工作，为配送运输做好准备，以满足不同客户的需要。这是配送中心与普通仓库和一般送货的最主要区别。

4. 加工功能

配送中心为促进销售，便利物流或提高原材料的利用率，按用户的要求并根据合理配送的原则而对商品进行下料、打孔、解体、分装、贴标签、组装等初加工活动，因而使配送中心具备一定的加工能力。加工功能不仅提高了配送中心的经营和服务水平，也有利于提高资源利用率。

5．衔接功能

配送中心是重要的流通节点，衔接着生产与消费，它不仅通过集货和储存平衡供求，而且能有效地协调产销在时间或空间上的分离。配送中心的衔接功能必须通过其他功能来实现。

6．信息功能

配送中心不仅能够实现物的流通，而且也能够通过信息情报来协调各环节的作业，或者协调生产与消费。配送信息随着物流活动的开展而产生，特别是多品种小批量生产和多频度少批量配送，不仅使信息量增加，而且对信息处理的速度和准确性也提出了更高的要求。

六、配送中心的分类

配送中心是一种新兴的经营管理形态，具有提供高频率、小批量、多批次配送服务及降低流通成本的作用。根据不同的划分标准，配送中心的分类如图1-1所示。

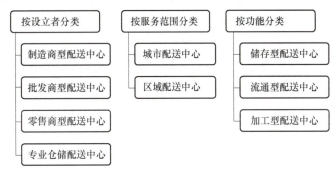

图1-1　配送中心的分类

（一）按照配送中心设立者分类

根据配送中心的设立者不同，配送中心可以分为制造商型配送中心、批发商型配送中心、零售商型配送中心及专业仓储配送中心。

1．制造商型配送中心

制造商型配送中心以制造商为主体，存储的所有商品全部由自己生产制造，不具备社会化的要求。

2．批发商型配送中心

批发商型配送中心以批发商和代理商为主体，存储的货物来自各个制造商，它所进行的一项重要活动就是对货物进行汇总和再销售，社会化程度较高。

3．零售商型配送中心

零售商型配送中心以零售业为主体，当零售商发展到一定规模后，就可以考虑建立自己的配送中心，其社会化程度介于前两者之间。

4．专业仓储配送中心

专业仓储配送中心是以第三方物流企业为主体的配送中心，存储的货物仍属于制造商或供应商，只是负责提供仓储管理和配送服务，配送运输能力强，地理位置优越，现代化程度往往也较高。

（二）按照服务范围分类

根据配送中心的服务范围不同，配送中心可以分为城市配送中心与区域配送中心。

1. 城市配送中心

城市配送中心以城市范围为配送范围,由于运输距离短,反应能力强,因而从事多品种、小批量、多客户的配送较有优势。

2. 区域配送中心

区域配送中心是以较强的辐射能力和库存准备,向省际、全国乃至国际范围的客户配送的配送中心,虽然也从事零星的配送业务,但不是主体形式。

(三)按照配送中心的功能分类

根据配送中心的功能不同,配送中心可以分为储存型配送中心、流通型配送中心与加工型配送中心。

1. 储存型配送中心

储存型配送中心是以存储为主要业务,有很强的储存功能,我国目前建设的配送中心大多为储存型配送中心,库存量较大。

2. 流通型配送中心

流通型配送中心是仅以暂存或随进随出的方式进行配货和送货的配送中心,没有长期储存的功能。

3. 加工型配送中心

加工型配送中心是以流通加工为主要业务的配送中心。

另外,根据货物的属性,配送中心还可分为食品配送中心、日用品配送中心、家电配送中心、医药品配送中心、汽车零件配送中心及生鲜处理中心等。

七、配送中心的结构

一般配送中心的每个工作区域的结构配置如下:

(一)接货区

在接货区里完成接货及入库前的工作,如接货、卸货、清点、检验、分类入库准备等。接货区的主要设施有:进货铁路或公路、装卸货站台、暂存验收检查区域。

(二)储存区

在储存区里储存或分类储存所进的物资。由于这是个静态区域,货物要在这个区域中有一定时间的放置,所以和不断进出的接货区比较,这个区域所占的面积较大,往往占到配送中心总面积的一半左右。

(三)理货、备货区

在理货、备货区里进行货物分拣、拣货、配货作业,为送货做准备。这个区域面积随不同的配货中心而有较大的变化。

(四)分放、配装区

在分放、配装区里,按客户需求将配好的货暂存等待外运,或者根据每个客户货物堆放状况决定配车方式、配装方式,然后直接装车或运到发货站台装车。由于暂存时间短、周期快,因此,这个区域所占面积相对较小。

（五）外运发货区

在外运发货区，将备好的货物装入外运车辆发出。外运发货区的结构和接货区类似，有装卸货站台、外运路线等设施。

（六）配送加工区

许多类型的配送中心还设置配送加工区，在这个区域进行分装、包装、切裁、下料、混配等各种类型的流通加工作业。

（七）管理指挥区（办公区）

管理指挥区（办公区）可以集中设置在配送中心某一位置，有时也可分散设置于其他区域中，主要包括营业事务处理场所、内部调度管理场所、财务中心、客服中心等。

八、配送中心的设施设备

配送中心的设备是指配送中心业务中所需的技术装置和机具，主要分为装卸搬运设备、包装机械、仓储机械、分拣设备及配送运输设备。

（一）装卸搬运设备

装卸搬运设备是用来搬移、升降和短距离输送货物或物料的设备。它是物流系统中使用频度最大、数量最多的一类设备，是配送中心设备的重要组成部分，对提高配送中心自动化水平、减轻劳动强度、提高工作效率具有重要作用。目前，配送中心常用的装卸搬运设备主要有叉车、堆高机、笼车及各种输送机等。

（二）包装机械

包装机械包括主要包装机械和辅助包装机械。完成裹包、充填等包装工序的包装机械称为主要包装机械；完成洗涤、烘干、检测、盖印、计量和堆垛工作的包装机械称为辅助包装机械。

（三）仓储机械

仓储机械是用来保护并存放货物的设备，主要包括货架、托盘等。货架是用支架、隔板或托架组成的立体储存货物的设施。一般来讲，货架分为托盘货架、阁楼式货架、悬挂式货架、后推式货架、重力式货架、驶入驶出式货架、旋转式货架。

目前，货架编码一般采用7位编码方式，第1位为英文字母，表示存储区域的顺序号，如A表示立库货架区；第2、3位为阿拉伯数字，表示货架排顺序号；第4、5位为阿拉伯数字，表示货架列顺序号；第6、7位为阿拉伯数字，表示货架层顺序号。货架编码规则如图1-2所示。

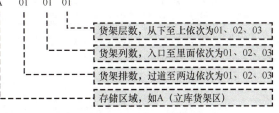

图1-2 货架编码规则

（四）分拣设备

分拣是指将货物按品种、出入库的先后顺序进行分门别类堆放的作业。按分拣的手段不同，分拣可以分为人工分拣、机械分拣和自动分拣。在分拣系统中，分拣机是最主要的设备，由于分拣对象在外形、尺寸、重量等方面差别很大，分拣机的种类很多，主要有横向推动式分拣机、升降推出式分拣机、倾斜式分拣机、直落式分拣机、悬吊式分拣机和滑块式分拣机。

（五）配送运输设备

配送运输设备是用来短距离运送货物的设备。目前，配送运输设备主要包括厢式汽车、集装箱牵引车与挂车、半挂牵引车与半挂车等。

九、配送中心的组织结构与人员配备

配送中心的组织结构与人员配备就是指按照预定的目标，将配送中心作业人员与储配手段有机结合起来，完成货物储配作业过程各环节的职责，为商品流通提供良好的储配作业服务，加速商品在配送中心的周转，合理使用人力、物力，取得最大的经济效益。

（一）配送中心的组织结构

1. 组织结构建立的原则

（1）任务目标原则：配送中心组织结构的设立，应以储配管理任务和经营目标为依据，为最终实现企业目标而服务。配送中心储配管理任务和经营目标是组织结构设置的出发点。组织结构是一种手段，部门、机构的设置及责权的划分，只能根据任务、目标的需要来决定。

（2）精简原则：机构臃肿庞大，必然造成协调困难，反应迟钝，管理成本加大，因此在完成储配任务和经营目标的前提下，组织结构应当力求做到紧凑精干，机构越简单、人员越少越好。这就要求加强人员培训，提高人员的素质。

（3）专业分工与协作原则：专业分工与协作是社会化大生产的客观要求，配送中心的各岗位之间、各部门之间有着紧密的联系，任何一项管理都离不开其他部门或人员的配合。因此，组织结构设置要恰当，责任要明确，既要进行协作又要避免相互扯皮。

（4）指挥统一原则：组织结构设置要确保行政命令和生产指挥的集中统一，应该做到从上到下垂直领导，一级管一级，不越权指挥，避免多头领导。配送中心的组织结构遵循统一指挥原则，实质是建立配送中心管理组织的合理纵向分工。一般包括三级管理层次，即决策层、执行层和作业层。

（5）责权利相结合原则：所谓责权利相结合，就是使每一个职位或岗位上的职责、职权、经济利益统一起来，形成责权利相一致的关系。配送中心要围绕储配任务建立岗位责任制，明确规定每一个管理层次、每一个管理岗位、每一名管理人员的责任、权利与义务，并且将责任制与经济利益挂钩。

（6）有效管理幅度原则：管理幅度是指一名上级管理者直接管理的下属人员的数量。管理幅度直接关系到配送中心组织设置的几个管理层次。一般而言，越是基层的管理工作，越是优秀的管理者，科学技术越发达，管理幅度越大；反之，管理幅度越小。同等规模的组织，管理幅度越大，管理层次越少，管理幅度与管理层次成反比。

（7）稳定性与适应性相结合原则：组织结构应有一定的稳定性，以便于各环节、各岗位、各类人员相互配合，保持其正常运行的能力。但当配送中心外部环境和内部条件发生较大变化时，就要求进行必要的调整，以适应新环境的要求。

2. 典型的配送中心组织结构形式

（1）直线制组织结构：直线制组织结构是由一个上级直接管理多个下级的一种组织结构形式。其优点是：从上到下垂直领导，不设行政职能部门，组织精简，指令传达迅速，责权明确，配送中心主管的管理意图能够得到充分执行。其缺点是：管理中的各种决策易受管理者自身能力限制,对管理者的要求较全面,在业务量大、作业复杂的情况下,配送中心主管会感到压力太大,力不从心,因此,这种组织结构适合于规模小、人数不多、业务简单的小型配送中心。

(2)直线职能制组织结构:直线职能制组织结构是在直线制的基础上加上职能部门,各职能部门分管不同业务,这些职能机构都是某种职能的组合体。其优点是:克服了直线制组织结构中管理者的精力和工作时间有限的缺点。其缺点是:各职能部门之间有时会发生矛盾,因此需要密切配合。这种组织结构被大中型配送中心普遍采用,是一种较有效的组织结构形式。典型的直线职能制组织结构如图1-3所示。

(3)事业部制组织结构:事业部制组织结构是一种较为复杂的组织结构形式,它是在总公司的领导下,以某项业务(或项目)为事业部,实行统一管理、分散经营的组织运行管理机制。其优点是:管理决策程序完善,运行效率高,各事业部内部的管理权力相对集中,有独立经营管理能力,适合于大型综合配送中心。

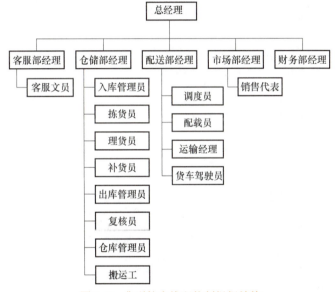

图1-3 典型的直线职能制组织结构

(二)配送中心的人员配备

配送中心人员配备的依据是配送中心的岗位设置。岗位设置的基础是配送中心各项物流作业中所需要的工种(在这里将一种工种定义为一种岗位),但在实际执行中可能会将相近的工作量不大的工种合并成由一个工作岗位人员来完成。在对各工种进行划分时,有可能会出现不同区域相同工种的情况,在这里会将工作合并并编写工作职责。

配送中心的岗位设置会随配送中心组织结构的调整及业务的变更而改变,也可随工作人员对于现场各项工作的熟练程度而加以合并或重新划分。

1.岗位设置原则

"因事设岗"是配送中心岗位设置的基本原则。在具体设置岗位时还应该考虑以下几个原则:

(1)岗位设置的数目符合最低数量的原则。

(2)所有岗位有效配合,保证组织的总目标、总任务实现的原则。

(3)每个岗位发挥积极效应,与其他相关岗位之间相互协调的原则。

(4)所有岗位充分体现经济、科学、合理、系统化的原则。

2. 岗位职责

各岗位职责描述见表 1-2。

表 1-2　各岗位职责描述

岗　位	职　责　描　述
仓库管理员	1. 负责完成收货和发货的处理工作 2. 负责货物存储过程中的保管与养护工作 3. 负责仓库的理货、拣货作业 4. 负责仓库的安全管理工作 5. 负责装卸搬运工和仓库作业人员的管理及调度工作
入库管理员	1. 负责入库相关单据的接收、录入及向关联方及时更新数据 2. 严格检验入库货物，根据有效到货清单，核准货物的数量、质量等 3. 负责定期对仓库货物进行盘点，对入库的货物进行详细记载
出库管理员	1. 在出库的过程中，选用搬运工具与调派工作人员，并安排工具使用时间，以及人员的工作时间、地点、班次等 2. 负责按照出库单发放货物，做到账、卡、物相符 3. 负责对货物进行复查，当出库货物与所载内容不符时及时处理 4. 视具体情况，负责对出库货物进行加工包装或整理
拣货员	1. 负责清点货物的数量及检查 2. 负责按照拣货任务清单正确执行拣货作业 3. 负责根据拣货清单，配合复核员对拣货任务进行审核 4. 负责根据加工订单按要求进行加工分类 5. 负责拣货任务的记录、存档及反馈
复核员	1. 负责配合拣货员共同审核配送相关证件、单据及货物 2. 负责协助取货人员对货物进行验收 3. 负责清点出库货物，并计算损耗 4. 负责整理客户签收返回的送货清单，存档并提交反馈 5. 负责根据派车单审核货车、货物情况，签发派送单
理货员	1. 负责货物的整理、拣货、配货、包装、复核与货物接收、验收、整理、堆放等 2. 核对货物的种类、数量、规格、型号等 3. 鉴定货运质量，分析货物的残损原因，并划分运输事故责任
搬运工	1. 严格按照公司的规章制度和安全操作规程作业 2. 协助货车驾驶员、仓库管理员、理货员清点货物数量 3. 根据车辆装载量和车厢尺寸等合理码放装车货物 4. 对装卸、搬运的货物进行包装检查 5. 作业前后及时清扫并检查工作现场，及时将货物归库
补货员	1. 对分拣区的订单货物进行补充，补货前对货物的外包装、名称、数量和条码等信息进行核对 2. 根据出货方式，从存储区或周转区将货物搬运到分拣区 3. 管理补货区域内的卫生，保证作业区域干净整洁
配载员	1. 负责路线整体运营的管理工作 2. 根据货物的体积、重量、形态、运价科学配载，加大力度提升单车毛利率 3. 根据货物的具体要求及时制订发车计划，保证物流时限 4. 根据货物的要求及时组织车源，合理选用车型，避免货等车、车等货现象出现
货车驾驶员	1. 负责配送中心货物的押运工作 2. 负责与配送中心及门店（客户）的交接工作 3. 服从运输调度的任务安排 4. 保证货物在配送途中安全完好 5. 保证配送单据的完整交接
调度员	1. 全面负责配送中心配送车辆的调度 2. 协助运输经理规划配送路线、制定配送频率并监督执行 3. 负责配送车辆驾驶员的管理及考核 4. 货物追踪查询及报告

（续）

岗　位	职责描述
客服文员	1. 负责与客户联系，了解并传达客户需求 2. 负责与客户沟通业务异常情况的处理方法 3. 负责及时向客户反馈货物情况 4. 鉴定货物质量，分析物资的残损原因，并划分运输事故责任
总经理	1. 根据企业业务规划，构建恰当的业务组织构架，构建基本的组织团队 2. 进行管理制度、标准和工作流程的审核、建立和修订 3. 对仓储配送经营方针、经营形式，以及业务的核心和侧重点进行规划，同时结合企业的特点对仓储配送部门进行分析优化，平衡成本、速度、服务等因素 4. 协调员工关系，对下属进行合理的工作调配
客服经理	1. 负责与客户联络、沟通及信息跟踪 2. 负责定期进行回单管理、催收 3. 负责根据客户指令安排工作任务并跟踪实施情况 4. 负责及时完成客户的账单制作并对应收账款的回收进行跟踪 5. 负责处理业务中的异常事件 6. 负责安排员工的日常业务工作 7. 负责定期组织客服人员的专业技能及业务知识培训
仓储部经理	1. 负责物流仓库的日常经营管理，制订部门工作计划、规范，并不断完善工作流程及规章制度 2. 负责控制仓储成本，进行库存管理和分析 3. 负责组织相关作业人员，协调相应设备资源，安排库内作业任务 4. 管理仓库运作团队，确保收货、包装、发货等流程正常进行 5. 科学管理货品库位，提出改进方案，保证仓库最大化的使用率 6. 监督执行盘点工作和结果分析，并提出改进方案 7. 负责仓库的安全管理工作，保证全部在库货物、资产的安全及质量 8. 负责对仓库人员进行工作指导、业务知识培训及考核等工作 9. 负责仓库的清洁管理
配送部经理	1. 负责制订部门日常工作计划并监督计划的实施 2. 负责配送团队的监督和工作安排 3. 负责按运输要求合理选择承运商 4. 负责制订及安排特殊运输服务计划 5. 负责对承运商提货车辆的管理及人员培训 6. 负责运输数据的总结分析 7. 负责及时处理配送业务中的异常情况 8. 全面负责配送部的人员及货物安全
运输经理	1. 全面负责企业日常事务和管理工作，协助总经理处理日常事务 2. 编制部门的各项管理制度和行为规范，编制运输部门的年度发展计划和部门预算，规划、评估和选择物流运输线路图 3. 负责制订企业的发展目标，积极开发新线路、新运输方式 4. 负责挂靠车辆的GPS监控管理工作，对运行不良的车辆进行分析，并出具书面报告
市场部经理	1. 按照市场推广计划制订市场推广方案，组织市场推广活动 2. 依照企业的发展战略，编制年度市场开发计划，然后报营销总监审批后执行 3. 负责有关企业市场开发、拓展及维护等各方面的管理工作
销售代表	1. 运用灵活多变的促销手段，积极开展促销活动 2. 完成每月的销售目标和指标 3. 定期拜访新老客户，了解客户的要求和计划 4. 根据企业的经营策略和目标开拓新客源，增加新客户
财务部经理	1. 在总经理的领导下，主持财务审计部的工作 2. 负责组织编制财务计划、财务分析报告、各项经费预算，组织本部门人员完成各项工作任务 3. 负责组织配送中心财务分析（货物流转分析、利润分析、货物流通费用分析、资金分析）

3．人员配备

人员分配计算逻辑如图1-4所示。

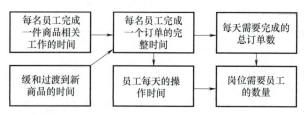

图 1-4　人员分配计算逻辑

假设员工人数 Y（名），每天的总订单数为 S（个），员工完成一件商品相关工作的时间为 T1（s），过渡时间为 T2（s）。计算公式为

$$Y=\frac{S(T1+T2)}{27000}$$

方案设计任务书

	方案设计任务书
子项目名称	配送中心调研方案设计与实施
任务描述	借助 IWMS 与 IDMS 虚拟运营软件，通过对配送中心进行调研，达到了解企业运作基本情况的目的
任务成果	1. 配送中心调研设计方案 2. 配送中心调研报告 3. IWMS 和 IDMS 虚拟仿真软件操作规范正确
模仿训练内容	调研背景：在进行配送中心货物储配作业方案设计时，首先要了解配送中心运作的基本情况，熟悉配送中心的布局结构、功能、流程及设施设备规模、货物的存储情况、订单流水、成本结构、作业岗位等相关基础信息，在此基础上才能进行作业方案设计 调研目的：根据任务日期，进入 AA 配送中心（IWMS/IDMS），通过观察和查询掌握该配送中心的布局结构、设施设备规模、货物存储情况、订单流水、成本结构、作业岗位等相关基础信息，熟悉配送中心各种设施设备的功能和用途 调研方法：观察法和查询法（在 IWMS 和 IDMS 系统中观察调研） 调研内容： 1. 配送中心设施设备规模调研，参考调研模板中所列举的项目进行调研（IWMS 系统） 2. 配送中心作业岗位及职责调研（IWMS 系统） 3. 饮料类货物数据调研（IWMS 系统） 4. 日用百货类货物库存量调研（IWMS 系统） 5. 用 Visio 绘图软件画出配送中心拣货区的平面布局图（IWMS 系统） 6. 作业成本调研（IWMS 系统） ☆调研模板可参考附录 B 中所示 调研结果：分析调研数据，根据调研结果撰写调研报告，组织交流讨论
强化训练内容	调研背景：在进行配送中心货物储配作业方案设计时，首先要了解配送中心运作的基本情况，熟悉配送中心的布局结构、功能、流程及设施设备规模、货物的存储情况、订单流水、成本结构、作业岗位等相关基础信息，在此基础上才能进行作业方案设计 调研目的：根据任务日期，进入 AA 配送中心（IWMS/IDMS），通过观察和查询掌握该配送中心的布局结构、设施设备规模、货物存储情况、订单流水、成本结构、作业岗位等相关基础信息，熟悉配送中心各种设施设备的功能和用途 调研方法：观察法和查询法（在 IWMS 和 IDMS 系统中观察调研） 调研内容： 1. 配送中心设施设备规模调研，参考调研模板中所列举的项目进行调研（IDMS 系统） 2. 配送中心作业岗位及职责调研（IDMS 系统） 3. 文化用品类货物数据调研（IWMS 系统） 4. 副食品类货物库存量调研（IWMS 系统） 5. 使用 Visio 绘图软件画出配送中心的平面布局图（IDMS 系统） 6. 作业成本调研（IDMS 系统） ☆调研模板可参考附录 B 中所示 调研结果：分析调研数据，根据调研结果撰写调研报告，组织交流讨论

（续）

子项目方案设计任务书说明
针对任务书给出的模仿训练内容和强化训练内容，学生首先在课堂中和教师一起学习理论知识，熟悉IWMS/IDMS系统的操作方法和流程，然后根据教师课堂的演示进行模仿练习，最后结合知识链接中的知识、附录C中的配送中心调研模板和强化训练内容进行方案设计部分的调研

任务总结

学生在完成配送中心调研方案设计任务后，要根据方案设计过程中对知识的理解和运用情况及遇到的困惑进行反思和总结，撰写个人总结报告，以便总结经验教训，举一反三。最后提交个人总结报告和配送中心调研方案。教师对学生提交的调研方案和个人总结给出评价，并作为学生过程性考核成绩的一部分。

任务二　配送中心调研方案实施

技能链接

（一）系统思考的内涵及解析

1．系统思考的内涵

所谓系统思考，是指把所要处理的事物看作一个系统，既要看到其中的组成部分（元素或子系统），又要看到它们彼此之间的相互作用和联系，从整体统一、普遍联系、发展变化、相互制衡等多个角度进行思考，即从整体上对影响系统行为的各种力量与相互关系进行思考，以培养人们对复杂性、相互依存关系、变化及影响力的理解与决策力。

2．系统思考的解析

（1）整体思考：从机械还原论到整体生成论。
（2）深入思考：从专注于个别事件到洞悉系统的潜在结构。
（3）全面思考：从局限于本位到关照全局。
（4）动态思考：从线性因果链走向因果互动环。

（二）系统思考的价值、作用及重要性

1．系统思考的价值

（1）解决复杂问题，制定睿智决策。
（2）推动组织成长，提升组织能力。
（3）激发集体智慧，加速组织学习。

2．系统思考的作用

（1）系统思考为个人提供了一种结构化的思考方式，可以帮助个人有条理地分析、处理真实世界中的复杂问题。
（2）系统思考作为一种图形化的辅助思考工具，可以作为团队集体对话的交流工具和"共

同语言",促进团队成员真正深刻地共享彼此对事物的理解,并将团队成员的"目光"集中于一点,从而促进大家一起思考。

(3)系统思考对于改善心智模式也有重要作用。所谓心智模式,指的是隐藏在每个人内心深处、影响人们如何看待这个世界及如何做出反应的一些根深蒂固的假设、成见、逻辑、规则,甚至是图像、印象等。心智模式是隐而不见的,但它却无时无刻不在制约着人们的思维。从原理上讲,系统思考的工具可以起到"投射"的作用,将每个人对事物的看法、价值观与内在逻辑(心智模式)呈现出来,借此可以让自己反思,并更有效地与他人交流。

3. 系统思考的重要性

系统思考是企业对组织内外环境构成要素、组织结构设计、流程设计、组织运行、管理决策、文化建设等一切思考的出发点,是有效解决企业实际问题的基础和前提条件。系统思考能力是人的兼顾能力、统辖能力、协调能力、配合能力、预见能力的综合体现。如不运用系统思考来管理公司业务时,个人、小组、部门等各种层级单元将成为独立的利润中心和利益中心,从而破坏整个系统。因此,在实践中,为了真正有效地解决企业中的各类实际问题,企业中每个人、每个部门及各级管理者都必须树立系统思考的意识并培养系统思考的能力。

(三)系统思考的观念及途径

1. 系统思考的观念

(1)整体统一观念。要把构成组织的各个要素、各个部门、各个业务单元看成一个统一的整体,防止分割思考。

(2)普遍联系观念。系统中的各个要素之间彼此是相互联系、相互影响、相互作用的,不能只见"树木"不见"森林",也不能只见"森林"不见"树木",应该是既见"树木"又见"森林"。

(3)发展变化观念。系统不是一成不变的静态系统,而是随着外界环境变化而变化的动态系统,应杜绝静止思考,要动态思考。

(4)相互制衡观念。系统中各要素、各子系统之间是相互影响、相互制衡的关系,对任何一个子系统所做的任何改变都会影响到其他子系统。

2. 系统思考的途径

(1)彻底改变惯性思维,用系统思考的方法来思考。

(2)把事物当系统对待,要看清其内部要素的联系和本事物与其他事物的外在联系,从而找出主要矛盾并加以解决。

(3)培养结构影响行为的思维,能从各种现象和行为中逆向推断系统结构存在的问题。

(4)建立结构—功能概念,通过对系统结构的完善来提升整体功能水平。

(5)树立系统随内外因素的改变而改变的动态观念。

方案实施指导书

一、仓储任务选择

单击桌面进入用户登录界面,输入账号和密码,然后单击【登录】,如图1-5所示。之后,在【我的课程】里单击【仓储与配送理实一体化课程】→【项目一 货物储配作业方案设计与实施】→【子项目一 配送中心调研方案设计与实施】→【任务二 配送中心调研方案实施】,并在右侧单击【配送中心调研方案实施IWMS(教师演示)】,单击【进入任务】,作业岗位选择【仓库管理员】,进入3D虚拟场景,如图1-6所示。

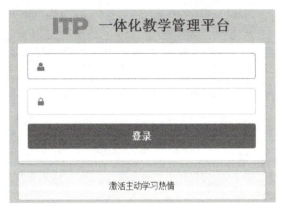

图1-5 登录界面

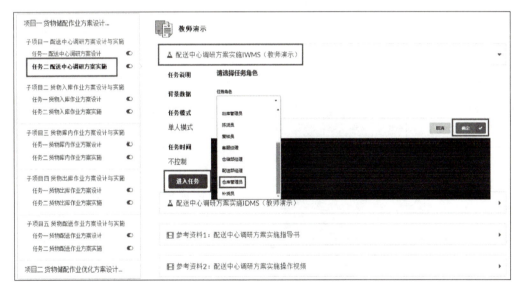

图1-6 任务选择界面

二、软件操作

进入3D虚拟场景(见图1-7),具有如下按键操作(所有按键操作都需在英文输入法的状态下操作才有效):

★按〈F1〉键为第一视角,〈F2〉键为第三视角,〈F3〉键为飞行视角。

★按〈W〉键、〈S〉键、〈A〉键、〈D〉键可进行前、后、左、右移动。

★按住鼠标右键进行拖动可以转换方向,第三视角下转动鼠标滚轮可调节视野远近,飞行视角下按〈Q〉键可以上升,按〈E〉键可以下降。

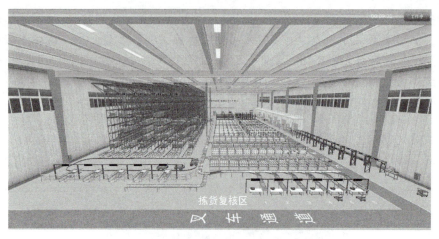

图 1-7 3D 虚拟场景

三、设施设备调研

首先找到托盘存放区，顺着通道靠近，仔细观察并咨询教师或到网上查找资料认识每个区域的每一种设备，记录下你所看到的设施设备和作业区域，见表 1-3。

表 1-3 设施设备认知

设施设备名称	设施设备介绍	主要用途
托盘		托盘是在集装、堆放、搬运和运输过程中可作为单元负荷的货物和制品的水平平台装置
入库理货区		待码盘货物的存放区，进行货物的码盘
升降台		不同高度输送线的连接装置
电动叉车		电动叉车是指以电来进行作业的叉车，是对成件托盘货物进行装卸、堆垛和短距离运输作业的轮式搬运车辆
液压手推车（地牛）		液压手推车主要是对成件托盘货物进行短距离搬运

（续）

设施设备名称	设施设备介绍	主要用途
双层手推车		短距离搬运较轻的货物
单层手推车		在机动车辆不便使用的地方工作。在短距离搬运较轻的货物时十分方便
普通托盘库区		用于存放整托盘货物
拣货区		用于存放箱体货物
仓储办公室		用于仓库中作业系统的管理系统操作
电子标签拣货区		电子标签是一种放置在货架上、可替代传统纸质价格标签的电子显示装置
播种式拣货架		将数量较多的同种货物运到发货地点，然后根据每个货物的发送量分别取出货物，并分别投放到每个代表客户的货位上，直至配货完毕
打印机		将计算机处理结果打印在相关介质上
拣货复核区		用于手持拣货和电子标签拣货货物的堆放，并进行货物复核
出库理货区		待出库货物的存放区域

（续）

设施设备名称	设施设备介绍	主 要 用 途
立库货架区		充分利用仓库空间，提高仓库容量利用率，扩大仓库的储存能力
输送机		方向易变，可灵活改变输送方向
自动导引车		自动导引车是具有磁条、轨道等自动导引设备，沿规划好的路径行驶，以电池为动力，并且装备安全保护及各种辅助机构的无人驾驶的自动化车辆
堆垛机		用货叉搬运和堆垛或从高层货架上存取单元货物的专用起重机
立库货架控制系统		和仓储办公室的计算机连接来控制立库货架的运行
皮带传送带		采用不锈钢网带作为载体，用于物料的输送
滚筒传送带		主要用于平底货物的输送，具有输送量大、运转轻快、效率高、能实现多品种共线分流输送的优点
板式滑块传送带		用于弯曲半径较小的条件下的输送，因此布置的灵活性较大
链式传送带		利用链条牵引、承载来运输货物
PDA（手持终端）		自身有电池，可以移动使用，具有数据存储及计算能力，能与其他设备进行数据通信，有显示和输入功能

四、按键操作

按键操作定义见表 1-4，方便后期实验操作使用（所有按键操作都需在英文输入法的状态下操作才有效）。

表 1-4 按键操作定义

按 键	操 作 定 义
W	控制人物、车辆向前快速移动。码盘时调整人物方向
S	控制人物、车辆向后快速移动
A	控制人物向左移动；控制车辆向左转弯（车辆转弯需同时按〈W〉键或〈S〉键）
D	控制人物向右移动；控制车辆向右转弯（车辆转弯需同时按住〈W〉键或〈S〉键）
Shift	人物向前、后、左、右移动的时候，按该键减慢移动速度
Q	取出或收起 PDA
X	调整集装箱或包装箱的方向
C	控制人物蹲下或站立。推手推车的状态下，按〈C〉键生成周转箱
Ctrl	拿起打印单据时需同时按住该键
Alt	操作或离开计算机。驾驶或离开车辆。扫描条码时需同时按住该键
F1	第一视角
F2	第三视角
F3	飞行视角
T	开启或关闭液压叉车
R	货物在叉车上复位（货物插歪的情况下使用）
空格	人物跳跃。叉车制动
Esc	取消键，收起打开的单据
Tab	打开或收起任务数据
↑	控制车辆货叉起升
↓	控制车辆货叉降落

五、仓储数据调研

1. 货品数据调研

进入仓储办公室操作计算机，进入【管理系统】→【仓库报表】→【商品进出货流水账】→【导出】，如图 1-8 所示。在导出的 Excel 表中根据调研任务的要求查找你所需要的数据（可用 Excel 表的筛选功能）。

图 1-8 仓库报表导出

2. 货物库存量调研

首先在导出的"商品进出货流水账"中利用筛选功能选出调研任务要求中需要调研的货物类别，查看这个货物类别都包含哪些货物。

然后，单击【库内管理】→【库存查询】，输入需要调研货物的物料代码，鼠标左键双击选中的物料信息，然后单击【查询】进行库存信息查询（单击库存量的蓝色数字会详细列明该货物的存储库位，如果所查询的货物没有库存明细信息出现，就说明该货物在仓库中没有库存），如图1-9所示。

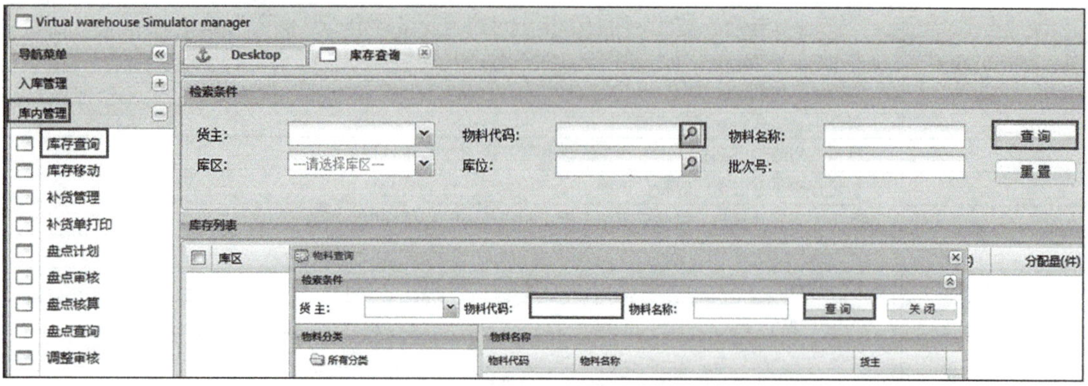

图1-9　库存查询

3. 项目成本调研

在【主页】单击【考核评价】→【仿真评分标准】→【项目成本】→【虚拟仓储中心运营】（配送部分选择【虚拟配送中心运营】）查看仓储部分项目成本，如图1-10和图1-11所示。

图1-10　仿真评分标准

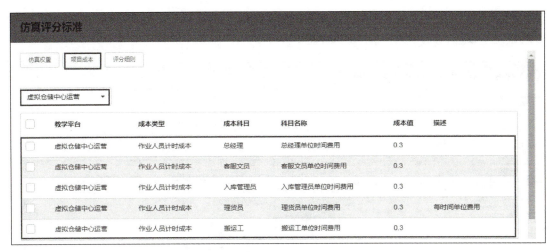

图 1-11 项目成本

六、配送任务选择

退出 IWMS 配送中心调研 3D 虚拟仿真任务后，单击【任务二 配送中心调研方案实施】，并在右侧单击【配送中心调研方案与实施 IDMS（教师演示）】，单击【进入任务】，作业岗位选择【调度员】，进入 3D 虚拟场景，如图 1-12 所示。

图 1-12 进入任务

七、配送车辆类型数据调研

进入 IDMS 虚拟配送运营系统，走进调度室操作计算机，进入【管理系统】→【配送管理】→【车辆分配】→【调度主界面】→【车辆选择】,如图1-13所示。在此调研车辆的类型、可装载笼车数量、固定成本、变动成本等。

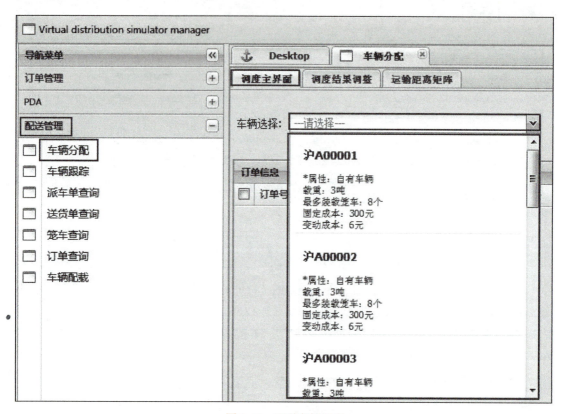

图1-13　配送车辆调研

任务总结

学生在完成配送中心调研方案实施任务后,要根据方案实施过程中对作业环节和作业流程的执行情况及遇到的困惑进行反思和总结,撰写并提交个人总结报告,以便总结经验教训,举一反三。教师对学生的方案实施结果及提交的个人总结给出评价,并作为学生过程性考核成绩的一部分。

子项目二
货物入库作业方案设计与实施

 子项目情景

2016年12月1日，AA配送中心仓储部组织全体人员召开部门会议，会议就近期入库工作中遇到的问题进行总结讨论，并对后续的"双十二"活动的入库工作进行合理的安排。

仓储部陈经理说："之前有人反映入库工作的效率低下，这是什么问题呢？"

叉车组的小文说："叉车组的工作人员不能及时将已完成收货操作的货物进行上架、下架作业，以至于让货物在收货区出现积压。"回头看了一眼叉车组组长，继续说："我还发现上架、下架过程中货物的安全问题得不到保障，以至于拣货组的同事会在私下里抱怨说出库时经常发现货物破损问题。"

叉车组的组长说："我建议最好安排人员随时关注上架、下架货物的动态，并及时将这些信息发布给叉车组的工作人员，便于他们第一时间将货物上架到正确的库位。"他咳了两声后又说："之前拣货组已经有人反映拣货的时候时常会出现同一种货物会放在不同的区域，这应该是储位安排跟既定的库位有一定的偏差导致的。"

这时候，拣货组的牛组长说："说起来我们拣货组是最有感触的，入库工作的效率直接影响到我们拣货的效率，尤其是储位的安排，现在我们这边感觉货物的安排比较乱。"

仓储部的王主管说：关于"储位"安排，以前只要有空的库位就上架，现在我建议收货组根据货物的属性确定货物库区的安排，然后根据ABC分类结果来确定具体的库位。"

2016年12月1日，采购部向供应商BB饮料有限公司订货，需要收货组、叉车组等配合做好收货准备。作为配送中心的仓储部主管，应确定货物的入库数量，对入库货物进行合理的储位安排。那么，到底该如何做好后续的收货工作，以及做好部门内各岗位的协调工作？

 学习目标

【知识目标】
1. 掌握经济订货批量的计算方法，理解安全库存的含义及其计算方法。
2. 掌握物动量ABC分类的原理和方法。
3. 掌握储位管理与分配的原则和方法。
4. 掌握货物验收的原则、程序和方法。
5. 掌握货物条码编制和货物堆码的原理和方法。

【技能目标】
1. 能够依据方案设计任务书的要求设计完整的货物入库作业方案。
2. 能够依据方案设计任务书的要求运用经济订货批量计算货物的入库量。
3. 能够依据方案设计任务书的要求正确进行物动量ABC分类。

4. 能够依据方案设计任务书的要求合理分配入库月台和储位。
5. 能够依据方案设计任务书的要求绘制货物组托示意图，完成货物组托上架。

【素质目标】
1. 树立严谨认真的工作态度。
2. 培养吃苦耐劳的工作精神。

任务一　货物入库作业方案设计

知识链接

货物入库作业是配送中心仓储作业管理的第一步，也是关键环节，它直接关系到后面的库内、出库作业管理能否顺畅进行。货物入库一般经过入库前的准备、接货、卸货、货物验收、堆码组托、储位分配、上架等环节，仓储部门根据入库计划及时做好入库前的准备，确保准确迅速地完成货物入库作业。

一、订货量的确定

（一）经济订货批量的计算

经济订货批量（EOQ），通过平衡采购进货成本和仓储保管成本核算，实现总库存成本最低的最佳订货量。经济订货批量是固定订货批量模型的一种，可以确定企业一次订货（外购或自制）的数量。当企业按照经济订货批量来订货时，可实现订货成本和储存成本之和的最小化。

存货总成本的计算公式为

$$TC = K_\alpha \frac{D}{Q} + K_c \frac{Q}{2} \tag{2-1}$$

式中　TC——存货总成本；
　　　K_α——每次订货成本；
　　　K_c——单位储存成本；
　　　D——存货全年的需求量；
　　　Q——每次订货批量。

经济批量的计算公式为

$$Q^* = \sqrt{2 \times D \times \frac{K_\alpha}{K_c}} \tag{2-2}$$

式中　Q^*——经济订货批量。

例题：假定某存货的年需求量是 24000 件，该存货的购货成本是 0.25 美元/单位。每次的订货成本是 20 美元，每次订货产生的单位存货持有成本是单位购货成本的 24%，求其最佳经济订货批量。

解析：

$$Q^* = \sqrt{\frac{2 \times D \times K_\alpha}{K_c}} = \sqrt{\frac{2 \times 20 \times 24000}{24\% \times 0.25}} = 4000 \text{（件）}$$

（二）经济订货批量的计算（考虑安全库存、定量订货参数和价格折扣时）

经济订货批量受到不同因素的影响需要用不同的方法进行计算，下面介绍经济订货批量需要考虑安全库存、定量订货参数和价格折扣时的计算方法。

（1）安全库存在降低缺货成本的同时增加了库存成本，当订货需要考虑安全库存时，订货点就不仅要考虑理想的经济订货批量的订货点，还要考虑到安全库存的影响。其实际订货点确定的公式为

$$实际订货点 = 理想订货点 + 安全库存$$

（2）在定量订货法中，发出订货时仓库里该品种保有的实际库存量就是订货点，它是直接控制库存水平的关键。在需求量和订货提前期都不确定的情况下，安全库存的设置是非常必要的，公式为

$$订货点 = 订货提前期的平均需求量 + 安全库存量$$
$$= （单位时间的平均需求量 \times 最大订货提前期）+ 安全库存$$

（3）订货时需要考虑价格折扣时，首先需要按不同价格分别计算经济订货批量是否有效，然后计算每一种经济订货批量的年库存成本，最后选取各价格折扣对应的库存总成本最小的作为最佳经济订货批量。

二、入库准备工作

（一）物动量 ABC 分类

1. 物动量 ABC 分类的内涵

ABC 分类法的全称是 ABC 分类库存控制法，又称货物重点管理法。ABC 分类法的基本原理是库存货物中存在着少数货物占用大部分资金，以及大多数货物占用很少资金的现象，利用库存与资金占用之间的规律，对库存货物按照消耗数量和价值大小进行分类。这就是所谓的 80/20 定律，即 20% 左右的因素占有（带来）80% 左右的成果。将数量少且价值大的一类称为 A 类，而数量大且价值小的一类称为 C 类，介于 A 类与 C 类中间的为 B 类，然后分别采用不同的管理方法对其控制，即为 ABC 分类法。货物管理的 ABC 分类法就是在 80/20 定律的指导下，对货物进行分类，找出占用大量资金的少数货物，并加强对它们的控制与管理；相反，对那些占少量资金的大多数货物则施以较轻松的控制和管理。

物动量 ABC 分类是 ABC 分类法的延伸和拓展，其基本原理是依据一定的原则，通常以货物周转量的累积占比和货物品项的累积占比为标准，将货物分为 A、B、C 三类，划清货物的主次顺序。

2. 物动量 ABC 分类的作用

物动量 ABC 分类为配送中心货物分类分区存储时合理安排储位提供依据。通常情况下，依据物动量分类结果，A 类货物安排在立库存储区靠近出口的底层或重型货架存储区的第一层；B 类货物安排在立库存储区靠近出口的中间位置或重型货架存储区的第二层；C 类货物安排在立库存储区靠近入口的位置或重型货架存储区的第三层。

3. 物动量 ABC 分类的原则

由于在仓库中储存的货物品种繁多，在管理过程中必须根据具体情况实行重点管理，才能

取得满意的效果。A、B、C 类别的划分并没有一个固定的标准,每个企业可以按照各自的具体情况来确定,划分界限也视不同的具体情况而定。一般 A、B、C 类别的划分原则见表 2-1。

表 2-1　一般 A、B、C 类别的划分原则

类　别	货物周转量累积占比	货物品项累积占比
A	65%～80%	20%～25%
B	15%～20%	25%～30%
C	5%～15%	50%～55%

注：本书中周转量累积占比：A 类为 0～80%(含 80%)、B 类为 80%～95%(含 95%)、C 类为 95%～100%(含 100%)；品项累积占比：A 类为 0～20%(含 20%)、B 类为 20%～50%(含 50%)、C 类为 50%～100%(含 100%)。

4．物动量 ABC 分类的步骤

对于能够量化的分类要容易很多,而且也更为科学,ABC 分类库存控制法最重要的是确定分类指标。物动量 ABC 分类的步骤具体分为：

第一步,收集数据。对所要分类的货物进行相关数据的收集,包括出库量。

第二步,统计汇总,编制 ABC 分析表。

(1) 每一种货物的周转量按照从大到小的原则进行排序。

(2) 计算每一种货物占总货物品项的比率,计算累计比率。

(3) 计算每一种货物周转量占总周转量的比率,并计算累计比率。

第三步,根据分类原则对数据进行分类,确定相应的库存管理方式。

5．物动量 ABC 分类的工具

数据透视表是一种交互式的表,可以动态改变版面布置,按照不同的方式分析数据,重新计算数据,如求和与计数等。所进行的计算与数据透视表中的排列有关,如果原始数据发生更改,数据透视表也可以更新。例如,可以水平或垂直显示字段值,然后计算每一行或列的合计；也可以将字段值作为行号或列标,在每个行列交汇处计算出各自的数量,然后计算小计和总计。

在进行物动量 ABC 分类时,利用 Excel 中数据透视表的功能能够大幅度提高计算效率和效果。下面以 Microsoft Office Excel 2007 为例,详细介绍一下透视表的使用方法。

(1) 选择"插入"选项卡中"数据透视表",如图 2-1 所示。

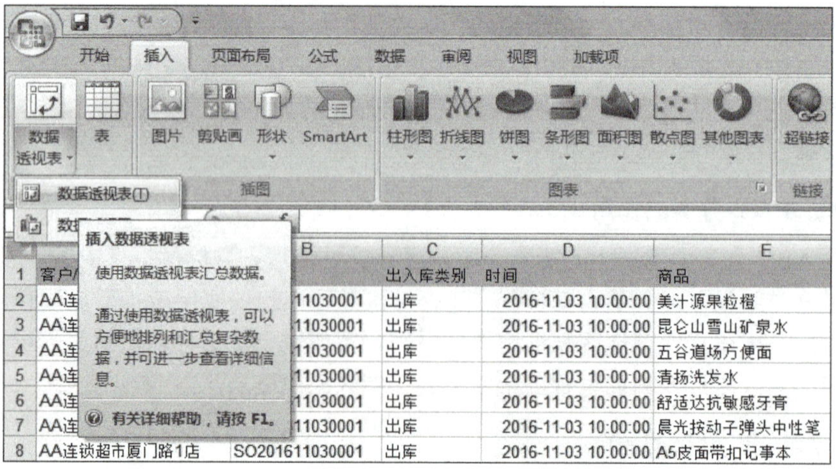

图 2-1　插入数据透视表

（2）选择后弹出"创建数据透视表"的窗口。

（3）在"表/区域"内将第一个表内需要分析的数据选中，在"选择放置数据透视表的位置"内选中表的位置（新工作表或现有工作表），然后单击【确定】，如图2-2所示。

图2-2 选择需要分析的数据

（4）产生一个空白的数据透视表，如图2-3所示。

图2-3 空白的数据透视表

（5）在右侧"数据透视表字段列表"中，选择要添加到报表的字段，在需要分析的字段复选框中打钩，打钩后的数据被全部插入在"轴字段（分类）"中，可根据实际需求拖动至"报表筛选""列标签""行标签""数值"类别中。"列标签"和"行标签"为透视表列和行的选项内容，以此改变需要分析的主要内容，也可以将报表的字段内容直接拖动到表格内，如图2-4所示。

（6）"数值"可以选择求和、计数、平均值和最大值等，可以自定义需要分析内容的值，如图 2-5 所示。

图 2-4 选择数据透视表的字段

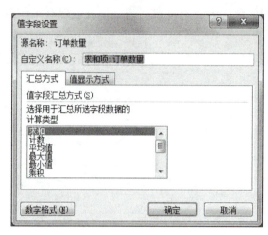

图 2-5 值字段设置

（7）在报表筛选中的字段（如货物类别）后面的（全部）的下拉菜单中可以选择任意需要的自定义内容，如图 2-6 所示。

图 2-6 报表筛选

（8）最后得出需要的效果和表。

（二）储位管理与分配

由于不同客户的经营特点和货物的物流方式不同，在订货或进货时，对货物的种类、规格、数量等会提出不同的要求。因此，为了缩短拣货时的提取路程，方便拣货，需要使用一定的存储策略和货位指派原则进行存储和货位分配。

仓库中要存储的货物不仅数量多，种类也繁多，存在着如何将货物分配到储位中的问题。该问题的解决可以先从宏观角度考虑，对货物按类别划分来确定存储区域的划分与分配，这称为存储策略；也可以看成是一个微观布置问题，不但要考虑具体的储位存放，还要考虑方便拣货取出，即储位管理。

仓库存储策略主要包括以下几种方式：随机存储策略、定位存储策略、分级存储策略和混合策略。随机存储虽然占用空间少，但当货物量大时，拣货查找就会浪费时间；定位存储策略给每类货物分配存储空间，便于货物的存取，但空间浪费大；分级存储策略根据物动类 ABC 分类分为 A、B、C 三级，为了缩短存取货时间，A 级应放到离出口最近的地方，B 级次之，C 级则应放在最远处，每种货物可以在同级别指定的区域内随机放置；混合存储是对仓库不同的存储区分别采用不同的策略。

1．储位分配原则

合理地分配和使用货位可以减少货物搬运的成本，降低货物在存储过程及搬运过程中的损耗，从而降低物流业务本身的成本，提高收益。储位分配时应考虑以下原则：

（1）货架受力均匀，上轻下重。重的货物存放在下面的货位，较轻的货物存放在高处的位置，使货架受力稳定。

（2）加快周转，先进先出。同种货物出库时，先提取入库早的货物，加快货物周转，避免长期积压产生变形、变质及其他损坏造成的损失。

（3）提高可靠性，分巷道存放。同种货物分散在不同的巷道进行存放，防止因某巷道堵塞影响某种货物出库。

（4）提高效率，就近进出库。一般将货物就近放置在出库口附近。

2．储位分配方法

目前，常用的货位分配方法有人工分配、计算机辅助分配和计算机全自动分配三种方式。

（1）人工分配就是管理者根据经验分配货位，因凭借的是管理者的知识和经验，所以其效率会因人而异。

（2）计算机辅助分配是指利用图形监控系统收集货位信息，并显示货位的使用情况，供货位分配者实时查询，为货位分配提供参考，最终还是由人工下达货位分配指示。

（3）计算机全自动分配是指利用图形监控储位管理系统和各种现代化信息技术（条码扫描器、网络技术、计算机系统等）收集货位有关信息，通过计算机分析后直接完成货位分配工作，整个作业过程不需要人工分配作业。

3．储位分配流程

首先根据货物的属性确定存储库区，然后根据 ABC 分类的结果确定具体的库位，制定好库存管理方式后通过计算机辅助确定上架货位，最后完成货物上架作业过程。

（三）货物条码编制

1．货物条码的结构组成

一个完整的条码结构组成次序依次为：静空区（前），起始符，数据符（中间分割符，主要用于 EAN 码），校验符，终止符，静空区（后）。

静空区位于条码符号的两侧,是无任何符号及信息的白色区域,它能使阅读器进入准备阅读的状态。起始符是条码符号的第一位字符,标志一个条码符号的开始。数据符是位于起始符后面的字符,它由许多"条"和"空"组成,包含条码所表达的特定信息,可允许进行双向扫描。校验字符代表一种算术运算的结果(从没有校验码的条码的右边向左边依次编号为"1,2,3,4……",从序号1开始把所有奇数序号位上的数乘以权数3,再从序号2开始把所有偶数序号上的数乘以权数1,将所有的乘积结果求和。最后以大于求和结果10的整数倍数字减去求和结果为校验码数值)。终止符是条码符号的最后一位字符,标志一个条码符号的结束。

2. 货物编码方法

货物编码又称顺序码和延伸式编码,编码方法是将阿拉伯数字或英文字母按顺序往下编排。货物编码方法主要分为以下五种:

(1)分组编号法。分组编号法是指按货物特性分成多个数字组,每个数字组代表货物的一种特性。

(2)数字分段法。数字分段法是指把数字分段,每一段代表具有共同特性的一类货物。

(3)后数位编码法。后数位编码法是利用编号末尾数字,对同类货物进一步分类编码的方法。

(4)实际意义编码法。实际意义编码法是根据货物的名称、重量、尺寸、分区、储位、保存期限等其他实际情况来对货物进行编码的方法。

(5)暗示编码法。暗示编码法是用数字与文字组合编码,编码暗示货物的内容和有关信息的方法。

3. 条码编码规则

货物条码是按一定的规则编制的。条码编制的规则主要有唯一性、永久性与无含义。唯一性是指同种规格同种产品对应同一个产品代码,同种产品不同规格应对应不同的产品代码。根据产品的不同性质,如重量、包装、规格、气味、颜色、形状等,赋予不同的货物代码。

永久性则是产品代码一经分配,就不再更改,并且是终身的。当此种产品不再生产时,其对应的产品代码只能搁置起来,不得重复起用或再分配给其他的货物。

无含义是为了保证代码有足够的容量以适应产品频繁的更新换代的需要,最好采用无含义的顺序码。

4. 条码编码制式

目前现存的条码码制多种多样,但国际上通用的和公认的物流条码码制只有三种:ITF-14条码、UCC/EAN-128条码及EAN-13条码。选用条码时,要根据货物的不同和商品包装的不同,采用不同的条码码制。单个大件商品,如电视机、电冰箱、洗衣机等商品的包装箱往往采用EAN-13条码。储运包装箱常常采用ITF-14条码或UCC/EAN-128应用标识条码,包装箱内可以是单一商品,也可以是不同的商品或多件头商品小包装。

EAN-13条码是标准版商品条码。以下举例说明一维条码,一维条码只是在一个方向(一般是水平方向)表达信息,而在垂直方向则不表达任何信息,其一定的高度通常是为了便于阅读器的对准,可以提高信息录入的速度,减少差错率。货物条码的标准尺寸是37.29mm×26.26mm,放大倍率是0.8～2.0。当印刷面积允许时,应选择1.0倍率以上的条码,以满足识读要求。放大倍数越小的条码，印刷精度要求越高，当印刷精度不能满足要求时，易造成条码识读困难。

条码的制作一般采用印刷，通过条码打印机或激光雕刻机打印条码。EAN-13 条码效果图如图 2-7 所示。

图 2-7　EAN-13 条码效果图

（四）分配收货月台

收货月台是配送中心根据车辆车型的特点而设立的可以调节一定高度范围的收货点，用于双方人员交接货物的场所。

根据货物的属性、ABC 分类结果和货物的原始库存决定货物的储位分配结果，结合上架货位预先计算出叉车上架、下架过程中运行距离最短、最优的收货月台，通过计算机辅助系统显示收货月台使用情况，这些数据为月台分配提供依据，最后由人工结合计算结果和查询结果分配指示。分配收货月台的流程如图 2-8 所示。

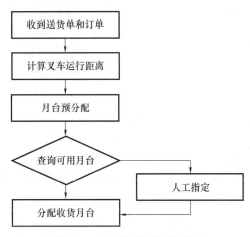

图 2-8　分配收货月台的流程

在分配收货月台的整个过程中，核心内容是叉车运行距离的计算。下面举例说明根据某个入库单分配收货月台的过程（两种货物在同一辆车中）。入库单上的两种货物是恒大冰泉和阿拉老酒，通过分析货物的属性、ABC 分类的结果和货物的原始库存，将恒大冰泉的储位分配至 A022603，阿拉老酒的储位分配至 P010202。已知配送中心平面图如图 2-9 所示，现计算这两种货物收货上架过程中叉车的运行距离。

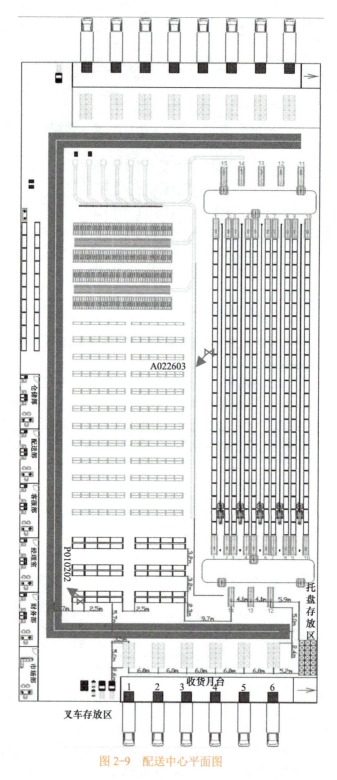

图 2-9 配送中心平面图

根据上图标注可知，叉车将恒大冰泉送到输送机上即可，而阿拉老酒需要放置到对应的库位上，那么电动叉车运行路线是：叉车存放区→托盘存放区→收货月台（对应的1、2、3、

4、5、6月台）→立库货架输送线→收货月台→ P010202 →叉车存放区。液压手推车运行线路是：叉车存放区→收货月台→叉车存放区。计算过程如下（按照配送中心规划图的尺寸计算整条路线的距离），其中：

叉车存放区→托盘存放区的距离：a=2.6+5.0+3.5+6×5+5.2=46.3（m）。

收货月台1→ P010202 的距离：b=3.5+（8.3−2.5）+2.4+5.7=17.4（m）。

P010202 →叉车存放区的距离：c=5.7+2.4+（8.3−2.5）+5.0+2.6=21.5（m）。那么，

预计收货月台为1号：L_1=46.3+（5.2+30.0）+（2.4+5.0+35.2−5.9−4.1×2）×2+17.4+21.5+（2.6+3.5）×2=189.6（m）。

预计收货月台为2号：L_2=46.3+（5.2+24.0）+（2.4+5.0+29.2−5.9−4.1×2）×2+（6.0+17.4）+21.5+（2.6+3.5+12.0）×2=189.6（m）。

预计收货月台为3号：L_3=46.3+（5.2+18.0）+（2.4+5.0+23.2−5.9−4.1×2）×2+（12.0+17.4）+21.5+（2.6+3.5+12.0）×2=189.6（m）。

预计收货月台为4号：L_4=46.3+（5.2+12.0）+（2.4+5.0+17.2−5.9−4.1×2）×2+（18.0+17.4）+21.5+（2.6+3.5+18.0）×2=189.6（m）。

预计收货月台为5号：L_5=46.3+（5.2+6.0）+（2.4+5.0+11.2−5.9−4.1）×2+（24.0+17.4）+21.5+（2.6+3.5+24.0）×2=197.8（m）。

预计收货月台为6号：L_6=46.3+5.2+（2.4+5.0+5.9−5.2）×2+（30.0+17.4）+21.5+（2.6+3.5+30.0）×2=200.7（m）。

故根据计算结果可知，预分配收货月台为1号、2号、3号或4号。如果这四个收货月台没有被占用，可选择其中任意一个,如果都被占用,按计算的距离大小顺序选择收货月台5。如果1号、2号、3号、4号和5号全部被占用，最后选择收货月台6。

三、货物验收

验收工作是一项技术要求高、组织严密的工作，关系到整个仓储业务能否顺利进行，所以，必须做到准确、及时、严格、经济。

（一）货物验收的内容

货物的验收是仓储业务中的一个重要环节，包括检验数量、检验质量和检验包装三方面的内容，即核对货物数量是否与入库凭证相符，货物质量是否符合规定的要求，货物包装能否保证在储存和运输过程中的安全。

（二）货物验收的原则

（1）在货物入库凭证未到或未齐之前不得正式验收，仓库有权拒收或暂时存放。

（2）发现货物数量与质量不符合规定，有关人员要当场做出详细记录，交接双方在记录上签字。如果是交货方的问题，仓库应该拒绝验收；如果是运输部门的问题应该提出索赔。

（3）在数量验收中，计件货物应及时验收，发现问题要按规定的手续在规定的期限内向有关部门提出索赔。一旦超过索赔期限，责任部门对形成的损失将不予负责。

（4）在验收质量时，根据仓储合同约定来实施，没有约定的按照货物的特性和惯例来确定。

（5）在验收包装时，凡是通过人的感觉器官检验货物后可决定货物质量的，由仓储业务部门自行组织检验；特殊货物由专门的检验部门进行化验和技术测定。

（三）货物验收的方式

货物验收方式分为全验、抽验和不验。在进行数量和外观验收时一般要求全验。质量验收时，批量小、规格复杂、包装不整齐或要求严格验收时采用全验的方式；批量大、规格和包装整齐、存货单位的信誉较高，人工验收条件有限的情况下通常采用抽验的方式。货物验收方式和有关程序应该由存货方和保留方共同协商，并通过协议在合同中加以明确规定。

（四）货物验收的程序

验收作业的程序为：验收准备、核对凭证、实物检验。

1．验收准备

仓库接到到货通知后，应根据货物的性质和批量提前做好验收前的准备工作，大致包括以下内容：人员准备、资料准备、器具准备、货位准备和设备准备。此外，对于有些特殊货物的验收，还要准备相应的防护用品，对进口货物或存货单位指定需要进行质量检验的，应通知有关检验部门会同验收。

2．核对凭证

入库货物必须具备下列凭证：业务主管部门或货主提供的入库通知单和订货合同副本，这是仓库接收货物的凭证。供货单位提供的材质证明书、装箱单、磅码单、发货明细表等。货物承运单位提供的运单。若货物在入库前发现残损情况的，还要有承运部门提供的货运记录或普通记录，作为向责任方交涉的依据。

3．实物检验

根据入库单和有关技术资料对实物进行数量和质量检验，在数量验收之前，还应根据货物来源、包装好坏或有关部门规定，确定对到库货物是采取抽验还是全验方式。

一般情况下，或者合同没有约定检验事项时，仓库仅对货物的品种、规格、数量、外包装状况，以及无须开箱、拆捆而可以直观可见可辨的外观质量情况进行检验。但是在进行分拣、配装作业的仓库里，通常需要检验货物的品质和状态。

4．货物验收中发现问题的处理

在货物验收过程中，严格遵从验收原则，如果发现货物数量或质量有问题，应该严格按照有关制度进行处理，这样有利于分清各方的责任，并促使有关责任部门吸取教训，改进今后的工作，见表2-2。

表2-2　货物验收中的问题及处理对策一览表

序号	问题	对策
1	数量不准	货物的数量短缺在允差范围内可按原数入账；超过允差范围的，应查对核实，做好验收记录，交主管部门会同货主向供货单位进行交涉 货物的实际数量多于原发数量，由主管部门向供货单位退回多发数，或者补发货款
2	质量不符合要求	对于不符合质量要求的货物，一定要求退换，绝不能入库，做到入库商品无任何质量问题
3	证件不齐全	证件不齐全的到库货物应作为待检货物处理，堆放在待验区，待证件到齐后再进行验收。证件未到之前，不能验收，不能入库，更不能发料
4	单证不符	供货单位提供的质量证书与进库单、合同不符时，商品待处理，不得动用
5	商品未按时到库	有关证件已到库，但在规定的时间内商品尚未到库，应及时向货主查询

（续）

序号	问题	对策
6	价格不符	应按合同规定价格承付，对多收部分应予拒付。如果是总额计算错误，应及时通知货主更改
7	商品在入库前已有残损短缺	有商务记录或普通记录等证件者，可按照实际情况查对证件记录是否准确，在记录范围内者，按实际验收情况填写验收记录；在记录范围以外或无运输部门记录时，应查明责任 其残损情况可以从外观上发现，但在接运时尚未发现而造成无法追赔损失时，应由仓库接运部门负责 货物包装外观良好，但内部残缺时，应做出验收记录，与供货方交涉处理
8	发错货	如发现无进货合同、无任何进货依据，但运输单据上却标明本库为收货人的货物，仓库收货后应及时查找该货的产权部门，并主动与发货人联系，询问情况，并作为待处理货物，不得动用
9	对外索赔	对需要对外索赔的货物，应由商检局检验出证，对经检验提出退货或换货的货物，应妥善保管，并保留好货物原包装，供商检局复验

四、货物堆码

堆码是指将货物整齐、规则地摆放成货垛的作业，根据货物的包装、性质、形状、重量、特点和数量等因素，结合季节和气候情况，以及仓库储存条件，将货物按一定的规律码成各种形状的货垛。

（一）货物堆码的原则

1．整齐原则

堆码整齐，货物不超过托盘边缘。

2．码放原则

托盘利用最大化，货位承重不做要求。

3．牢固原则

奇数层与偶数层尽量交叉摆放。

4．方便原则

每层个数尽量相同，便于盘点。

（二）货物堆码方式

利用货物或其包装外形进行堆码，这种堆码方式能够增加货垛高度，提高仓容利用率，能够根据货物的形状和特性的需要及货位的实际情况堆码成各种形状，以利于保护货物的质量。堆码方式主要取决于货物本身的包装、性质、形状、重量、特点和数量等因素。

常见的堆码方式有重叠式堆码、纵横交错式堆码、仰伏相间式堆码、旋转交错式堆码和压缝交错式堆码等。其中，重叠式堆码适用于板形货物和箱型货物，货垛整齐牢固；旋转交错式用于所有箱装、桶装及裸装货物的堆码，起到通风防潮、散湿散热的作用；压缝交错式堆码适用于长形材料的堆码，可以增强货垛的稳定性。

（三）货物堆码示意图绘制方法

1．计算堆码方式

计算堆码方式包括所需托盘总数、整托每托货物的数量、散托货物的数量及每层货物的摆放方式。

2．用文档工具或专业绘图工具绘制示意图

托盘尺寸和货物尺寸按一定比例（如1:20）绘制，并在图中标识货物对应的尺寸及堆码层数。

3．示意图上配上合适的文字说明

例如：厨师红烧牛肉米饭的规格为440mm×270mm×250mm，最高放4层，每层放9箱，现入库36箱，共需1个托盘，放4层，奇数层放9箱，偶数层放9箱，共36箱。

4. 货物组托示意图示例

根据以上绘制方法,绘制出三种典型规格的堆码方式示意图。已知托盘的规格为 1200mm×1000mm×150mm,货格高度为 1500mm,堆放重量不做要求,详细参数参考附录 E。三种典型的货物规格分别为 600mm×400mm×500mm、430mm×320mm×300mm 和 300mm×240mm×230mm,对应的货物堆码示意图如图 2-10、图 2-11 和图 2-12 所示。

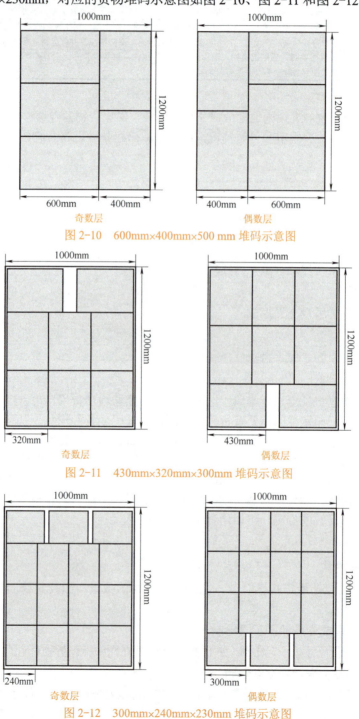

图 2-10　600mm×400mm×500 mm 堆码示意图

图 2-11　430mm×320mm×300mm 堆码示意图

图 2-12　300mm×240mm×230mm 堆码示意图

子项目二 货物入库作业方案设计与实施

方案设计任务书

	方案设计任务书
子项目名称	货物入库作业方案设计与实施
任务描述	借助 IWMS 虚拟运营软件，通过完成货物的入库验收、堆码及上架作业等，达到熟悉货物入库作业流程的目的
任务成果	货物入库作业设计方案 IWMS 虚拟运营软件操作规范正确
模仿训练内容	2016年12月1日，AA配送中心的仓储部文员在系统中公布了近一个月的"商品进出货流水账"。与此同时，采购部向供应商 CC 零食工坊有限公司订货，需要收货组、叉车组等配合做好收货准备。经查询可知，CC 零食工坊的货物属于"休闲食品"类别，作为配送中心的仓储主管，首先安排人员对近一个月（11月3日—11月30日）的"商品进出货流水账"报表中"休闲食品"类别进行 ABC 分类，然后确定货物的入库数量，最后对入库货物进行合理的储位安排。具体应该如何办理这次入库业务呢 其中，订货计划明细见下表： **订货计划明细** 货　主：AA 配送中心　　　　　　　　预定日期：2016年12月1日 供应商：CC 零食工坊有限公司　　　　订单日期：2016年12月2日 | 货物编码	货物名称	年需求量（件）	次订货成本（元）	年单位储存成本（元）
---	---	---	---	---
0203001	秦之恋手工锅巴	3686	40	2
0205002	盼盼肉松饼	1080	30	2	 任务要求： 1. 对"休闲食品"类别货物进行 ABC 分类，设计出货物的库存管理方式 2. 根据订货计划明细表中的入库货物，应用经济订货批量计算出货物的入库量 3. 根据入库货物的库存管理方式，安排入库车辆的停靠月台 4. 针对入库货物的数量，进行货物验收 5. 根据入库货物的规格，进行货物堆码设计 6. 针对设计的库存管理方式，进行货物上架储位安排
强化训练内容	2016年12月1日，AA配送中心的仓储部文员在系统中公布了近一个月的"商品进出货流水账"。与此同时，采购部向供应商 EE 洗涤日化有限公司订货，需要收货组、叉车组等配合做好收货准备。经查询可知，EE 洗涤日化的货物属于"洗涤日化"类别，作为配送中心的仓储主管，首先安排人员对近一个月（11月3日—11月30日）的"商品进出货流水账"报表中"洗涤日化"类别进行 ABC 分类，然后确定货物的入库数量，最后对入库货物进行合理的储位安排。具体应该如何办理这次入库业务呢？ 其中，订货计划明细见下表： **订货计划明细** 货　主：AA 配送中心　　　　　　　　预定日期：2016年12月1日 供应商：EE 洗涤日化有限公司　　　　订单日期：2016年12月2日 | 货物编码	货物名称	年需求量（件）	次订货成本（元）	年单位储存成本（元）
---	---	---	---	---
0404004	曼思无味环保指甲油	5182	64	2
0405002	维达抽纸纸巾	36000	40	2	 任务要求： 1. 对"洗涤日化"类别货物进行 ABC 分类，设计出货物的库存管理方式 2. 根据订货计划明细表中的入库货物，应用经济订货批量计算出货物的入库量 3. 根据入库货物的库存管理方式，安排入库车辆的停靠月台 4. 针对入库货物的数量，进行货物验收 5. 根据入库货物的规格，进行货物堆码设计 6. 针对设计的库存管理方式，进行货物上架储位安排

(续)

子项目方案设计任务书说明
针对任务书给出的模仿训练数据和强化训练数据，学生首先在课堂中和教师一起学习理论知识，熟悉IWMS虚拟运营软件的操作方法和流程，然后根据教师课堂的演示进行模仿训练，最后结合知识链接中的知识、管理技能、附录C中的方案模板和强化训练数据进行方案设计

任务总结

学生在完成货物入库作业方案设计任务后，要根据方案设计过程中对知识的理解和运用情况及遇到的困惑进行反思和总结，撰写个人总结报告，以便总结经验教训，举一反三。最后提交个人总结报告和货物入库作业方案。教师对学生提交的设计方案和个人总结给出评价，并作为学生过程性考核成绩的一部分。

任务二　货物入库作业方案实施

技能链接

（一）计算订货量

入库作业的前提是要确定订购货的货物名及数量，订货数量可以通过一次性订货、安全库存量或经济订货批量来确定。在实际操作中，可根据经济订货批量确定订货量，然后才能进行入库申请，从而完成入库作业计划。

（二）储位安排

储位管理的重点在于将配送中心内货物的储位进行合理的安排。在实际操作中，配送中心储位安排的依据包括货物的属性、物动量ABC分类及货物的原有库存状况三个方面。

首先，根据货物的属性，把入库货物分为普通货物和特殊货物两大类，不同类别的货物存储于不同的库区。普通货物通常存储在立库货架区，特殊货物（如易燃、易爆、有毒等）通常存储在重型货架区。

其次，根据货物物动量ABC分类结果，对存储于不同库区的货物进行储位安排。对于立库货架区的普通货物，C类货物种类多、价值低、出库频率低，通常安排于立库货架区靠近入口的位置；B类货物种类较多，可排于立库货架区的中间位置或靠近出口的中层；A类货物种类少、出库频率高、较为贵重，则需安排在立库货架区靠进出口的底层。对于重型货架区的特殊货物（易燃易爆货物和有毒货物及退换货物），C类货物通常安排在货架的第三层，B类货物安排在货架的第二层，A类货物安排在货架的第一层。

最后，将这三种类别的货物根据原有库存状况，并结合储位分配的基本原则（分类分区、上轻下重、先进先出）合理分配适当的储位。

另外，轻型货架和电子标签货架最适合对品种多的小件货物进行存储管理，可配合零件盒或周转箱对货物进行分类管理。根据物料物流的特点，应将出货频次大的A类货物存储于电子标签货位，出货频次小的 B 类和 C 类货物存储于中型货架。

（三）收货月台的分配

货物月台分配的重点在于根据货物的储位分配结果，计算叉车上架、下架过程中运行的距离。在实际操作中，可以选择计算叉车运行距离来选择收货月台，也可以通过经验判断法来确定合理的收货月台。

（四）货物验收作业

货物验收作业的重点在于核对入库货物的实际数量与订货数量是否一致。在实际操作中，入库货物的实际数量与订货数量可能会有一些出入，所以验收过程中，若出现数量不一致时，按照任务要求进行收货或进行退货处理。

（五）货物堆码作业

货物堆码作业的重点在于堆码形状的设计，结合堆码的原则和实际操作中货物堆码基础信息的要求进行货物堆码设计。

（六）货物上架作业

货物上架作业的重点在于上架储位的安排，主要根据储位安排的结果进行。在实际操作中，储位安排不只需要考虑库区的安排，还需要分配到具体库位。这就要了解不同配送中心的各库区库位编码的方式，根据库位的规划进行具体的储位安排，这样才能完成货物的上架作业。

方案实施指导书

一、任务选择

1. 准备工作

对附录 A 教师演示任务数据中入库作业部分的任务数据使用经济订货批量计算，设计的入库计划见表 2-3。

表 2-3　入库计划

货　　主：AA 配送中心　　　　　　　　　　订单日期：2016 年 12 月 1 日
供应商：BB 饮料有限公司　　　　　　　　预到日期：2016 年 12 月 2 日

货物编码	货物名称	单位	数量（件）	单价（元）	金额（元）	备注
0101003	西凤陈酒 A8	瓶	576	38	21888	
0102002	可口可乐	瓶	576	5	2880	

2. 选择操作任务

单击【子项目二　货物入库作业方案设计与实施】→【任务二　货物入库作业方案实施】，在右侧单击【货物入库作业方案实施（教师演示）】，并单击【进入任务】，作业岗位选择【入库管理员】，进入 3D 模拟场景，如图 2-13 所示。

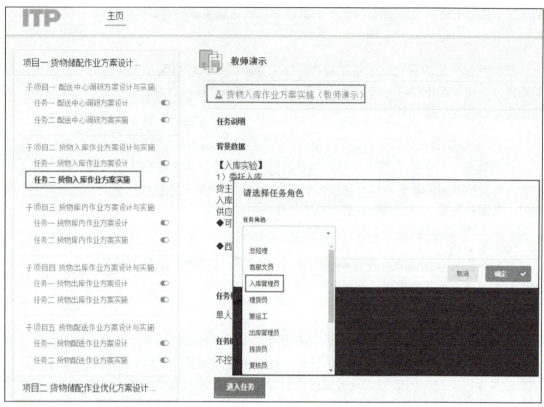

图 2-13　进入任务

二、管理系统操作

1. 进入仓库管理系统

通过按〈W〉键、〈S〉键、〈A〉键和〈D〉键走到仓储办公室的计算机前面，根据提示按〈Alt〉键操作虚拟计算机，双击【管理系统】进入仓库管理系统界面，如图 2-14 所示。

图 2-14　虚拟计算机界面

2. 新建入库单据

单击【入库管理】→【入库预报】→【新增】，填写 ASN 单头，单击【新增明细】，按入库单要求填入 ASN 明细，单击 ASN 明细中【物料代码】后面的🔍，出现物料查询界面，在界面内输入物料代码并单击【查询】，下方出现查询的物料信息，此时双击此条信息进行选择，如图 2-15、图 2-16、图 2-17 所示。然后，选择【包装单位】并填写【预计数量】，单击【保存】，保存成功后，再单击【新增明细】，用同样的方法进行下一种货物的入库预报的增加。最后单击【列表】返回入库预报，如图 2-18 所示。

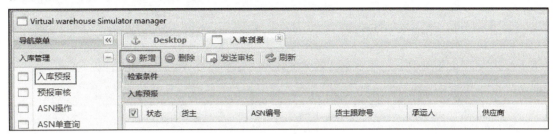

图 2-15　新增入库预报

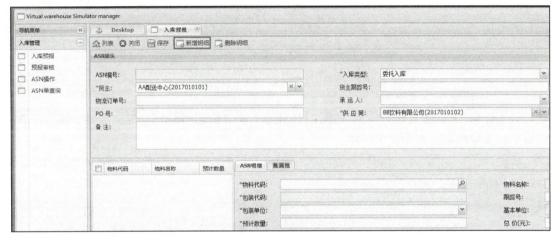

图 2-16　填写 ASN 单头

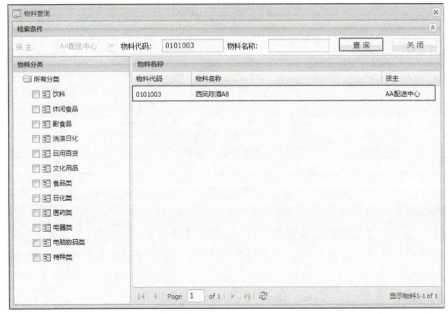

图 2-17　选择物料信息

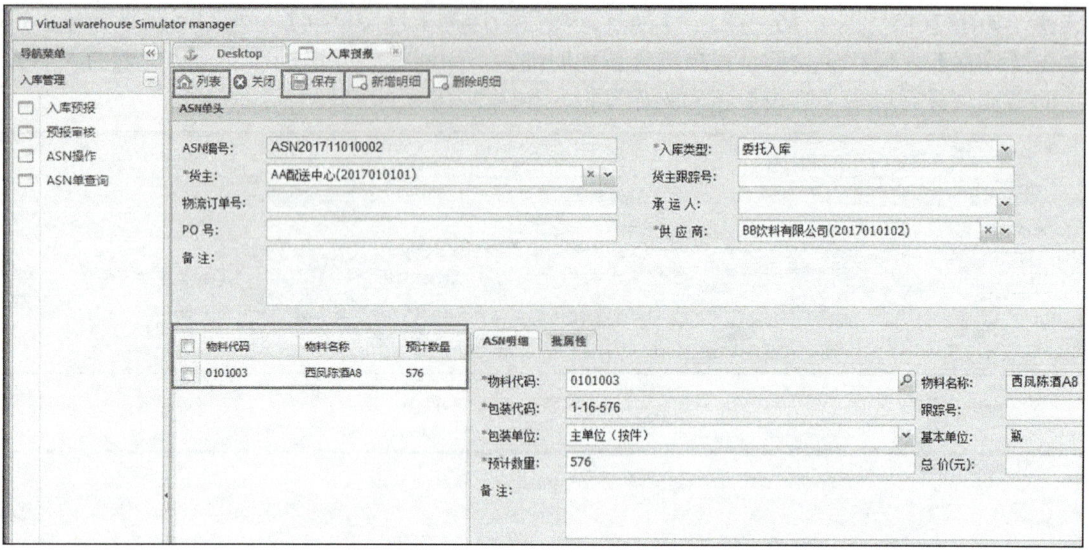

图 2-18　保存单据

3．入库预报和预报审核

勾选订单，单击【发送审核】，如图 2-19 所示。单击【预报审核】，勾选需要审核的订单，然后单击【审核】，如图 2-20 所示。

图 2-19　发送审核

图 2-20　审核

4．ASN 操作

单击【ASN 操作】，勾选审核通过的订单，单击【计划】，选择【收货区】，然后单击【保存】，如图 2-21 所示。勾选订单，单击【提交】→【入库单打印】，完成入库单的打印，如图 2-22 所示。

5．取入库单

走到打印机旁边，根据提示按〈Ctrl〉键的同时单击鼠标左键拿起单据，如图 2-23 所示。

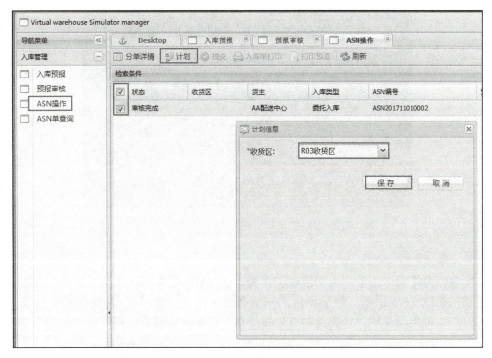

图 2-21　计划收货区

图 2-22　打印入库单

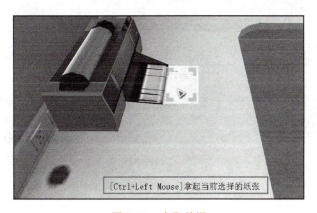

图 2-23　拿取单据

6．取送货单

在计划的收货区，双击鼠标左键从送货员手中接取送货单，如图 2-24 所示。

图 2-24 签收送货单

三、卸货作业

切换角色为【搬运工】，走到液压叉车旁，按〈Alt〉键推液压叉车叉取货物到收货处，完成卸货，如图 2-25 所示。然后再走到车辆存放区，根据提示按〈Alt〉键操作电动叉车，上车后按〈T〉键起动车辆，到托盘存放处将托盘叉取到入库理货区摆放好，如图 2-26 所示。

图 2-25 卸货

图 2-26 入库理货区

四、组托与收货作业

1. 货物组托

靠近蓝色托盘，根据提示按〈Alt〉键进入码盘模式，然后单击鼠标左键进行抓取货物，并将货物按照设计的堆码方式进行码盘，如图 2-27 所示。

子项目二　货物入库作业方案设计与实施

图 2-27　码盘

2．收货确认

按<Q>键取出手持终端 PDA，双击进入【管理系统】，选择【收货】，如图 2-28 所示。跳转界面提示扫描入库单，打开入库单，移动 PDA 到条码处，出现眼睛状图标时按<Alt>键，同时单击鼠标左键扫描入库单，扫描成功后按<Esc>键收起单据，如图 2-29 所示。跳转界面提示扫描托盘条码，用同样的方法扫描托盘条码（扫描时可按<C>键蹲下扫描），跳转界面显示扫描包装条码，用同样的方法扫描包装条码，最后根据实际收到的箱数在【*倍数（箱）】输入相应数字 36，并单击【确定】→【满盘】，如图 2-30 所示。用同样方法收取另一种货物，最后按<Q>键收起手持 PDA。

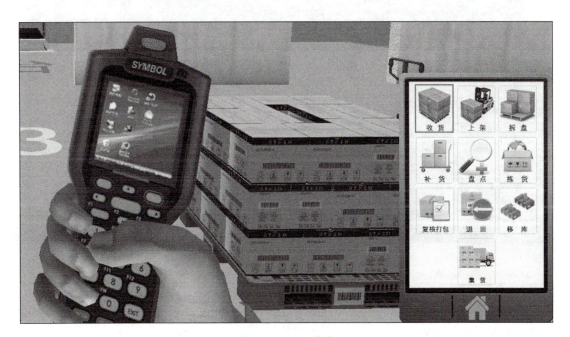

图 2-28　PDA 收货

49

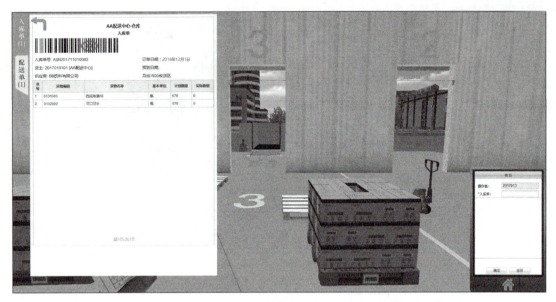

图2-29 扫描入库单

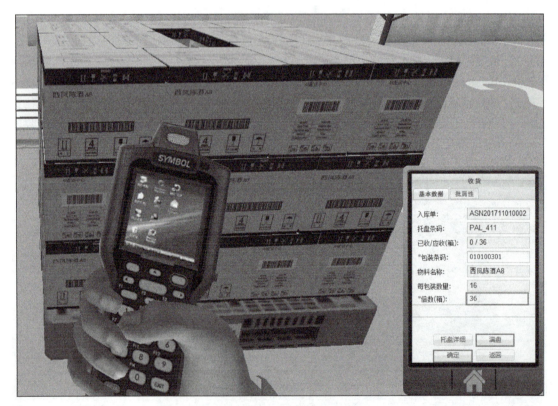

图2-30 收货

3．返配送单

收货完成后，用液压叉车将木质托盘推送到送货车厢，拿出配送单，双击已签收的配送单返回送货员，如图2-31所示。

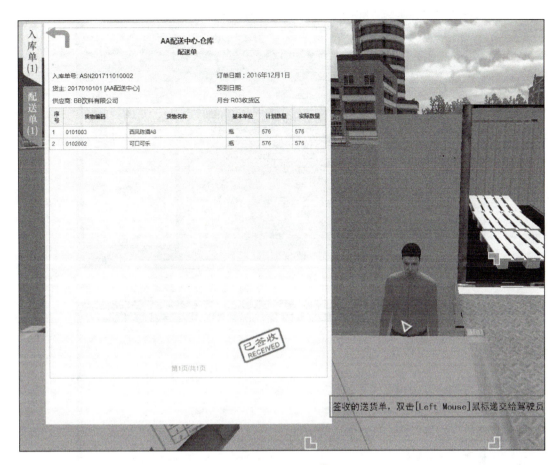

图 2-31　返配送单

五、货物上架作业

1. 立库存储区货物上架

按〈Q〉键取出手持 PDA 进入【上架】操作,如图 2-32 所示。跳转界面提示扫描托盘条码,扫描后,跳转界面显示上架库位的选择和扫描,根据设计方案中的安排可知在立库存储区,走向立库货架旁的计算机,按〈Alt〉键操作计算机,进入【管理系统】,单击【开始作业】,如图 2-33 所示。

按〈Q〉键取出手持 PDA,在【*库位条码】栏中输入提前计划的库位 A013001,单击【自动上架】,开叉车将货物叉到立库货架输送线上完成自动入库,如图 2-34 和图 2-35 所示。

2. 重型货架存储区货物上架

按〈Q〉键取出手持 PDA 进入【上架】操作,根据跳转界面提示扫描另一个托盘条码。扫描托盘条码后,跳转界面显示上架库位的选择和扫描,根据设计方案中的安排可知在重型货架存储区,先在手持 PDA 上进行库区的修改,如图 2-36 所示。库区修改完成后需要走到设计方案中指定的库位 P010102 后扫描库位条码,对应的库区就会变为蓝色,如图 2-37 所示。按〈Q〉键收起手持 PDA,然后开启电动叉车将货物叉到目标库位,上架完成,如图 2-38 所示。

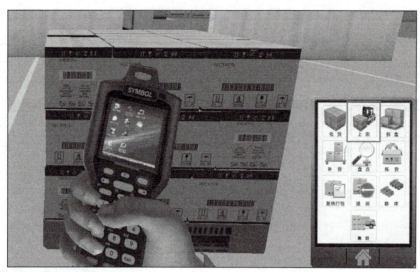

图 2-32　手持 PDA 上架

图 2-33　立库货架管理系统操作

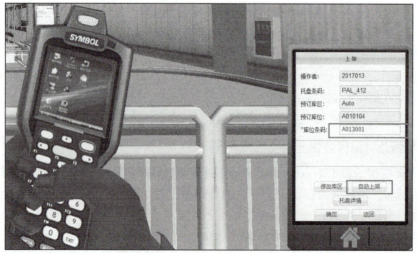

图 2-34　输入库位条码并自动上架

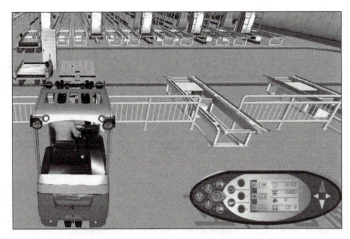

图 2-35 货物送到输送口

图 2-36 修改库区

图 2-37 扫描库位条码

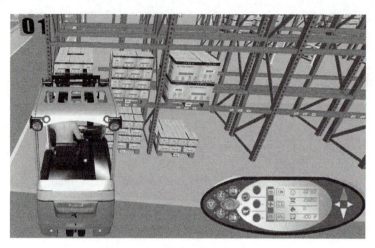

图 2-38　上架

3. 设备归位

最后将电动叉车和液压叉车放回车辆存放区，入库完成。

任务总结

学生在完成货物入库作业方案实施任务后，要根据方案实施过程中对货物入库作业环节和作业流程的执行情况及遇到的困惑进行反思和总结，撰写并提交个人总结报告，以便总结经验教训，举一反三。教师对学生的方案实施结果及提交的个人总结给出评价，并作为学生过程性考核成绩的一部分。

子项目三
货物库内作业方案设计与实施

 子项目情景

2016年12月3日,AA配送中心仓储部组织补货人员和移库人员召开部门会议,会议对"双十一"活动期间补货作业和移库作业工作进行了全面总结,就即将到来的"双十二"活动期间的补货作业和移库作业工作进行合理的安排。

仓储部陈经理直入主题:"经库内作业组员工反映,'双十一'活动期间移库作业和补货作业顺序安排得不合理,使得库内作业过程中增加了许多麻烦。并且拣货时还时常发生缺货现象,以至于补货组经常手忙脚乱,使得拣货工作受到很大的影响。"说完看着大家,又说:"现在大家针对这些问题讨论一下,争取在'双十二'活动到来之前有一个很好的解决策略。"

补货员小林这时候说:"有的货物我们刚完成了补货,移库组的同事又对这个货物进行移库,我觉得究其原因是我们在准备期间未能设计出准确的、贴近实际的库内作业流程。"

移库组的组长低着头说:"这个问题我们也很苦恼,我们需要在活动开始前确定库内作业的流程,避免这种重复作业。"边说边看向陈经理。"我觉得操作人员在淡季的时候可以进行轮岗,培养部分多工种的人员,活动期间再给我们配备一些操作人员。"

"活动期间拣货数量比较大,补货和移库业务也会增加。我建议我们补货组和移库组要提前沟通,编写库内作业流程,避免大家白忙活。并且最好制订异常情况处理的相关紧急预案,这样可以提高我们补货的效率。"补货组的组长说完看向陈经理。

2016年12月4日上午,AA配送中心收到AA连锁超市的一批出库订单。在出库拣货之前,首先移库组对拣货区货物的储位进行优化调整,其次补货组对存储区的货物进行进货补货作业,对拣货区货物进行库内补货作业。假如你是仓储部的主管,该如何协调好后续补货组、移库组和拣货组成员间良好的工作,完成移库作业和补货作业。

 学习目标

【知识目标】
1. 理解库内盘点作业的内容、方法及程序。
2. 理解移库产生的原因,掌握移库时机及移库方法。
3. 理解补货作业产生的原因,掌握补货时机及选择补货方式的原则。
4. 掌握缺货订单处理和补货申请的依据。
5. 掌握库内货物保管的常见方法。

【技能目标】
1. 能够按照项目任务书的要求设计完整的移库和补货作业计划方案。

2. 能够灵活运用 IWMS 虚拟仿真运营管理软件完成移库作业的操作。
3. 能够灵活运用 IWMS 虚拟仿真运营管理软件完成补货作业的操作。

【素质目标】
1. 树立严谨认真的工作态度。
2. 培养吃苦耐劳的工作精神。

任务一　货物库内作业方案设计

知识链接

货物库内作业是配送中心仓储作业管理的核心环节，也是货物出库作业的基础。货物的库内作业管理主要是指对库内货物进行合理的保存和经济的管理，具体的内容包括货物盘点、货物补库及货物移库等作业。由于库存货物的流动性，容易产生缺货，这就需要仓储部门根据出库作业计划及时做好出库前的准备工作：补货作业和移库作业，确保准确迅速地完成出库作业。因此，只有熟练掌握这些作业活动的理论知识，才能对这些作业活动进行合理的安排和组织。

一、盘点作业

盘点作业是仓库为了准确地掌握库存数量及有效地保证库存的准确性而对仓库中的货物进行数量清查、清点的作业，以核对在库货物的实际数量与账面数量是否一致。

（一）盘点作业的内容

1. 查数量

通过点数计数查明货物库内的实际数量，核对库存账面资料与实际库存数量是否一致。

2. 查质量

检查库内货物质量有无变化、有无超过有效期和保质期及有无长期积压等现象，必要时还必须对货物进行技术检验。

3. 查保管条件

检查保管条件是否与各种货物的保管要求相符合。

4. 查安全

检查各项安全措施和消防设施、器材是否符合安全要求，建筑物和设备是否处于安全状态。

（二）盘点作业的方法

1. 永续盘点法

永续盘点法又称账面盘点法，是把每天出入库货物的数量和单价记录在存货账卡上，并连续计算出总账面上的库存结余数量及金额。

2. 实地盘点法

实地盘点法又称现货盘点法，是实际清点库内数量，根据货物单价计算出实际库存金额的方法。根据盘点时间频率，实地盘点法又可分为期末盘点和循环盘点。

（三）盘点作业的流程

一般情况下，盘点作业按照以下步骤进行操作：

1. 盘点前的准备工作

事先对可能出现的问题及盘点中容易出现的差错进行研究和准备。

2. 确定盘点周期

根据货物性质来确定盘点周期。从理论上讲在条件允许的情况下，盘点的次数越多越好，但每一次盘点，都要耗费大量的人力、物力和财力。因此，根据实际情况确定盘点的时间，如按 ABC 分类结果分别制定相应的盘点周期，重要的 A 类货物，每天或每周盘点一次，一般的 B 类货物每两周或三周盘点一次，C 类货物可以一个月甚至更长的时间盘点一次。

3. 确定盘点方法

因盘点场合、要求的不同，盘点的方法也有差异，一般采用两种盘点方法，既动态盘点法和循环盘点法。动态盘点法有利于及时发现差错及时处理。采用循环盘点法时，日常业务照常进行，按时按照顺序每天盘点一部分，所需时间和人员都比较少，发现差错也可以及时分析和修正。

4. 确定并培训盘点人员

盘点人员按职责分为填表人、盘点人、核对人和抽查人。盘点前一天对盘点人员进行必要的指导，如盘点要求、盘点常犯错误的避免方法及异常情况的处理办法等，尤其是盘点、复盘、间盘人员必须经过训练。

5. 清理储存场所

盘点工作开始时，对储存场所及库存货物进行一次清理，主要包括对尚未办理入库手续的货物，应予以标明不在盘点之列；对已办理出库手续的货物，要提前运到相应的配送区域；账卡、单据、资料均应整理后统一结清；整理货物堆垛、货架等，使其整齐有序以便于清点记数；检查计量器具，使其误差符合规定要求。

6. 盘点数量

由于盘点工作涉及大量的数字，所以在盘点过程中一定要仔细认真，还要注意因自然原因导致某些货物挥发、吸湿而重量有增有减。

7. 盘点的盈亏处理

查清差异原因后，为了通过盘点使账面数与实物数保持一致，需要对盘点盈亏和报废品一并进行调整。

二、移库作业

（一）移库作业产生的原因

库内管理过程中，为了确保库存数据的准确性和出库作业的安全性，提高作业效率，出现以下几种情况需要进行移库作业：

（1）收货时托盘不够用，货物需要拼托将会产生库位调整。

（2）日常仓库管理时，货物需要拼托时进行库位调整。

（3）配货时剩余的货物较少，将其调整到一层存放或调整后进行拼托。

（4）配货时叉车在回库时放错库位，需要重新在系统中调整库位。

（5）因某种因素（如季节性消费）需要大批量进行库位调整。

（二）移库作业的要求与原则

（1）一切移库作业都要具备可追溯性。

（2）移库时要做到及时、细心、准确、无误，不论是先填写移库单还是先将实物进行移库，都要及时将后续工作完成。

（3）完成移库后，仓库组长要及时将移库单交接给系统文员。

（4）系统文员要及时在系统中按照移库单做库位调整。

（5）进行移库时，以相邻库位优先考虑，就近为先；相同货物优先；拼托时以一层库位优先，同区域为主。

（6）大批量移库作业时，调整后库位应相对集中存放（相同货物）；先找好目标库位，填写好移库单，审批后再进行操作。

（三）移库的基本过程

根据业务部门销售的需求和仓储部门货物存储的需要提出移库方案，制作移库单，仓库管理员根据移库单完成货物的移库作业。

移库作业顺序为：提出移库申请→确认移库的必要性→系统移库→实施移库作业→符合移库结果→归档。

三、补货作业

补货作业是指当拣货区的货物发生短缺时，将货物从仓库保管区域搬运到拣货区的物流活动，然后将此移库作业做库存信息处理。补货作业的目的是保证拣货区有货可拣，是保证充足货源的基础。

补货通常以箱或托盘为单位，在配送中心通常有两种补货方式：①由储存区货架与拣货区货架组成的存货、拣货和补货系统，待配货物从储存货架取出，补向拣货区货架，保证拣货区货架有货可拣的作业过程；②将供应商作为存储区，配送中心作为拣货区，从供应商取出，补向配送中心，保证配送中心有货可拣的作业过程。

（一）补货方式

1. 托盘补货

托盘补货方式是以托盘为单位进行补货，使用堆垛机把托盘由存储区运到拣货区，也可把托盘运到货物拣货区进行补货，适合体积大或出库量多的货物。

2. 整箱补货

整箱补货是由货物存储区补货到拣货区，这种补货方式由补货员到货物存储区取货箱，用手推车装载至拣货区，适合体积小且少量多样的货物。

3. 货架上层—货架下层的补货方式

存储区与拣货区属于同一货架时采用货架上层—货架下层的补货方式。利用堆垛机将上层存储区的货物搬至下层拣货区，适合体积不大、存货量不高，并且多为中小量的货物。

（二）补货时机

补货作业的发生与否视拣货区的货物存量是否符合需求而定，因而究竟何时补货需检查拣货区存量，以避免拣货中途才发觉拣货区的货量不足，从而影响整个拣货作业。补货时机主要有批次补货、定时补货和随机补货三种方式，配送中心应视具体情况选择适宜的补货方式。

1. 批次补货

每天或每一批次拣货前，经由计算机计算所需货物总拣货量和拣货区的库存量，计算出差额并在拣货作业开始前补足货物。这种补货原则是"一次补足"，较适合一天内作业量变化不大、紧急插单不多，或者每批次拣货量可以事先掌握的情况。

2. 定时补货

将每天划分为若干时段，补货人员在时段内检查拣货区货架上货物的存量，若发现不足马上予以补足。这种"定时补足"的补货原则，较适合分批拣货时间固定、处理紧急订货时间也固定的情况。

3. 随机补货

随机补货是指定专人从事补货作业的方式，补货人员随时巡视拣货区的货物存量，若有不足随时补货。这种"不定时补足"的补货原则，较适合每批次拣货量不大、紧急插单多，以至于一天内作业量不易事前掌握的场合。

四、安全库存的计算

安全库存（又称保险库存）是指为了防止由于不确定因素（如突发性大量订货或供应商延期交货）影响订货需求而准备的缓冲库存，安全库存用于满足提前期需求。由于日需求量、交货时间、供应商的配合程度都存在较多的不确定因素，企业需要通过安全存货来进行缓冲处理。安全库存在正常情况下不动用，只有在库存量过量使用或送货延迟时才能使用。

安全库存的确定是建立在数理统计理论基础上的，其大小主要由顾客服务水平（或订货满足率）来决定。所谓顾客服务水平，就是指对顾客需求情况的满足程度。公式为

$$顾客服务水平（95\%）=1-\frac{年缺货次数}{年订货次数}$$

顾客服务水平（或订货满足率）较高，说明缺货发生的情况较少，从而缺货成本就较小，但因增加了安全库存量，导致库存的持有成本上升；而顾客服务水平较低，说明缺货发生的情况较多，缺货成本较高，安全库存量水平较低，库存持有成本较小。因而必须综合考虑顾客服务水平、缺货成本和库存持有成本三者之间的关系，最后确定一个合理的安全库存量。

安全库存量的计算需要对顾客需求量的变化和提前期的变化作一些基本的假设，服务水平为$(1-\alpha)$的情况下所对应的服务水平系数，是基于统计学中的标准正态分布的原理来计算的，一般通过正态分布表查得。

客户需求不确定、生产过程不稳定、配送周期多变、服务水平高低等是影响安全库存的主要因素。根据经典的安全库存公式，安全库存 SS 是日需求量 d、日需求量的标准差 σ_d、提前期 L（补货提前期和采购提前期）、提前期的标准差 σ_L 和服务水平下的标准差 z 的函数，故安全库存公式为

$$SS = z\sqrt{\sigma_d^2(\overline{L}) + \sigma_L^2(\overline{d})^2} \qquad (3\text{-}1)$$

式中　SS——安全库存；

　　　$\overline{L}$——提前期的平均值；

　　　$\overline{d}$——日平均需求量；

　　　z——某服务水平下的标准差；

　　　σ_d——日需求量的标准差；

　　　σ_L——提前期的标准差。

在企业实践中，安全库存公式的应用颇为复杂，原因是数据收集量难度很大，如具有几千种至几万种物料的制造型企业或大中型零售企业，收集关于物料或产品的日需求量 d 和提前期 L 的数据，其难度之大可以预期。鉴于此，在需求随机分布并服从正态分布的假设下，根据提前期不变和提前期可变这两种不同的情况，分别提出两个简洁实用的 SS 公式。

1. 提前期 L 不变

当提前期 L 不变时，式（3-1）的第二项 $\sigma_L^2(\overline{d})^2$ 为零，故式（3-1）简化为

$$SS = z\sigma_d\sqrt{\overline{L}} \qquad (3\text{-}2)$$

2. 提前期 L 发生变化，日需求量 d 为固定常数

当提前期内顾客的日需求量是确定常数，即使提前期的长短是随机变化的，式（3-1）的第一项 $\sigma_d^2(\overline{L})$ 都为零，故式（3-1）简化为

$$SS = z\sigma_L\overline{d} \qquad (3\text{-}3)$$

例题：某商店的康师傅矿泉水日平均需求量为 10 箱，顾客的需求服从日需求量的标准差为 3 箱的正态分布，提前期均值为 4 天，标准差为 2 天的正态分布，并且日需求量与提前期是相互独立的，试确定 95% 的顾客满意度下的安全库存量。

解析：由题意得知：σ_d =3 箱，σ_L =2 天，$\overline{d}$ =10 箱 / 天，$\overline{L}$ =4 天，服务水平为 0.95 对应的 z=1.65，代入式（3-1）得

$$SS = 1.65 \times \sqrt{3^2 \times 4 + 2^2 \times (10)^2} = 34 \text{（箱）}$$

在满足 95% 的顾客满意度的情况下，安全库存量是 34 箱。

这里需要假设 AA 配送中心不做特殊说明的货物采购提前期都是 3 天，某服务水平下的标准差从附录 F 中查得，服务水平按照 ABC 分类结果进行设置，A 类货物的服务水平是 99%，B 类货物的服务水平是 95%，C 类货物的服务水平是 90%。

五、订购点

订购点是指在最低存量下，应立即加以订购补充货物，否则会影响配货的进行。通常可以理解为：在订购点时订购，等货物消耗到了安全库存水平的时候，订购的货物刚刚入库至配送中心。订购点是一个货物存量基数，而非一个时间含义。

订购点即仓库进行补货时的库存量，其计算公式为

$$订购点 = 日平均需求量 \times 备货时间 + 安全库存量 \qquad (3-4)$$

例题：某配送中心娃哈哈 AD 钙奶的日平均需求量为 100 箱，备货时间为 1.5 天，安全库存量为 25 箱，则该配送中心娃哈哈 AD 钙奶的订购点是多少箱？

解析：

$$订购点 = 日平均需求量 \times 备运时间 + 安全库存量 = 100 \times 1.5 + 25 = 175（箱）$$

该配送中心的订购点是 175 箱。

六、货物保管

在库货物的保管是指仓库针对货物的特性，结合仓库的具体条件，采取各种科学的方法对货物进行养护，防止和后延货物质量变化的行为。货物保管的原则是"以防为主，防治结合"。要特别重视货物损害的预防，及时发现和消除事故隐患，防止损害事故的发生。特别要预防发生爆炸、火灾、水浸、污染等恶性事故和造成大规模损害事故。

常见的仓储货物保管的手段有通风、温度控制、湿度控制等。

（一）通风

通风是指采取措施加大空气流通的保管手段。首先，通过引入大量流通的干燥空气，可以降低货物的含水量并降低温度。其次，通风还具有消除货物散发出的有害气体的作用，还可以增加空气的氧含量。值得注意的是，通风也会将空气中的水分、灰尘等带入仓库，影响货物。

（二）温度控制

普通仓库的温度直接受自然温度的影响，库存货物的温度也就与自然温度同向变化。有些货物温度太高时，可能会出现融化、膨胀等现象，也容易腐烂变质、挥发、老化、自燃，甚至发生爆炸。所以，针对此类货物要经常检查货物温度，当气温过高时，可以采取洒水或通风的方法适当降温。而有些货物温度太低时，可能会变脆、冻裂从而损害货物。一般来讲，绝大多数货物在常温下都可以保持正常的状态。

（三）湿度控制

湿度分为货物湿度和空气湿度。货物湿度是指货物的含水量。货物的含水量对货物有直接影响，含水量高，则容易发生霉变、锈蚀、溶解、发热甚至化学反应；含水量低时，则会产生干裂、挥发、容易燃烧等危害。控制货物的含水量是货物保管的重要环节。

湿度控制主要通过对湿度进行监测，当湿度过高或过低时要及时采取措施。当湿度太低时，应减少空气流通，进行洒水、喷水雾等方式增加库内空气湿度，或者直接对货物进行如洒水等加湿处理。当湿度太高时，应封闭仓库或密封货垛，避免空气流通；或者采用干燥式通风、制冷降温；或者在室内摆放如生石灰、硅胶等吸湿材料；特殊货仓可采取升温措施。

方案设计任务书

方案设计任务书	
子项目名称	货物库内作业方案设计与实施
任务描述	借助 IWMS 虚拟运营软件，通过完成货物的下架和上架作业，达到熟练掌握货物补货作业和移库作业流程的目的
任务成果	货物补货、移库作业设计方案 IWMS 虚拟运营软件操作规范正确
模仿训练内容	2016 年 12 月 4 日上午，AA 配送中心收到 AA 连锁超市的一批出库订单，订单显示出库货物属于"休闲食品"。仓库管理员于当日 8:00 上班后从"商品进出货流水账"报表中筛选出"休闲食品"货物，对此种类别的货物进行 ABC 分类，并计算出此批出库货物的安全库存 首先，移库组根据货物 ABC 分类的结果对拣货区货物的储位进行优化调整，自行制订出移库计划，并设计出合理的移库单。移库完成后，补货组根据安全库存量的计算结果对存储区货物进行进货补货作业，当货物的库存量低于订购点，就进行进货补货作业，自行制订出进货补货作业计划，并设计合理的进货单；与此同时，查询此批出库货物的库存，当出库货物的拣货区库存量低于拣货区出库量时，需要进行库内补货作业，自行制订补货作业计划，并设计合理的补货单 其中出库单见表： **出库单** 客　　户：AA 连锁超市杭州路店　　　　出库日期：2016 年 12 月 4 日 联系人：徐文静　　　　　　　　　　　联系电话：021-8760████ | 序号	货物编码	货物名称	单位	数量
---	---	---	---	---
1	0202002	乐事薯片（原味）	包	30
2	0204002	金鸽瓜子	袋	10
3	0204003	老灶煮花生	袋	16
4	0205001	好丽友巧克力派	袋	24	 任务要求： 1. 从"商品进出货流水账"报表中筛选出（2016 年 11 月 3 日—11 月 30 日）的"休闲食品"类别的货物，对此种类别的货物进行 ABC 分类 2. 计算此批出库货物的安全库存量，计算过程中做出一些假设 [假设所有货物的提前期都是 3 天，乐事薯片（原味）日需求量的标准差是 146 单位，金鸽瓜子日需求量的标准差是 266 单位，老灶煮花生日需求量的标准差是 138 单位，好丽友巧克力派日需求量的标准差是 87 单位] 3. 根据 ABC 货物分类结果和当前库存安排，对该类别货物的拣货区的储位进行优化调整，制订移库计划 4. 根据安全库存量的计算结果，当货物的库存量低于订购点时需要进货补货作业，应用经济订货批量计算进货量 [假设所有货物的单位存储成本是单位购置成本的 25%，乐事薯片（原味）的年需求量是 4050 单位，次订货成本是 48 元；金鸽瓜子的年需求量是 7200 单位，次订货成本是 32 元；老灶煮花生的年需求量是 7290 单位，次订货成本是 142.5 元；好丽友巧克力派的年需求量是 2400 单位，次订货成本是 87 元]，自行制订出进货补货作业计划，并设计合理的进货单 5. 根据出库货物的拣货区的出库量和拣货区的库存量，判断哪些出库货物需要补货，自行制订补货作业计划（补货箱数是该库位的最大库容量），并设计合理的补货单
强化训练内容	2016 年 12 月 4 日上午，AA 配送中心收到 AA 连锁超市的一批出库订单，订单显示出库货物属于"洗涤日化"。仓库管理员于当日 8:00 上班后从"商品进出货流水账"报表中筛选出"洗涤日化"货物，对此种类别的货物进行 ABC 分类，并计算出此批出库货物的安全库存 首先，移库组根据货物 ABC 分类的结果对拣货区货物的储位进行优化调整，自行制订出移库计划，并设计出合理的移库单。移库完成后，补货组根据安全库存量的计算结果对存储区货物进行进货补货作业，当货物的库存量低于订购点，就进行进货补货作业，自行制订出进货补货作业计划，并设计合理的进货单；与此同时，查询此批出库货物的库存，当出库货物的拣货区库存量低于拣货区的出库量时，需要进行库内补货作业，自行制订补货作业计划，并设计合理的补货单

子项目三 货物库内作业方案设计与实施

（续）

方案设计任务书	
强化训练内容	其中出库单见表： **出库单** 客　　户：AA 连锁超市石家庄路店　　　　　出库日期：2016 年 12 月 4 日 联 系 人：赵小玥　　　　　　　　　　　　联系电话：021-8326 | 序号 | 货物编码 | 货物名称 | 单位 | 数量 | |---|---|---|---|---| | 1 | 0401003 | 海飞丝洗发露 | 桶 | 20 | | 2 | 0403001 | 痘清洗面奶 | 罐 | 12 | | 3 | 0403002 | 大宝 SOD 蜜 | 罐 | 62 | | 4 | 0405004 | 美甲指甲油 | 瓶 | 24 | 任务要求： 1. 从"商品进出货流水账"报表中筛选出（2016 年 11 月 3 日—11 月 30 日）的"洗涤日化"类别的货物，对此种类别的货物进行 ABC 分类。 2. 计算此批出库货物的安全库存量，计算过程中做出一些假设（假设所有货物的提前期都是 3 天，海飞丝洗发露日需求量的标准差是 255 单位，痘清洗面奶日需求量的标准差是 92 单位，大宝 SOD 蜜日需求量的标准差是 178 单位，美甲指甲油日需求量的标准差是 207 单位） 3. 根据 ABC 分类结果和当前库存安排，对该类别货物的拣货区的储位进行优化调整，制订移库计划。 4. 根据安全库存量的计算结果，当货物的库存量低于订购点时需要进行补货作业，应用经济订货批量计算进货量（假设所有货物的单位存储成本是单位购置成本的 25%，海飞丝洗发露的年需求量是 12150 单位，次订货成本是 240 元；痘清洗面奶的年需求量是 56250 单位，次订货成本是 150 元；大宝 SOD 蜜的年需求量是 20000 单位，次订货成本是 81 元；美甲指甲油的年需求量是 8100 单位，次订货成本是 40 元），自行制订出进货补货作业计划，并设计合理的进货单。 5. 根据出库货物的拣货区的出库量和拣货区的库存量，判断哪些出库货物需要补货，自行制订补货作业计划（补货箱数是该库位的最大库容量），并设计合理的补货单。
子项目方案设计任务书说明	
	针对任务书给出的模仿训练数据和强化训练数据，学生首先在课堂中和教师一起学习补货和移库的相关理论知识，熟悉 IWMS 虚拟运营软件的操作方法和流程，然后根据教师课堂的演示进行模仿练习，最后结合知识链接中的理论知识、管理技能、附录 C 中的方案模板和强化训练数据进行方案设计

任务总结

学生在完成货物库内作业方案设计任务后，要根据方案设计过程中对知识的理解和运用情况及遇到的困惑进行反思和总结，撰写个人总结报告，以便总结经验教训，举一反三。最后提交个人总结报告和货物库内作业方案。教师对学生提交的设计方案和个人总结给出评价，并作为学生过程性考核成绩的一部分。

任务二　货物库内作业方案实施

技能链接

（一）移库作业管理

移库作业的重点在于制订移库作业计划，核对货物储位安排与实际存储库区是否一致。通常以物动量 ABC 分类的结果作为货物是否需要移库的判断标准，根据货物的存储特点，应将出库频率大的 A 类货物存储于电子标签货位，出库频率小的 B 类和 C 类货物存储于轻型货架。在实际操作过程中，通过对货物储位的查询，如果发现存在货物储位与要求不符的情况，就需要对该储位的货物进行移库，以便提高后续的出库作业效率。

（二）补货作业管理

补货作业主要分为进货补货和库内补货，补货作业的前提是判断货物是否需要补货，重点是补货方式的确定、补货库位的选择和补货数量的确定。

在实际操作中，进货补货是通过计算安全库存来判断的，库内补货通过出库货物拣货区的库存是否满足它的拣货区出库量来确定。其中，进货补货的依据是库存量低于安全库存时进行补货，补货量通过安全库存计算出其订购点。而库内补货的依据是拣货区的库存量低于拣货区的出库量时进行补货，补货量根据任务要求中的补货规则来决定（为方便起见，本系统规定轻型货架拣货区货位的最大容量为3箱，电子标签货架拣货区货位的最大容量为6箱）。

另外，在实际操作过程中，如果一种货物既需要移库也需要补货，则需要先移库再补货，以避免重复作业。

方案实施指导书

一、任务选择

1. 准备工作

通过对教师演示数据的分析，先查询出库货物的库存量，再计算出库货物的安全库存和订购点，判断货物是否要进行进货补货作业。

（1）根据订购点和当前库存安排，对库存量小于订购点的货物进行进货补货作业，设计进货补货计划，见表3-1。注：订购量是通过安全库存来计算的，计算方法在知识链接部分有介绍。

（2）根据物动量ABC分类的结果和当前库存安排，对设计的货物库区与实际货物库区不符的货物进行储位优化调整，设计的移库计划见表3-2。

（3）根据出库货物的拣货区出库数量和拣货区的库存量，拣货区库存不足的货物需要补货，设计补货计划，见表3-3。注：补货数量是该库位的最大库存量。

表 3-1　进货补货计划

货　　主：AA配送中心　　　　　　　　　　预定日期：2016年12月4日
供应商：BB饮料有限公司　　　　　　　　订单日期：2016年12月7日

序　号	货物编码	货物名称	订购量（件）	收货月台	上架库位
1	0101001	美汁源果粒橙	180	月台3	A011701

表 3-2　移库计划

序　号	物料代码	货物名称	源库位	目标库位	移库数量（件）
1	0102002	可口可乐	F231102	L041201	60

表 3-3　补货计划

序　号	物料代码	货物名称	源库位	目标库位	补货数量（件）
1	0103005	东鹏特饮	A013304	F220702	54
2	0103003	红牛	A024201	L031001	120

2. 选择作业任务

选择【子项目三　货物库内作业方案设计与实施】→【任务二　货物库内作业方案实施】，在右侧打开【货物库内作业方案实施（教师演示）】，单击【进入任务】，作业岗位选择【仓库管理员】，进入 3D 模拟场景，如图 3-1 所示。

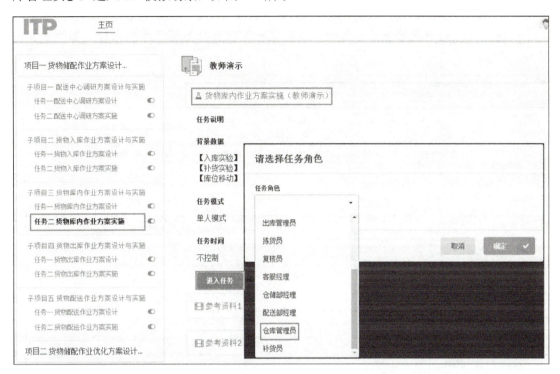

图 3-1　选择进入任务

二、管理系统操作

1. 进入仓库管理系统

通过按〈W〉键、〈S〉键、〈A〉键和〈D〉键走到仓储办公室的计算机前面，根据提示按〈Alt〉键操作虚拟计算机，单击【管理系统】进入仓库管理系统界面，如图 3-2 所示。

图 3-2　虚拟计算机界面

2. 新建入库单

根据表 3-1 新增入库订单，并完成管理系统中入库管理的相关操作，并打印入库单，具体步骤参考货物入库作业方案实施指导书中的管理系统操作部分的内容。

3. 新建移库单

执行【库内管理】→【库存移动】，单击【新增】，填写【货主】和【预定日期】，再单击【新增明细】，出现检索条件界面。单击检索条件界面中物料代码后面的 🔍，出现物料查询界面，输入移库货物的物料代码并单击【查询】，出现需要查询的物料信息，此时双击物料信息出现检索条件界面，双击鼠标左键选择需要移库的库存，如图 3-3 和图 3-4 所示。

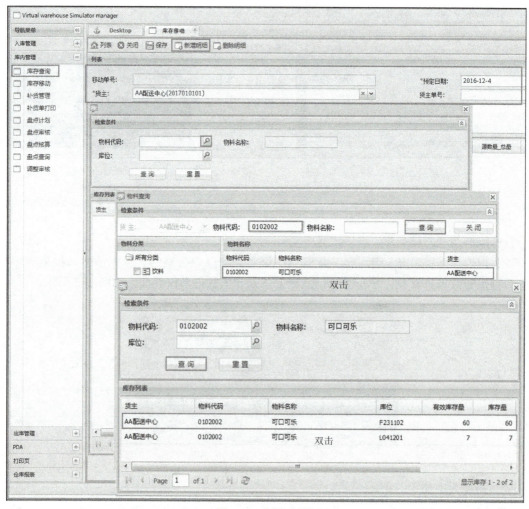

图 3-3 新增移库单

图 3-4 选择源库位

源库位选择完成后，回到库存移动的主界面，单击【*目标库位】后面的🔍选择目标库位，如图3-5所示。最后，单击【保存】按钮，保存成功后，单击列表返回库存移动界面。

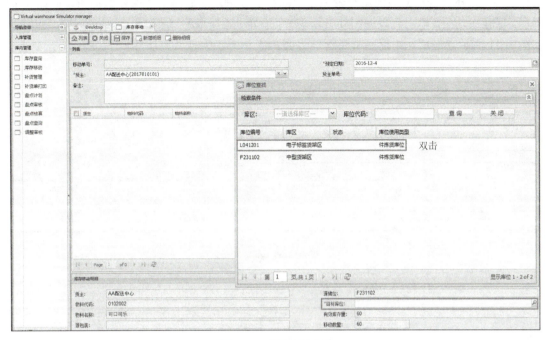

图3-5　选择目标库位

4．打印移库单

勾选移库信息后，单击【提交】→【打印移库单】，如图3-6所示。

图3-6　打印移库单

5．新建补货单

执行【库内管理】→【补货管理】，单击【新增】，选择【货主】后单击【物料代码】后的🔍，出现物料查询界面，在界面内的【物料代码】中输入货物的物料编码，单击【查询】后下面出现所要查询的物料名称，如图3-7和图3-8所示。此时双击此条物料信息，回到补货管理界面。单击【查询库存】，出现对应的库存列表，双击鼠标左键选择此货物的库存，如图 3-9 所示。

　　源库位选择完成后，单击【*目标库位】后面的 查询目标库位，然后双击目标库位，选择后在【*补货数量】后面填写表 3-3 中的补货数量，然后单击【保存】按钮，如图 3-10 所示。保存成功后，单击列表返回补货管理界面，单击【新增】，录入下一种货物的补货单据，如图 3-11 所示。最后，再返回补货管理界面。

图 3-7　新增补货单

图 3-8　查询物料

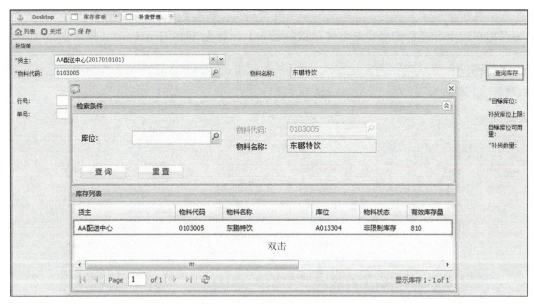

图 3-9　选择源库位

图 3-10　选择目标库位及填写补货数

图 3-11　录入补货信息

6. 生成补货单

执行【库内管理】→【补货管理】，勾选其中一个补货信息后，单击【提交】，提交后补货信息状态显示为提交,再勾选另一个补货信息,单击【提交】,如图 3-12 所示。最后,勾选已提交的所有补货信息,单击【生成补货单】,如图 3-13 所示。

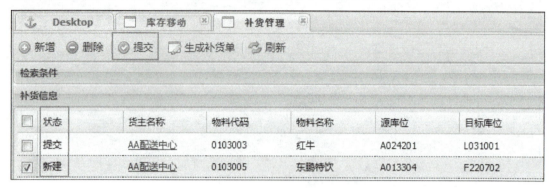

图 3-12 提交补货信息

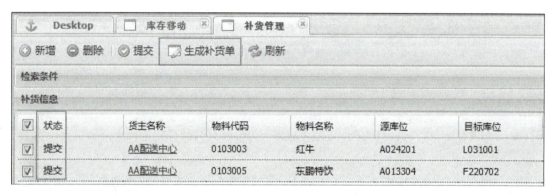

图 3-13 生成补货单

7. 打印补货单

执行【库内管理】→【补货单打印】,勾选所有补货信息后,单击【打印补货单】,如图 3-14 所示。

图 3-14 打印补货单

8. 取单据

按〈Alt〉键离开计算机,走向计算机旁边的打印机,移动鼠标箭头到纸张上,根据提示按住〈Ctrl〉键的同时单击鼠标左键拿起入库单、移库单和补货单。

三、进货补货作业操作

根据入库单的信息,完成新增订单的进货补货作业,具体步骤参考货物入库作业方案实施指导书中的卸货作业、组托与收货作业和货物上架作业部分的操作流程。

四、移库作业操作

1. 移库操作

切换角色为【补货员】,按〈Q〉键取出手持 PDA,进入【管理系统】→【移库】,如图 3-15 所示,根据界面跳转提示扫描移库单,如图 3-16 所示。

图 3-15 选择移库功能

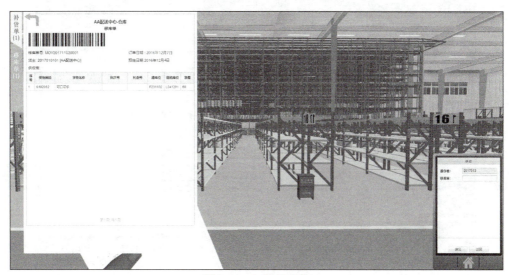

图 3-16 扫描移库单

2. 取货

扫描移库单后，界面提示扫描源库位条码，根据界面提示，推动手推车至中型货架区，开始扫描源库位条码，如图 3-17 所示。扫描库位条码后界面跳转至扫描目标库位条码，收起 PDA，按〈Ctrl〉键的同时单击鼠标左键拿起货物放在手推车上。

图 3-17　扫描源库位条码

3. 上架

根据手持 PDA 提示的库位，将手推车推至目标库位，拿出手持 PDA 扫描目标库位条码，如图 3-18 所示。扫描目标库位条码后库位显示为蓝色，根据界面跳转提示在【*移库数量】栏输入需移库的数量 60，并单击【确定】，如图 3-19 所示。收起 PDA，然后按〈Ctrl〉键的同时单击鼠标左键拿起手推车上的货物，根据提示双击鼠标左键将货物放置到货架上，移库完成，如图 3-20 所示。

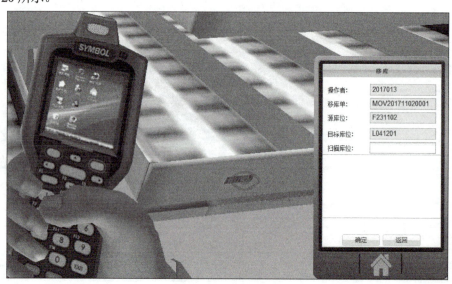

图 3-18　扫描目标库位条码

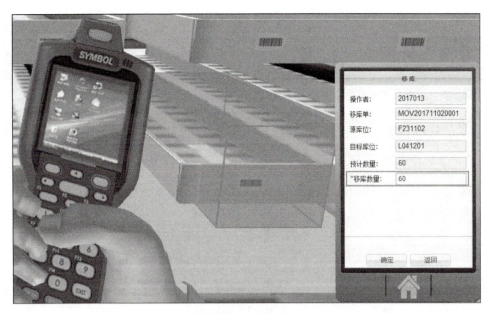

图 3-19 输入移库数量

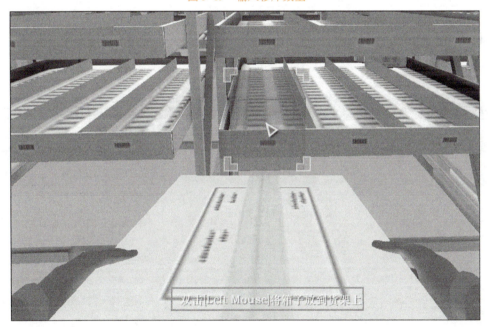

图 3-20 移库作业

五、补货作业操作

1. 补货操作

按〈Q〉键取出手持 PDA，进入【管理系统】→【补货】，根据界面跳转提示扫描补货单，取出补货单进行扫描，如图 3-21 所示。扫描后界面自动跳转，单击【箱取货】，界面显示源库位在立库存储区。

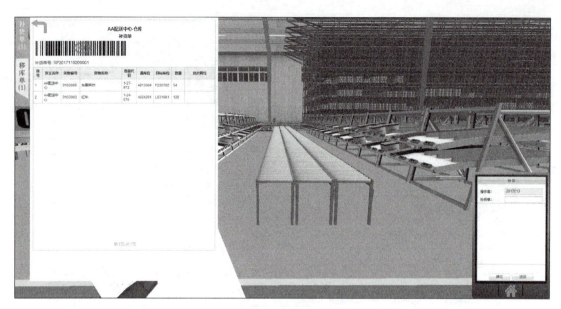

图 3-21　扫描补货单

2．立库存储区控制系统操作

走向立库货架旁边的计算机，按〈Alt〉键操作计算机，进入【管理系统】后单击【开始作业】，如图 3-22 所示。

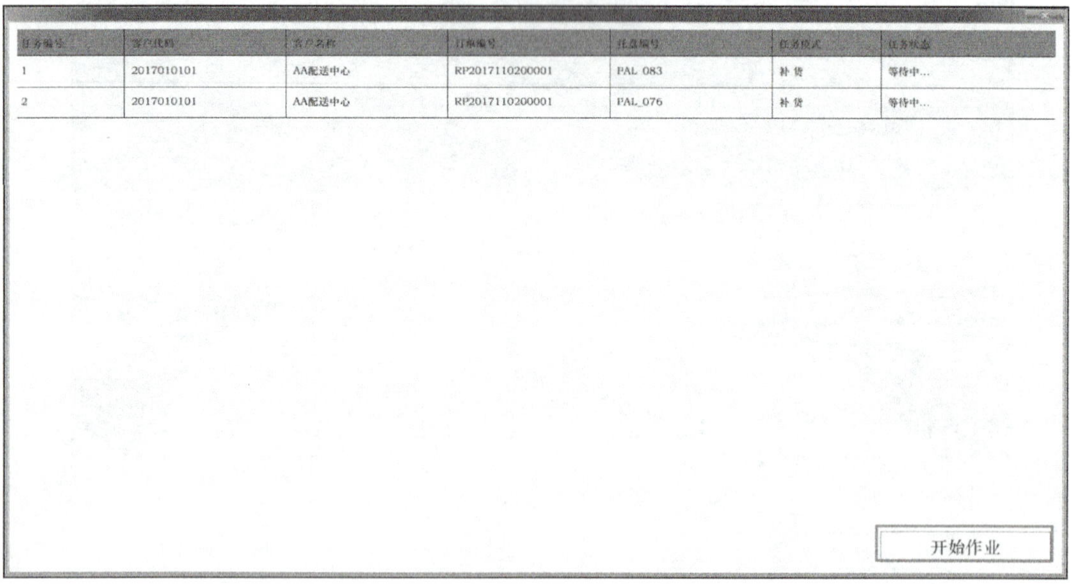

图 3-22　立库货架控制系统操作

3．取货

推一个单层手推车走向立库货架补货口，取出手持 PDA，根据界面提示扫描托盘条码，如图 3-23 所示。扫描完托盘条码后，界面跳转提示扫描物料条码，根据界面提示扫描物料条码。扫描完物料条码后,界面跳转提示在【*倍数(箱)】中输入相应数字,输入 2,单击【确定】,如图 3-24 所示。收回手持 PDA,按住〈Ctrl〉的同时单击鼠标左键拿起货物放在手推车上,如图 3-25 所示。取货完成后,在手持 PDA 上单击【托盘回库】。

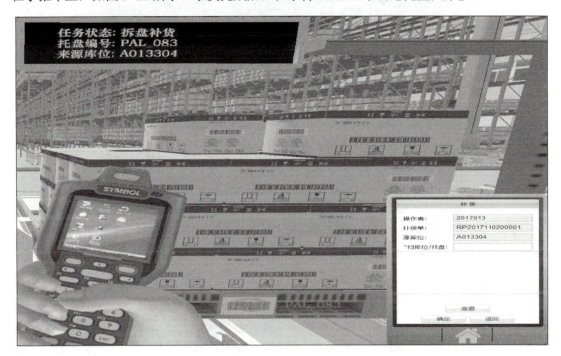

图 3-23 扫描托盘条码

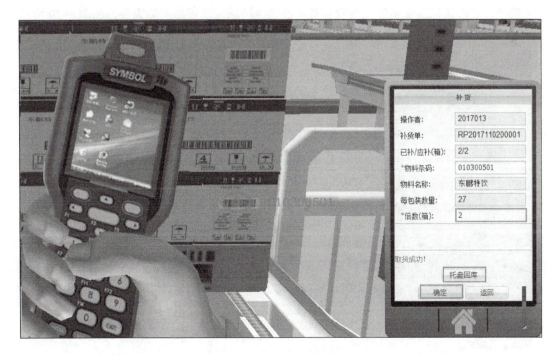

图 3-24 扫描物料条码及 PDA 确认

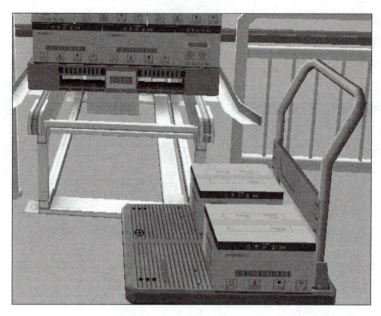

图 3-25 取货

4. 轻型货架区补货

在手持 PDA 上执行【上架补货】模块,界面提示扫描物料条码,如图 3-26 所示。扫描物料条码后,根据界面提示信息,把手推车推到目标库位 F220702,然后取出手持 PDA 扫描库位条码,如图 3-27 所示。扫描库位条码后,目标库位则变成蓝色框,在手持 PDA 的【*倍数(箱)】栏中输入 2,如图 3-28 所示。最后根据提示按〈Ctrl〉键的同时单击鼠标左键拿起箱子,双击鼠标左键将货物放置到货架的蓝色区域内,货物上架完成,如图 3-29 所示。

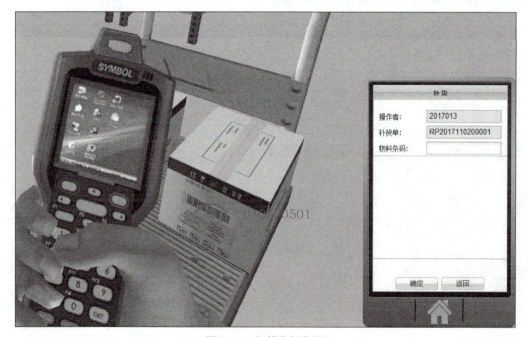

图 3-26 扫描物料条码

子项目三 货物库内作业方案设计与实施

图 3-27 扫描库位条码

图 3-28 PDA 上架

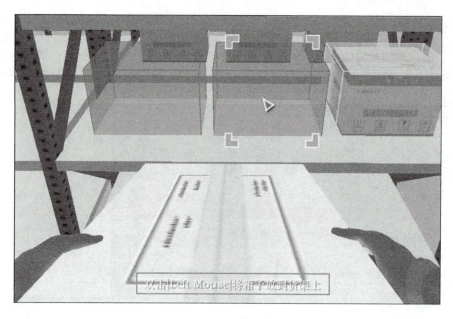

图 3-29　补货上架

5. 电子标签区补货

用同样的方法,将手推车再次送到立库货架出库口,依次扫描托盘条码、物料条码,取完货后,单击【托盘回库】。再次进入【上架补货】模块后,再次扫描物料条码,根据界面提示,推动货物至目标库位区 L031001,扫描库位条码,如图 3-30 所示。扫描完成后在手持 PDA【*倍数(箱)】栏中输入 5,并单击【确定】,完成手持补货,如图 3-31 所示。完成手持 PDA 上架后,按住〈Ctrl〉的同时单击鼠标左键拿起箱子,双击鼠标左键进行上架,如图 3-32 所示。补货作业完成。

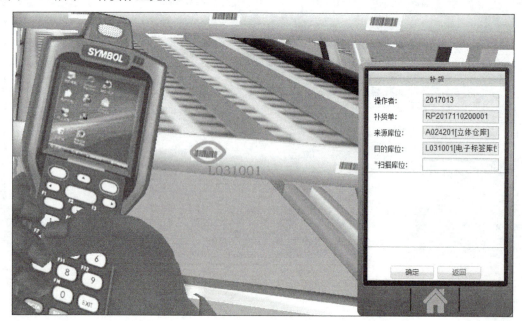

图 3-30　扫描库位条码

子项目三 货物库内作业方案设计与实施

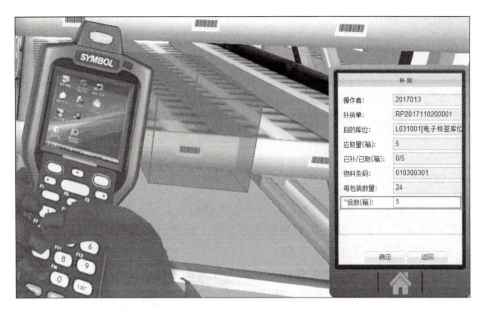

图 3-31 输入补货箱数

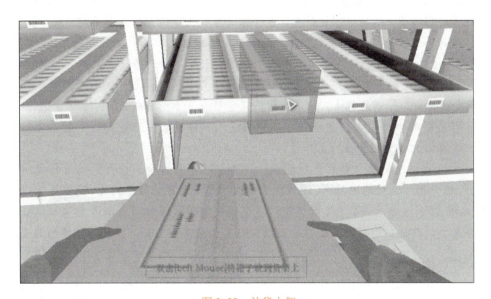

图 3-32 补货上架

任务总结

学生在完成货物库内作业方案实施任务后,要根据方案实施过程中对货物移库、补货作业环节和作业流程的执行情况及遇到的困惑进行反思和总结,撰写并提交个人总结报告,以便总结经验教训,举一反三。教师对学生的方案实施结果及提交的个人总结给出评价,并作为学生过程性考核成绩的一部分。

子项目四

货物出库作业方案设计与实施

子项目情景

2016年12月8日，AA配送中心仓储部组织整箱拣货组、拆零拣货组和出库理货组的全体人员召开部门会议，会议就近期的出库作业工作进行了全面总结，并对后续的"双十二"活动的出库工作进行合理的安排。

仓储部的陈经理做了简短的开场："今天的会议主要讨论一下'双十一'活动期间出库作业中遇到的问题，大家如果有什么建议或意见就提出来。任何人的观点都有可能成为公司全局发展的契机，我们尤其需要创造性的建议和坦率的讨论。"说完他把目光移向大家。

仓储部王主管说："陈经理，我先对'双十一'活动期间的工作做个简短的汇报，由于订单数量突然增多，拣货单积压严重，整箱拣货组和拆零拣货组分工不均，人员配备不足，面对突如其来的大量订单使得拣货作业变得棘手，可谓是越忙越乱、越乱越忙。"

"既然人手不够，按理来说活动之前就应该提前安排足够的拣货人员。"陈经理说。

"之前也试过临时调配人员，但由于活动期间工作量大，调过来的人员对拣货业务不熟悉，尤其是在拣货路径的选择上，给理货组的工作带来了不少麻烦。"拆零拣货组的小李说。

出库理货组的小马再也按耐不住了，抢着说："拣货组在拣货过程中经常会出现货物的错误，这就加大了我们复核的工作量。"

经过大家的讨论交流，最后陈经理说："通过刚才的讨论，拣货组的组长先对拣货员做个培训，确保拣货过程的准确率。理货组有什么问题及时跟拣货组沟通，把出库工作做好。"

2016年12月9日上午，AA配送中心收到AA连锁超市的四张出库订单，根据配送中心的库存显示，这些货物都可正常提货。假如你是仓储部的主管，该如何办理出库业务呢？

学习目标

【知识目标】
1. 掌握订单有效性的判断依据和客户优先权的衡量标准。
2. 理解货物出库的依据、要求和流程。
3. 掌握摘果式和播种式拣货的原理、方法和适用范围。
4. 掌握复核作业的方式和内容。

【技能目标】
1. 能够根据方案设计任务书的要求设计完整的货物出库作业方案。
2. 能够根据方案设计任务书的要求正确进行订单有效性分析和客户优先权分析。
3. 能够依据出库作业方案中拣货方式、拣货策略、拣货路径及库存分配计划表进行拣货作业及复核、打包集货作业。

子项目四　货物出库作业方案设计与实施

【素质目标】
1. 树立严谨认真的工作态度。
2. 培养吃苦耐劳的工作精神。

任务一　货物出库作业方案设计

知识链接

货物出库作业是配送中心仓储作业管理的最后一步，也是重要环节。出库作业是货物保管工作的结束，它既涉及配送中心同货主、客户及承运部门的经济联系，也涉及配送中心各有关部门的作业活动。货物出库是根据存货人、客户或仓单持有人所持有的仓单，按其所列货物的编号、名称、规格、型号和数量等项目组织货物出库的一系列活动。货物在出库的过程中可能会出现一些问题，这就要求工作人员能正确处理这些问题，尽可能多地挽回配送中心和客户的损失。

一、订单有效性与客户优先权分析

（一）订单有效性分析

配送中心仓储部门在制订货物出库作业计划时，首先要对出库订单的有效性进行判别，以便识别出无效的订单。一般来说，当出现下列情况时，客户订单可以视为无效订单：
（1）订单信息不完整，缺乏关键信息，视为无效订单。
（2）客户累计应收账款超过信用额度，视为无效订单。
（3）客户订单的内容与配送中心所经营的内容不一致，视为无效订单。

（二）客户优先权分析

客户优先权用于区别客户群中客户的性质及类别，有些客户能给企业暂时带来很大的利益，有些客户能给企业带来长远的利益，有些客户可能会成为金牌客户，有些企业可能成为潜在客户。

根据客户信息中的客户满意度、客户忠诚度、信用额度、客户类型等评价指标与它所占的权重进行加权，从而得到客户优先权得分。各项评价指标的权重见表4-1。

表4-1　各项评价指标权重

评价指标	权重	指标等级		
客户等级	0.3	A类	B类	C类
忠诚度	0.2	高	较高	一般
满意度	0.1	高	较高	一般
客户类型	0.2	重点型	普通型	—
信用额度	0.2	50万元以上	20万~50万元	20万元及其以下

以下是订单有效性分析和客户优先权分析的案例：

案例

1. 根据客户订单和客户信息表进行汇总，进行订单有效性分析，见表 4-2。

表 4-2 客户订单信息汇总表

客户名称	玛瑙路店	虹桥路店	天山路店	桂林路店
信用额度（元）	30 万	18 万	35 万	50 万
应收账款（元）	24.8 万	17.2 万	33 万	45 万
订单金额（元）	2 万	3.8 万	1.2 万	4 万
累计账款（元）	26.8 万	21 万	34.2 万	49 万
订单是否有效	有效	无效	有效	有效

2. 在出库作业中对有效订单进行客户优先级分析：

（1）客户优先权评价指标及其权重：

客户类型 0.2，客户等级 0.3，忠诚度 0.2，满意度 0.1，信用额度 0.2。

（2）各项指标的赋分：

客户类型：重点型 2 分，普通型 1 分。

客户等级：A 类 3 分，B 类 2 分，C 类 1 分。

忠诚度：高 3 分，较高 2 分，一般 1 分。

满意度：高 3 分，较高 2 分，一般 1 分。

信用额度：20 万元及其以下 1 分，20 万～50 万元 2 分，50 万元以上 3 分。

客户优先权分析见表 4-3。

表 4-3 客户优先权分析

评价指标	权重	玛瑙路店	天山路店	桂林路店
客户类型	0.2	1	2	2
客户等级	0.3	1	2	3
忠诚度	0.2	2	1	3
满意度	0.1	1	3	2
信用额度	0.2	2	2	3
合计	1	1.4	1.9	2.7
客户优先权等级		三	二	一

二、货物出库作业

（一）货物出库的依据

货物出库首先要根据货主开的"货物调拨通知单"进行，无论在何种情况下，配送中心都不得擅自动用、变相动用或外借货主的库存货物。"货物调拨通知单"的格式不尽相同，不论采用何种形式，都必须是符合财务制度要求的有法律效力的凭证，杜绝凭信誉或无正式手续的发货。

（二）货物出库的要求

货物出库要求做到"三不、三核、五检查"。其中，"三不"，即未接单据不翻账，未经审核不备货，未经复核不出库；"三核"，即发货时要核实凭证、核对账卡、核对实物；"五检查"，即对单据和实物要进行品名检查、规格检查、包装检查、件数检查、重量检查。

具体来说，货物出库要严格执行各项规章制度，杜绝差错事故，以提高服务质量，让客户满意。

（三）货物出库的流程

出库作业需要遵循"先进先出、推陈储新"的原则，使得仓储活动的管理实现良性循环。根据货物在库内的流向，或者出库单的流转构成各业务环节的衔接，不论采用哪种出库方式，都应按照以下流程做好管理工作，如图4-1所示。

图4-1 货物出库流程

1．拣货

拣货员必须认真核对出库单和拣货单，首先要审核单据的真实性，然后核对货物的品名、型号、规格、单价数量、收货单位等，再次审核出库单的有效期等。审核单据之后，按照单证所列项目开始拣货工作，拣货时应本着"先进先出、易霉易坏先出、接近有效期先出"的原则，拣货完毕后要及时变动料卡上的余额数量，填写实发数量和日期。

2．打包

拣货的货物如果是单件货物，就需要复核员将周转箱里的单件货物放到包装箱进行打包。

3．复核

为防止差错，备货后应立即进行复核。出库的复核形式主要有专职复核、交叉复核和环环复核三种。

4．集货

将复核后的货物交接给配送员，办理交接手续时，当面将货物点交清楚。交清后，提货人员应在出库凭证上签章。

5．配送

配送人员将出库的货物按照规定的时间送到指定的地点。

三、货物拣货作业

拣货是按订单或出库单的要求，从储存场所拣出物品，并码放在指定场所的作业。

拣货作业是依据客户的订货要求或配送中心的送货计划，尽可能迅速、准确地将货物从其储位或其他区域拣选出来，并按一定的方式进行分类、集中、等待配装送货的作业流程。

（一）拣货单位

拣货单位分成单品、箱及托盘三种。拣货单位是根据订单分析结果而决定的。

1．单品

单品是拣货的最小单位，货物可由箱中取出，由人工单手进行拣选。

2．箱

箱由单品所组成，货物可由托盘上取出，通常需要双手拣货。

3．托盘

由箱叠放组成托盘，此时货物无法由人工直接搬运，需要借助堆垛机、叉车或搬运车等机械设备。

(二) 拣货方式

配送中心常用的拣货方式主要有三种，按单拣货、批量拣货和复合拣货。其中，按单拣货也称为摘果式拣货，批量拣货也称为播种式拣货。

1. 摘果式拣货

针对每一份订单（每个客户的要货需求），拣货员或设备巡回于各个货物储位，将所需的货物取出（形似摘果）。其特点是每人每次只处理一份订单（或一个客户的要货需求）。

摘果式拣货的作业流程：

（1）补货：从仓储区向拆零拣货区送货，并且逐个货位放上货架。

（2）沿线拣货：周转箱沿着分拣流水线移动，分拣人员从货架上取货，放入周转箱。

（3）复核装箱：对已经装入周转箱的货物进行核对（品种、数量等），有时还需要换箱装货。

（4）集货待运：把已经复核装箱完毕的货箱送到发货区，等待运出。

一般来讲，摘果式拣货的准确度较高，很少发生货差，并且机动灵活。这种方法可以根据客户要求调整拣货的先后次序；对于紧急需求，可以集中力量快速拣货；对机械化、自动化没有严格要求；一张货单拣货完毕后，货物便配置齐备，配货作业与拣货作业同时完成，简化了作业程序，有利于提高作业效率。

摘果式拣货的主要适用范围：客户不稳定，波动较大；客户需求种类不多；客户之间需求差异较大，配送时间要求不一。

2. 播种式拣货

把多份订单（多个客户的要货需求）集合成一批，把其中每种货物的数量分别汇总，再逐个品种对所有客户进行分货（形似播种），所以称其为"货物别汇总分播"更为恰当。

播种式拣货的作业流程：

（1）汇总拣货：从仓储区将该批次所需货物全部拣出，送到拆零分拣区，逐个放到分拣线上。

（2）沿线分货（含复核装箱）：待分货箱沿着流水线移动，分拣人员从箱中取货，放入货架箱内。间歇性复核、装箱。

（3）集货待运：把已经复核装箱完毕的货箱送到发货区，等待运出。

与摘果式拣货相比，播种式拣货由于将客户的需求集中起来进行拣货，所以有利于进行拣货路线规划，减少不必要的重复行走。但其计划性较强，规划难度较大，容易发生错误。

播种式拣货的主要适用范围：客户稳定，而且客户数量较多的专业性配送中心，需求数量可以有差异，配送时间要求也不太严格，但品种共性要求高。

3. 复合拣货

根据订单数量、货物品种和出库频率，对部分订单采取按单拣货方式，对另一部分订单采取批量拣货的方式，主要适用范围是订单密集且订单量大的场合。

4. 拣货方式的确定

在规划拣货作业之前，首先要确定拣货方式，具体方法如下：

（1）按出货品项数的多少及货物价值的高低，确定合适的拣货方式。

配合 EIQ 分析的结果，按当日 EN（订单品项数）及 IK（订单受订次数）的分布判断出货品项数的多少和货物价值的高低，确定不同作业方式的区间。

原理：EN 越大表示一张订单所订购的货物品项数越多，货物的种类越多越杂时，批量分拣时分类作业越复杂，采取按单拣货较好。IK 越大，表示某品项的重复订购频率越高，货物的价值越高，此时采取批量拣货可以大幅度提高拣货效率。

（2）按表 4-4 所列项目进行考核，确定采用何种拣货作业方式。

表 4-4 考核要素

要素				订单要素
每天的订单数	一天订单的品项数	一张订单中每一品项的重量	每一品项一天的订单数	
多（每天 100 件以上）	多（1000 品项以上）	多（2kg 以上）	多（10 件/天以上）	订单内容与品项数等要素可分为下列三种：
中	中	中	中	1. 批量拣货用的订单
少（每天 100 件以上）	少（1000 品项以上）	少（0.3kg 以下）	少（3 件/天以下）	2. 按单拣货用的订单 3. 复合订单拣货用的订单

表中第一项是每天的订单数，主要考虑的因素是行走往复所花费的时间；第二项是一天订单的品项数，考虑的是寻找货物货位的时间；第三项是一张订单中的每一品项的重量，考虑的是抓取货物所用的时间；第四项是每一品项一天的订单数，考虑的是同一品项重复被分拣所花的时间。

总的来说，按单拣货弹性较大，临时性的产能调整较容易，适合订单大小差异较大，订单数量变化频繁，有季节性的货物配送中心。批量拣货作业方式通常采用系统化、自动化设备，较难调整拣货能力，适合订单大、变化小、订单数量稳定的配送中心。

（三）拣货策略

拣货策略是影响拣货作业效率的关键，主要包括分区、订单分割、订单分批、分类四个因素，这四个因素相互作用可产生多个拣货策略。在整体规划时，要考虑到这四者之间存在互动关系，必须按照一定顺序才能将其复杂程度降到最低。

1. 分区

分区是指将拣货作业场地进行区域划分，主要的分区原则有三种：按拣货单位分区、按拣货方式分区与按工作分区。

（1）按拣货单位分区是将拣货区分为箱装拣货区、单品拣货区等，基本上这一分区与存储单位分区是相对应的，其目的在于将存储与拣货单位分类统一，以便拣货与搬运单元化。

（2）按拣货方式分区是按拣货方法及设备的不同，以及各种货物出货量的大小及拣货次数的多少进行分类，再根据各组的特征，决定合适的拣货设备及拣货方式。

（3）按工作分区是将拣货场地分为几个区域，由专人负责各个区域的货物拣货。

拣货作业流程优化过程中的分区优化设计之前,需要先对储存分区进行了解、规划,才能使系统整体的配合完善。分区程序如图4-2所示。

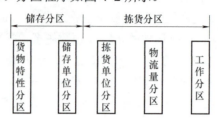

图4-2　分区程序

2. 订单分割

当订单上的货物种类较多,或者设计一个要求及时快速处理的拣货系统时,为了能在短时间内完成拣货处理,需要将一份订单分割成多份子订单,交给不同的拣货人员同时进行拣货。

订单分割的原则按分区策略而定,一般订单分割策略主要在于配合拣货分区的结果。在拣货单位分区、拣货方式分区和工作分区完成之后,再决定订单分割的大小范围。订单分割可以是在原始订单上做分割设计,也可以是在订单接受之后做分割处理。

3. 订单分批

订单分批是将多张订单集中起来进行批次拣货的作业。订单分批的方法有多种,常用的方法有按照总合计量分批、按时窗分批、固定订单量分批与智能型分批四种方法。

(1) 按照总合计量分批是在拣货作业前将所有订单中订货量按品种进行累计,然后按累计的总量进行拣货,其好处在于可以缩短拣货路径。

(2) 按时窗分批是在存在紧急订单的情况下可以开启短暂而固定的5min或10min的时窗,然后将这一时窗的订单集中起来进行拣货。

(3) 固定订单量分批是订单按照先到先处理的原则,积累到一定量后开始拣货。

(4) 智能型分批是订单输入计算机后,将拣货路径相近的各订单集合成一批。

在批量拣货作业方式中,影响拣货效率的主要因素是订单分批的原则和批量的大小。根据表4-5中的配送客户数、订货类型及需求频率三项条件,选择合适的订单分批方式。

表4-5　订单分批原则

分批方式	配送客户数	订货类型	需求频率
总合计量分批	数量较多且稳定	差异小而数量大	周期性
固定订单量分批	数量较多且稳定	差异小且数量不大	周期性或非周期性
按时窗分批	数量多且稳定	差异小且数量小	周期性
智能型分批	数量较多且稳定	差异较大	非即时性

4. 分类

如果采用分批拣货策略,还必须明确相应的分类策略,分类的方法主要有拣货时分类和拣货后分类两种。

(1) 拣货时分类是指在拣货的同时将货物分类到各订单中。

(2) 拣货后分类是集中分类,先批量拣货,然后再分类,可以采用人工集中分类,也可以采用自动分类机进行分类。

拣货后集中分类由分类输送机完成或在空地上以人工方式分类；拣货时分类由计算机辅助拣货台车来进行。分类方式的决定除了受订单分批方式的影响外，也可根据表 4-6 中内容进行分类方式的判断。

表 4-6 订单分类方式

分类方式		处理订单数量	订购货物品项数	货物重复订购频率
拣货时分类		多	少	较低
拣货后分类	自动分类机	多	多	变化较大
	人工分类	少	少	较高

（四）拣货路径

为了缩短拣货员的行走距离或拣货设备的搬运距离，应事先确定拣货顺序和路线。它的目标就是确定订单上货物的拣货顺序，通过启发式或优化路径来减少拣货员的行走路径。

针对单区仓库分拣作业的启发式分拣路径方法主要有穿越、返回、中点回转、最大间隙、组合策略。此外，还有分割穿越策略、分割返回策略及针对多区布局下应用的通道接通道策略。

（1）穿越式路径方法。穿越式路径方法又称"S"形路径方法，即拣货员从通道一端进入，拣货员取通道两侧货架上的物品，最后从通道另一端离开，在返回出入口之前，拣货员会走遍所有包含拣货位置的通道，通常适合于拣货密度高的情况，如图 4-3 所示。

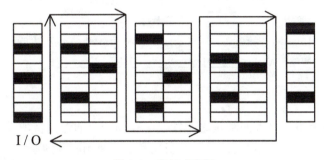

图 4-3 穿越式路径

（2）返回路径方法。返回路径方法是拣货员从分拣通道的一端进入，先沿路拣选一侧货架上的所需物品，当一侧货架上的货物拣选完就返回开始拣选另一侧货架上的物品，最后从进入通道的一端离开，如图 4-4 所示。

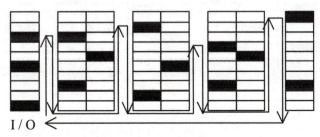

图 4-4 返回路径

（3）中点回转策略。中点回转策略是在拣货通道的中点将分拣区域分成前后两个部分，拣货员从通道的一端进入，拣选完货物后回转折返，所到最远处就是该通道中点，当拣货员离开拣货区域的前半部分时，拣货员要从最右边的通道穿越进入通道后半部分，以同样方法开始后半部分的拣货。当后半部的拣货完成后，穿越最左边的通道回到出入口。具体如图 4-5 所示。

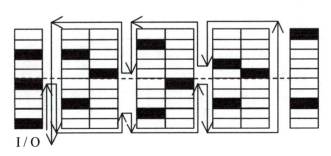

图 4-5　中点回转策略

这里不但采用了返回路径方法，在进入和退出后半部通道时采取了穿越式路径方法。还有一种分割回转策略与中点回转策略很相似。分割回转策略要求先将整个拣货区域分割为前后两个部分，但分割点不一定以中心点为界，如图 4-6 所示。

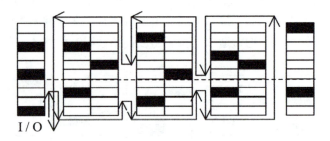

图 4-6　分割回转策略

（4）最大间隙策略。最大间隙策略是指位于在同一个通道内待取的货物与通道两端之间的距离做比较，选择较短距离的路径，若货物和上下两侧底端的通道距离小于货物之间的最小距离，则直接回转，如图 4-7 所示。

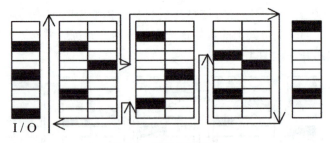

图 4-7　最大间隙策略

（5）通道接通道策略。通道接通道策略是针对具有多个横向通道仓库的启发式方法。一般来讲，每个纵向通道只访问 1 次，拣货员从入口处开始进入最左边的有待取物品的通道，当一个纵向通道内的所有品项拣选完，接着选择一个横向通道进入下一个纵向通道。该方法需要确定从一个纵向通道向下一个纵向通道过渡的横向通道，如图 4-8 所示。

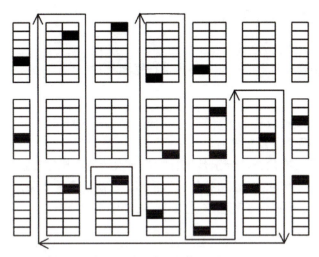

图 4-8　通道接通道策略

一般来讲，小仓库存放货物有限，出货量也有限，不需要太复杂的拣货路线。而较大的仓库存放较多的货物，出货量也较大，拣货员的工作量会比较大，合理科学的拣货路线能够大大提高拣货效率，降低拣货员的工作量。

拣货路径的规划，实际上就是地理信息学中的路径规划问题。而在物流库房中的路径规划操作基于货位信息，货物的几何顺序可以按照其所在货位上分辨出来，因此也可依据货位号排序，制订路径规划规则（即货位排序的规则），从而得到拣货路径。

当同一货物在多个货位上有库存时，在分配拣货任务时，往往会比较所有可能的拣货路径（前提是所有货位上的库存都足够），再选其中的最适路径。而当一些货位上的库存数量不足时，其计算逻辑会更加复杂。

这里以某个仓库为例，其拣货路线和拣货方式是按照 4 个"S"形嵌套来设计的。这 4 个"S"形分别是货架"S"形摆放、拣货"S"形路线、货位号"S"形设计、搜寻视线"S"形。这 4 个"S"形的关系是货架"S"形决定拣货"S"形路线，货位号"S"形决定搜寻视线"S"形。"S"形路线对拣货员来说是效率最高的路线。在这个仓库中，入口和出口在一侧，拣货员每次作业起点也是终点，每次作业不会走重复的路线，属于这个仓库中最省力的路线。货架的摆放位置按照牌号左单右双，保证拣货员走的路线也是"S"形。每个货架是多层结构，货位号也是从上到下呈"S"形排列。这样 4 个"S"形的设计，不仅保证拣货员走的路线是最经济的，也保证了拣货员视线搜寻的路线也是最经济的。

四、货物复核作业

（一）复核作业的方式

出库货物在出库过程中应反复核对，以保证出库货物的数量准确、质量完好，从而避免出库差错。复核的方式主要有：

1．个人复核

个人复核，即由同一个拣货员完成拣货、复核工作，并对所拣货物的数量、质量负全部责任。

2．相互复核

相互复核又称交叉复核，即两名拣货员对对方所拣货物进行照单复核，复核后应在对方出库单上签名,与对方共同承担责任。

3. 专职复核

专职复核是指由仓库设置的专职复核员进行复核。

4. 环环复核

环环复核是指在发货过程的各环节,如查账、交货、检斤、开出门证、出库验放、销账等各环节,对所拣货物的反复核对。

整个出库过程有三次检查,分别是拣货时第一次清点、拣完货进行的二次清点及货物在出库前经不同的人用不同的方法进行的再次清点。三次检查基本保证了出库的准确性,可能会影响出库的效率,但降低了差错率,提高了配送中心的信誉。

(二) 复核作业的内容

按出库凭证上的内容逐项核对。主要包括:品名、规格、数量、文件资料、证件及包装是否符合运输安全要求。品种数量是否准确、货物质量是否完好、配套是否齐全、技术证件是否齐备、外观质量和包装是否完好等。经复核不符合要求的货物应停止发货,对不符的情况应及时查明原因。

(三) 复核过程中出现的问题及应对措施

1. 出库凭证(提货单)上的问题

若发现出库凭证超过提货期限,有假冒、复制、涂改出库凭证等情况,以及客户因各种原因将出库凭证遗失等情况时,应及时与仓库部门联系,妥善处理,缓期发货。

2. 提货数与实存数不符

若出现提货数量与货物实存数不符的情况,无论是何种原因造成的,都需要和仓库主管部门取得联系,核对后再做处理。

3. 串发货和错发货

若出现串发货和错发货的情况,应该立即组织人力,重新发货。

4. 包装破漏

在发货过程中,遇到货物外包装破损引起的渗漏等问题,都应该经过整理或更换包装后方可出库,否则造成的损失应由仓储部门承担。

方案设计任务书

	方案设计任务书	
子项目名称	货物出库作业方案设计与实施	
任务描述	借助 IWMS 虚拟运营软件,通过完成货物的拣货作业、复核作业和出库作业,选择最优的拣货作业的方法、拣货策略和拣货路径,达到优化货物出库作业流程的目的	
任务成果	货物出库作业设计方案 IWMS 虚拟运营软件操作规范正确	

方案设计任务书

模仿训练内容

2016年12月9日，AA配送中心收到客户的出库订单，客户要求提取一批货物送到AA连锁超市郑州路1店、AA连锁超市石家庄路店、AA连锁超市苏州路店和AA连锁超市济南路2店。根据出库订单显示，出库货物均属于"休闲食品"类别，同时查询这几种货物的库存，这些货物都可以正常拣货出库。作为配送中心的仓储主管，需要根据出库订单上的日期，负责组织和完成此批货物的出库业务

其中，出库订单见下表：

出库单 1

客　　户：AA连锁超市郑州路1店　　　　　　　　　　出库日期：2016年12月10日
联系人：刘妮娜　　　　　　　　　　　　　　　　　联系电话：021-8300▇

序号	货物编码	货物名称	单位	数量
1	0202003	好丽友薯片	包	12
2	0201003	米多奇雪饼	袋	8

出库单 2

客　　户：AA连锁超市石家庄路店　　　　　　　　　出库日期：2016年12月10日
联系人：赵小玥　　　　　　　　　　　　　　　　　联系电话：021-8326▇

序号	货物编码	货物名称	单位	数量
1	0202001	乐吧薯片	包	12
2	0205003	港荣蒸蛋糕	罐	45

出库单 3

客　　户：AA连锁超市苏州路店　　　　　　　　　　出库日期：2016年12月10日
联系人：霍敏轩　　　　　　　　　　　　　　　　　联系电话：021-8200▇

序号	货物编码	货物名称	单位	数量
1	0201003	米多奇雪饼	袋	10
2	0203004	三只松鼠糯米锅巴	袋	8
3	0205003	港荣蒸蛋糕	罐	35

出库单 4

客　　户：AA连锁超市济南路2店　　　　　　　　　出库日期：2016年12月10日
联系人：张德军　　　　　　　　　　　　　　　　　联系电话：021-8204▇

序号	货物编码	货物名称	单位	数量
1	0201002	米老头蛋黄煎饼	袋	10
2	0203004	三只松鼠糯米锅巴	袋	12

任务要求：

1. 根据出库单的属性，对客户订单有效性进行分析

2. 根据有效出库订单，对客户优先权进行分析

3. 根据有效出库订单、当前库存量和货物原始储存区等相关信息进行订单分割、分类，并选择合理的拣货方式和拣货策略

4. 根据确定的拣货方式、拣货策略及订单信息，整理出出库作业系统分配结果

5. 根据出库作业系统分配结果中的出库货物确定拣货路径

(续)

方案设计任务书

强化训练内容

2016 年 12 月 9 日，AA 配送中心收到客户的出库订单，客户要求提取一批货物送到 AA 连锁超市厦门路 1 店、AA 连锁超市成都路 1 店、AA 连锁超市合肥路 2 店和 AA 连锁超市西安北路店。根据出库订单显示，出库货物均属于"洗涤日化"类别，同时查询这三种货物的库存，这些货物都可以正常拣货出库。作为配送中心的仓储主管，需要根据出库订单的日期，负责组织和完成此批货物的出库业务。

其中，出库订单见下表：

出库单 1

客　户：AA 连锁超市厦门路 1 店　　　　　　　　　　出库日期：2016 年 12 月 10 日
联系人：刘雯　　　　　　　　　　　　　　　　　　　联系电话：021-8365▉

序号	货物编码	货物名称	单位	数量
1	0404002	沙宣摩丝	桶	12
2	0405003	舒洁湿纸巾	包	15
3	0406002	黑人牙膏	件	22

出库单 2

客　户：AA 连锁超市成都路 1 店　　　　　　　　　　出库日期：2016 年 12 月 10 日
联系人：郑思思　　　　　　　　　　　　　　　　　　联系电话：021-8562▉

序号	货物编码	货物名称	单位	数量
1	0404001	蓝月亮洗衣液	桶	18
2	0405001	洁柔 Face 卷纸	件	7

出库单 3

客　户：AA 连锁超市合肥路 2 店　　　　　　　　　　出库日期：2016 年 12 月 10 日
联系人：杨珍惜　　　　　　　　　　　　　　　　　　联系电话：021-8560▉

序号	货物编码	货物名称	单位	数量
1	0401003	海飞丝洗发露	桶	35
2	0405004	美甲指甲油	瓶	13

出库单 4

客　户：AA 连锁超市西安北路店　　　　　　　　　　出库日期：2016 年 12 月 10 日
联系人：白小玲　　　　　　　　　　　　　　　　　　联系电话：021-8860▉

序号	货物编码	货物名称	单位	数量
1	0401003	海飞丝洗发露	桶	25
2	0404002	沙宣摩丝	桶	6
3	0405001	洁柔 Face 卷纸	件	13

任务要求：
1. 根据出库单的属性，对客户订单有效性进行分析
2. 根据有效出库订单，对客户优先权进行分析
3. 根据有效出库订单、当前库存量和货物原始储存区等相关信息进行订单分割、分类，并选择合理的拣货方式和拣货策略
4. 根据确定的拣货方式、拣货策略及订单信息，整理出出库作业系统分配结果
5. 根据出库作业系统分配结果中的出库货物确定拣货路径

子项目方案设计任务书说明

针对任务书给出的模仿训练数据和强化训练数据，学生首先在课堂中和教师一起学习出库作业的各个理论知识点，学习方案设计的流程和要点。熟悉 IWMS 虚拟运营软件的操作方法和流程，然后根据教师课堂的演示进行模仿练习，最后结合知识链接中的知识、管理技能、附录 C 中的方案模板和强化训练数据进行方案设计。

任务总结

学生在完成货物出库作业方案设计任务后,要根据方案设计过程中对知识的理解和运用情况及遇到的困惑进行反思和总结,撰写个人总结报告,以便总结经验教训,举一反三。最后提交个人总结报告和货物出库作业方案。教师对学生提交的设计方案和个人总结给出评价,并作为学生过程性考核成绩的一部分。

任务二　货物出库作业方案实施

技能链接

(一)订单有效性分析作业

订单有效性分析的目的是剔除无效订单,判断依据是客户累计应收账款是否超过信用额度,如果超出即视为无效订单。在实际操作中,通过计算每个订单的累计应收账款(应收账款+订单金额),与客户的信用额度进行比较即可判断订单是否有效。

(二)客户优先权分析作业

客户优先权分析的目的是明确客户订单的优先满足顺序,即出库时,如果出现缺货情况,应该优先满足哪些客户。判断依据是由客户类型、客户等级、忠诚度、满意度、信用额度等构成的指标体系。在实际操作中,通过对指标体系中的每个指标按照重要程度赋予适当的权重,并根据每个指标的等级进行赋分,然后进行加权求和,计算出每个客户的总得分,并按照总分值进行降序排列,即可得出客户优先权顺序。

(三)拣货方式的选择

在设计拣货作业计划之前,首先确定拣货方式,合理的拣货方式可以减少不必要的拣货路径,从而达到节约时间,降低成本的效果。

拣货方式主要分为:按单拣货、批量拣货和复合拣货。在实际操作中,按照拣货方式的适用范围选择合适的拣货方式,例如,客户稳定且客户数量较多的专业性配送中心,需求数量可以有差异,配送时间要求也不太严格,但品种共性要求高,选择批量拣货。

(四)拣货策略的选择

拣货策略是影响拣货作业效率的关键,实际操作中,通过对订单进行分区、分割、分批、分类的综合分析判断,产生合理的拣货策略,以便最大限度地降低拣货作业的复杂度。拣货策略确定后可以编制当前批次出库货物的库存分配计划表。

(五)拣货路径的设计

拣货路径的设计是为了缩短拣货员的行走距离或拣货设备的搬运距离,从而事先确定的货物分拣顺序和路线。其目标就是确定分拣单上货物的拣货顺序,通过启发式或优化路径来减少拣货员的行走距离。

规划拣货路径前,首先需要对各个拣货库位和车辆存放情况进行分析研究,如电子标签货架区和立库货架区的拣货不需要车辆搬运货物,重型货架区拣货需要平板手推车搬运货物,轻型货架区需要双层手推车搬运货物。

在实际工作中,可以通过计算拣货员的行走距离和拣货设备的搬运距离确定拣货路径,但如果货物分别在不同的库区进行出库时,通常会采用经验判断法确定合理的拣货路径。

方案实施指导书

一、任务选择

选择【子项目四 货物出库作业方案设计与实施】→【任务二 货物出库作业方案实施】,在右侧单击【货物出库作业方案实施(教师演示)】→【进入任务】,作业岗位选择【出库管理员】,进入 3D 模拟场景,如图 4-9 所示。

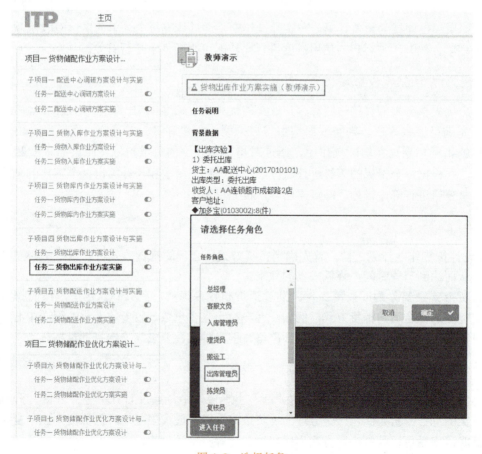

图 4-9 选择任务

二、管理系统操作

1. 进入仓库管理系统

按〈Alt〉键操作虚拟计算机，单击【管理系统】进入仓库管理系统界面，如图4-10所示。

图4-10　进入管理系统

2. 发送需出库的单据审核

单击【出库管理】→【出库预报】，勾选所有订单，然后单击【发送审核】，如图4-11所示。

图4-11　发送审核

3. 出库审核

单击【出库审核】，勾选有效的订单，然后单击【审核】，如图4-12所示。如若有无效订单，选择无效订单，单击【驳回】，在跳出的【驳回信息】中填写驳回的理由，最后单击【保存】完成无效订单的驳回，如图4-13所示。选择审核通过后的所有订单，单击【出库单打印】，如图4-14所示。

图 4-12　审核

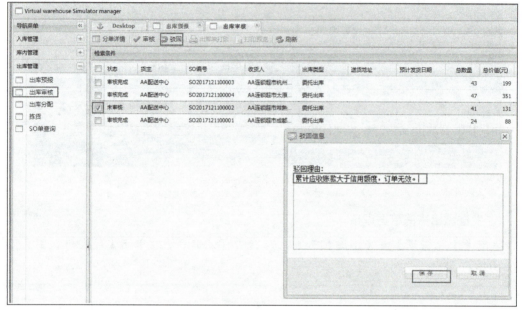

图 4-13　订单驳回

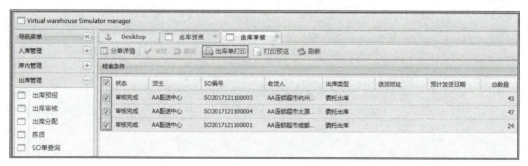

图 4-14　出库单打印

4．分配

单击【出库分配】，勾选其中一条待分配的出库单信息，然后单击【预分配】，状态显示为【预分配完成】，完成后再单击【分配】，状态显示为【分配完成】，如图 4-15 所示。依次分配所有的出库单信息。

图 4-15　分配订单

5．打印拣货单

单击【拣货】，勾选所有的拣货单信息，依次单击【提交】和【打印拣货单】，如图 4-16 所示。

图 4-16　打印拣货单

6．取出库单和拣货单

按住〈Ctrl〉键的同时单击鼠标左键拿起单据，如图 4-17 所示。

图 4-17　取单据

三、拣货作业操作

1．拣货操作

切换角色为【拣货员】，打开拣货单查看拣货单，如图 4-18 所示。按〈Q〉键取出手持 PDA，进入【管理系统】，在主界面单击【拣货】，如图 4-19 所示。根据界面跳转提示扫描拣货单（下面主要演示拣货单 PK2017121100003 上货物的拣货作业），如图 4-20 所示。

图 4-18　查看拣货单

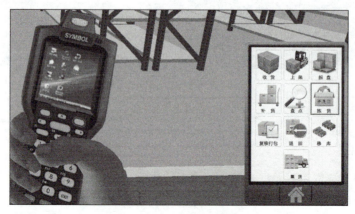

图 4-19　选择拣货功能

子项目四 货物出库作业方案设计与实施

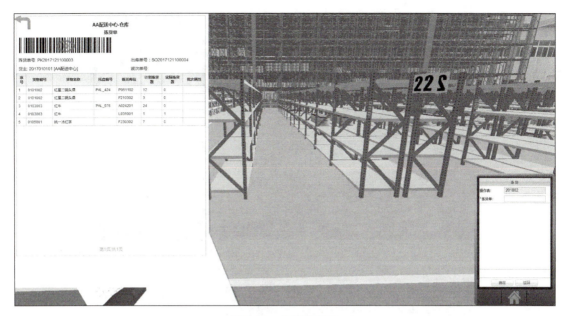

图 4-20 扫描拣货单

2. 件拣货

扫描拣货单后,界面自动跳转,单击【件拣货】,如图 4-21 所示。

图 4-21 选择件拣货功能

(1) 中型货架区拣货。按〈Q〉键收起手持 PDA,走到车辆存放区的双层手推车前,根据提示按〈Alt〉键推动双层手推车,推的同时按〈C〉键生成周转箱。

按〈Q〉键取出手持 PDA,根据界面提示,扫描周转箱条码,如图 4-22 所示。扫描后,界面跳转提示扫描库位条码,如图 4-23 所示。

扫描库位条码后,界面自动跳转至拣货界面,根据拣货单上的拣货数量,单击货物一次,表示拣货一个,完成后单击【确定】,如图 4-24 所示。拣完货物后,可以知道周转箱容积还有剩余,并且手持 PDA 显示下一种货物需要到库位 F230302。收起手持 PDA,将双层手推车推向库位 F230302,用同样的方法完成中型货架的下一种货物的拣货作业,如图 4-25 所示。

图 4-22　扫描周转箱条码

图 4-23　扫描库位条码

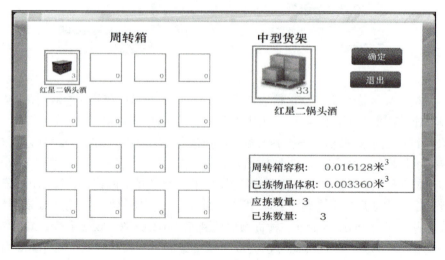

图 4-24　拣货操作 1

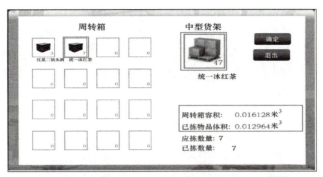

图 4-25 拣货操作 2

收起手持 PDA，将双层手推车推向传送带处，根据提示把货物放在传送带上，最后把手推车归位，如图 4-26 所示。

图 4-26 拿起、放下周转箱

（2）电子标签区拣货。走到电子标签区的计算机旁，按〈Alt〉键操作计算机，进入【管理系统】后，单击【开始作业】，如图 4-27 所示。根据提示按〈Ctrl〉键拿起计算机旁的手持 PDA，扫描拣货单，则对应的传送带会自动生成周转箱，如图 4-28 和图 4-29 所示。

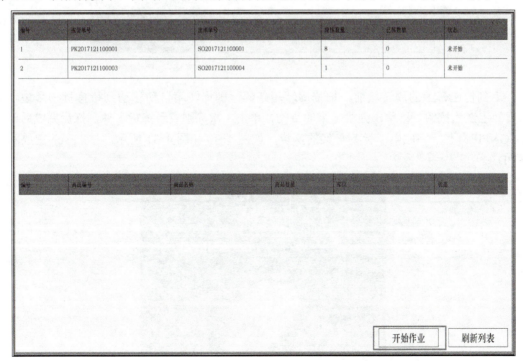

图 4-27 电子标签区管理系统操作

图 4-28　拿起手持 PDA（扫描枪）

图 4-29　扫描拣货单

走到传送带上的周转箱前，扫描周转箱条码，则周转箱自动移动到待拣货物旁边。单击货架上红色按钮，再单击弹跳出来的货物，单击 1 次，则表示拣货 1 件，拣货完成后单击【CONFIRM】，完成电子标签货架的拣货，如图 4-30 和图 4-31 所示。按〈Esc〉键放回手持 PDA。

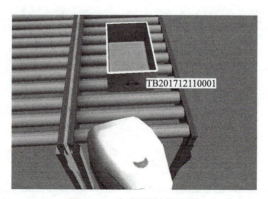

图 4-30　扫描周转箱条码

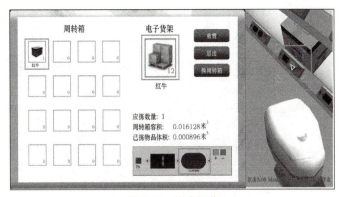

图 4-31　拣货操作

3. 箱拣货

按〈Q〉键取出手持 PDA，再次进入【管理系统】中的【拣货】界面，单击【箱拣货】。

（1）托盘货架区拣货。根据手持 PDA 跳转提示拣货库位 P051102，在车辆存放区推一辆单层手推车至该库位，然后取出手持 PDA 扫描库位条码，如图 4-32 所示。扫描后跳转至扫描包装条码，根据提示扫描包装条码，并在【*倍数（箱）】中输入 1，并单击【确定】，如图 4-33 所示。按住〈Ctrl〉键的同时单击鼠标左键拿起纸箱放到单层手推车上，将手推车推到传送带旁边，根据提示拿起纸箱并放在传送带上，如图 4-34 所示。

图 4-32　扫描库位条码

图 4-33　扫描包装条码并确认

103

[Ctrl+Left Mouse] 拿起当前选择的纸箱

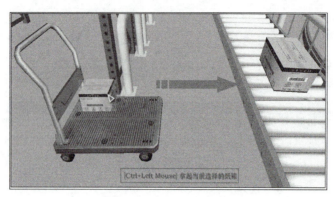

图 4-34　拿起、放下纸箱

（2）立库货架区拣货。走向立库货架区的计算机旁，操作计算机，进入【管理系统】，单击【开始作业】，如图 4-35 所示。离开计算机走到立库货架区货物出口处，按〈Q〉键取出手持 PDA，单击【拆盘】，如图 4-36 所示。

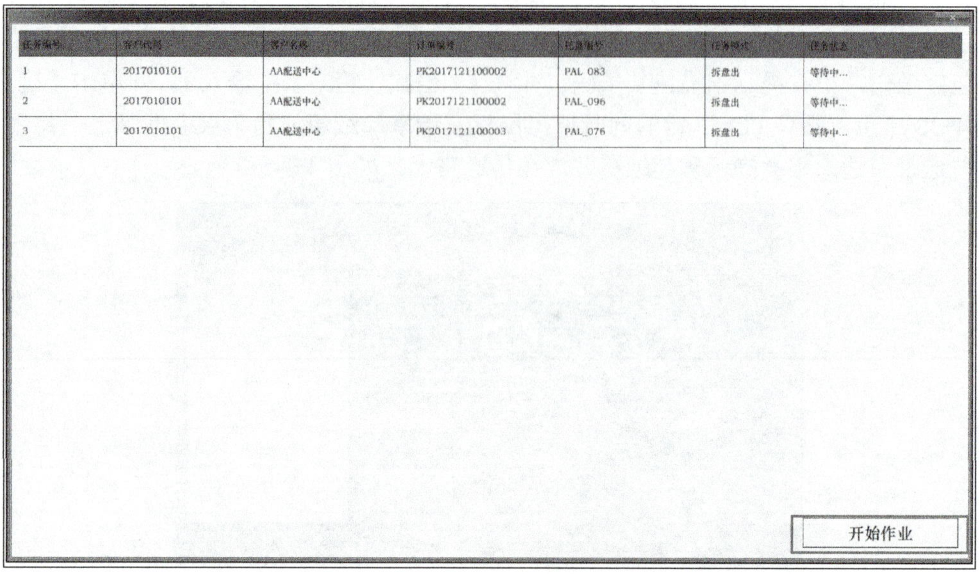

任务编号 | 客户代码 | 客户名称 | 订单编号 | 托盘编号 | 任务模式 | 任务状态
1 | 2017010101 | AA配送中心 | PK2017121100002 | PAL_083 | 拆盘出 | 等待中...
2 | 2017010101 | AA配送中心 | PK2017121100002 | PAL_096 | 拆盘出 | 等待中...
3 | 2017010101 | AA配送中心 | PK2017121100003 | PAL_076 | 拆盘出 | 等待中...
开始作业

图 4-35　立库货架控制系统

SYMBOL
收货
上架
拆盘
补货
盘点
拣货
复核打包
退回
移库
集货

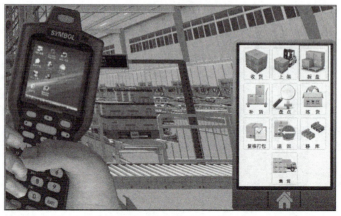

图 4-36　选择拆盘功能

根据跳转提示扫描托盘条码,如图4-37所示。扫描托盘条码后提示扫描包装箱条码,在【*倍数(箱)】中输入1,并单击【确定】,如图4-38所示。拿起相应数量的箱子放到传送带上,并单击【托盘回库】,如图4-39所示。

此拣货单的所有货物拣货作业完成后,用同样的方法完成剩余两个拣货单所有货物的拣货作业。

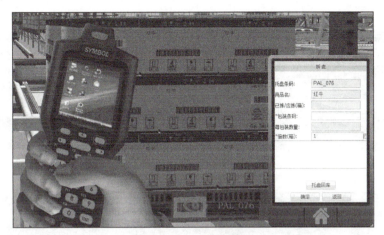

图4-37 扫描托盘

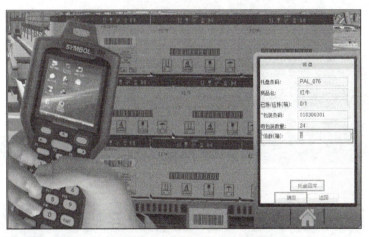

图4-38 扫描包装条码并确认

图4-39 拿起、放下纸箱

四、复核打包作业操作

1. 复核打包

走向复核打包区,如图4-40所示。按<Q>键取出手持PDA,进入【管理系统】的主界面,单击【复核打包】→【打包】,如图4-41所示。根据提示先扫描出库单,然后单击【生成新笼车】→【确定】,如图4-42所示。

图4-40 复核打包区

图4-41 选择打包功能

图4-42 生成新笼车

2. 打包周转箱货物

根据跳转提示扫描周转箱条码，如图 4-43 所示。扫描周转箱条码后，界面弹出要打包的零散件货物，单击鼠标左键选择商品，直到把所有商品打包，并单击【确定】，用同样方法打包另一个周转箱货物，如图 4-44 和图 4-45 所示。收起手持 PDA，双击鼠标左键进行打包，如图 4-46 所示，把刚打包的货物拿起放进笼车里。

图 4-43　扫描周转箱条码

图 4-44　打包货物

图 4-45　打包周转箱

图 4-46 打包纸箱

3. 复核整箱货物

按〈Q〉键取出手持 PDA，扫描包装箱条码，并在【*倍数（箱）】中输入应复核的箱数，并单击【确定】，如图 4-47 所示。用同样方法复核另一整箱货物，并放进笼车内，如图 4-48 所示。再用同样的方法完成别的货物的复核作业，最后都装到对应的笼车内。

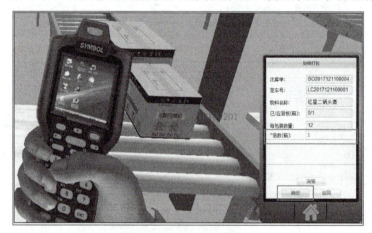

图 4-47 输入复核箱数

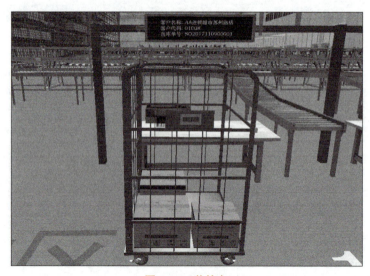

图 4-48 装笼车

4．装箱单

按〈Q〉键取出手持终端，进入【复核打包】界面，单击【打印装箱单】，根据界面提示扫描笼车条码，并单击【打印装箱单】，如图4-49所示。打印机旁取装箱单，并按照提示双击鼠标左键粘贴装箱单到笼车上，如图4-50所示。用同样的方法将所有的装箱单贴到对应的笼车上。

图4-49　打印装箱单

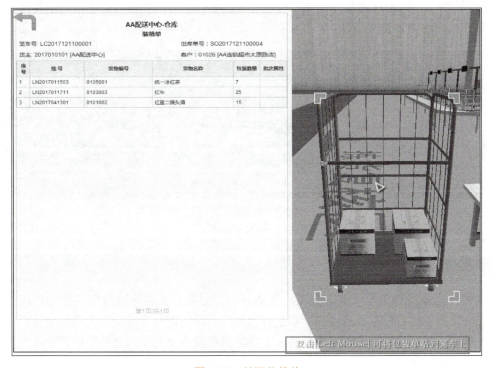

图4-50　粘贴装箱单

五、集货作业操作

1. 手持 PDA 集货

按〈Q〉键取出手持 PDA,进入【管理系统】的主界面,单击【集货】功能。根据界面跳转提示扫描笼车条码后,界面提示为 1 号集货口,并单击【确定】,如图 4-51 所示。

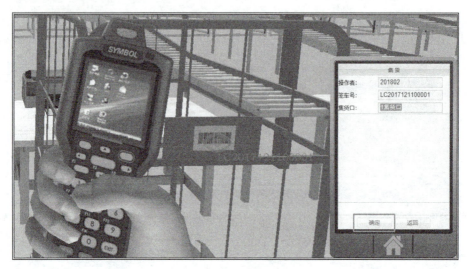

图 4-51 确定集货口

2. 集货

靠近笼车,按〈Alt〉键操作笼车,推到 1 号集货口。用同样的方法将所有的笼车推到对应的集货口,如图 4-52 所示。

图 4-52 笼车推至集货口

任务总结

学生在完成货物出库作业方案实施任务后,要根据方案实施过程中对货物出库作业环节和作业流程的执行情况及遇到的困惑进行反思和总结,撰写并提交个人总结报告,以便总结经验教训,举一反三。教师对学生的方案实施结果及提交的个人总结给出评价,并作为学生过程性考核成绩的一部分。

子项目五

货物配送作业方案设计与实施

 子项目情景

2016年12月9日,AA配送中心运输部的全体人员召开会议,会议主要讨论近期配送作业工作中存在的问题,并对后续的"双十二"活动的出库配送工作进行了合理的安排。

运输部的刘经理问:"现在是按什么顺序送货的呢?"

小李回答:"我们是按订单的顺序拣货和装车的,然后按装车顺序送货。"

"这就是我们为什么会走糟糕的迂回路线的原因。我们按照从客户那里接受订单的先后决定送货的顺序,虽然实行起来很简单,而且可以让先订货的顾客先收到货,但却完全没有考虑客户所在地点的相对位置和路线优化。而且我们目前按订单的顺序装车然后送货,这样每到一个地方就得装进装出,不仅增加了装卸搬运的次数,而且延长了配送时间,降低了配送效率。"

小李恍然大悟:"其实,可以先确定送货的顺序,然后根据送货的反顺序来装车。我想,这并不会带来多少额外的工作量,关键是如何确定路线,也就是送货的顺序的?"

12月10日上午,AA配送中心需要将前一天下午接到的6个客户的6个配送订单进行配送作业,根据公司的物流配送服务水平,需要在4h内完成货物的配送。要配送的货物前一天已经出库完成等待配送,作为配送部门的主要负责人,请设计正确合理的配送作业计划。

 学习目标

【知识目标】
1. 理解五种常见配送方式的内涵及要求。
2. 理解配送路线优化的目标及意义。
3. 掌握运用节约里程法优化配送路线的原理、方法及步骤。
4. 理解影响车辆积载的因素,掌握装车配载的原则及方法。
5. 掌握送货作业计划编制及实施中的调度方法。

【技能目标】
1. 能够根据方案设计任务书的要求设计完整的配送作业计划方案。
2. 能够根据客户分布情况规划出最优的配送路线。
3. 能够根据客户要求、车辆及货物的具体特征设计车辆的配载方案。
4. 能够编制送货作业计划,能够在计划的实施中进行调度安排。

【素质目标】
1. 树立严谨认真的工作态度。
2. 培养吃苦耐劳的工作精神。

任务一　货物配送作业方案设计

知识链接

配送作业管理是配送中心继仓储作业管理之外另一项主要职能。配送作业是指在配货与配装完成后，将客户所需货物用汽车或其他运输工具从配送中心送至客户手中的过程。配送是一种短距离、小批量、高频率的运输形式。配送作业以服务为目标，以尽可能满足客户需求为宗旨。

一、配送方式

（一）定时配送

定时配送是指按规定时间和时间间隔进行的配送组织形式。定时配送的时间，由配送的供给与需求双方通过协议确认，如数天或数小时一次等。而且，每次配送的品种及数量可以根据计划执行，也可以在配送之前以商定的联络方式（如电话、计算机终端输入等）通知。对于配送中心，这种配送方式时间固定、易于安排工作计划、易于计划使用车辆；对于客户来讲，这种配送方式易于安排接货的力量（如人员、设备等）。但是，由于配送货物种类变化、配货、装货难度较大，因此如果要求配送数量变化较大时，也会使安排配送运力出现困难。

定时配送有以下几种具体形式：

1．小时配送

小时配送是接到配送订货要求之后，在1h内将货物送达。这种方式适用于一般消费者突发的个性化需求所产生的配送要求，也经常用作配送系统中应急的配送方式。B2C型的电子商务，在一个城市范围内，也经常采用小时配送的服务方式。

2．日配送

日配送是接到订货要求之后，在24h内将货物送达的配送方式。日配送是定时配送中实行较为广泛的方式，尤其在城市内的配送，日配送占绝大多数比例。一般而言，日配送的时间要求大体上是：上午的配送订单，下午就可以送达；下午的配送订单，第二天早上就可以送达。这样就可以使客户获得在实际需要的前半天得到送货服务的保障，如果是企业客户，这样可使企业的运行更加精细化。日配送方式广泛而稳定开展，就可使客户基本上无须保持库存，不以传统库存为生产和销售经营的保障，而以日配送方式实现这一保证，即实现客户的"零库存"。

3．准时配送

准时配送是按照双方协议的时间，准时将货物送达客户的一种方式。这种方式和上述两种方式的主要区别在于：小时配送和日配送是向社会普遍承诺的配送服务方式，针对社会上不确定的、随机性的需求；准时配送则是经双方协议，往往是根据客户的生产节奏，按指定的时间将货物送达。这种方式比日配送方式更为精密，连"暂存"的微量库存也可以取消，绝对地实现"零库存"。

准时配送的服务方式可以通过协议计划来确定，也可以通过看板方式来实现。准时配送方式要求有很高水平的配送系统来实施。由于客户的要求独特，因而不大可能对多个客户进行周密的共同配送计划。这种方式适合于装配型、重复、大量生产的企业客户,这种客户所需的配送物资是重复、大量且没有太大变化的,因而往往是一对一的配送。

(二)定量配送

定量配送是指按照规定的批量,在一个指定的时间范围内进行配送。这种配送方式数量固定,备货工作较为简单,可以根据托盘、集装箱及车辆的装载能力规定配送的数量,能够有效利用托盘、集装箱等集装方式,也可做到整车配送,配送效率较高。由于时间不严格限定,因此可以将不同客户所需的货物凑成整车后配送,运力利用也较好。对于客户来讲,每次接货都处理同等数量的货物,有利于人力、物力的准备工作。

(三)定时定量配送

定时定量配送是指按照规定的配送时间和配送数量进行配送,兼有定时、定量两种方式的优点,是一种精密的配送服务方式。这种方式要求有较高的服务质量水平,组织工作难度大,通常针对固定客户进行这项服务。由于适合采用的对象不多,很难实行共同配送等配送方式,因而成本较高,在客户有特殊要求时采用,不是一种普遍适用的方式。

(四)定时定线路配送

定时定路线配送是指在确定的运行路线上制订到达时间表,按时间表进行配送,客户可在规定时间和地点接货,可按规定路线及时间提出配送要求。其特点是:配送费用较低,可以一次对多个客户实行共同配送;利于安排车辆运行及人员配备;可有计划地安排接货;车载量不足时,浪费运力;不能实现门到门的服务,使客户不便;适用于商业集中区的商业企业的配送。

(五)即时配送

即时配送是指完全按照客户提出的送货时间和送货数量,随时进行配送的组织形式。这是对各种配送服务进行补充和完善的一种配送方式,一般在事故、灾害、生产计划突然变化或销售预测失误而导致销售即将断货的情况下采用。

二、配送路线优化

(一)配送路线优化的意义

配送路线是指送货车辆向各个客户送货时所要走的路线。配送路线的选择主要考虑以下因素:车流量的变化、道路状况、客户的分布状况和配送中心的选址、车辆定额载重量及车辆运行限制等。

配送路线优化就是综合分析配送运输的各种因素,及时、安全、方便、经济地将客户所需的不同货物准确送达客户手中,以便提供优良的物流配送服务。在配送路线设计中,必须根据不同客户群的特点和要求,选择不同的路线优化方法,最终达到节省运输时间、缩短运输距离和降低运输费用的目的。

(二)配送路线优化的目标

配送路线合理与否对配送速度、车辆的合理利用和配送费用都有直接影响,因此,配送路线的优化问题是配送工作的主要问题之一。配送路线优化目标的选择是根据配送的具体要求、配送中心的实力及客观条件来确定的。

配送路线优化的目标可以有很多种选择:

(1) 以效益最高为目标：计算时以利润最大化为目标。
(2) 以成本最低为目标：实际上也是选择了以效益为目标。
(3) 以路程最短为目标：如果成本与路程相关性较强，而和其他因素的相关性较小，可以选路程最短作为目标。
(4) 以吨公里数最小为目标：在节约里程法的计算中采用这一目标。
(5) 以准确性最高为目标：它是配送中心重要的服务指标。

当然还可以选择运力消耗最合理、劳动消耗最低作为目标。

（三）确定配送路线的约束条件

一般配送的约束条件包括以下五个方面：
(1) 满足所有收货人对货物品种、规格、数量的要求。
(2) 满足收货人对货物发到时间范围的要求。
(3) 在允许通行的时间内进行配送。
(4) 各配送路线的货物量不超过车辆容积和载重量的限制。
(5) 在配送中心现有运力允许的范围内。

（四）配送路线优化的方法

优化配送路线的方法有多种，常见的有以下几种：

1．经验判断法

经验判断法是指利用行车人员的经验来选择配送路线的一种主观判断方法。这种方法的效果取决于决策者对运输车辆、客户的地理位置和交通路线情况掌握的程度及决策者的分析判断能力与经验。

2．综合评价法

综合评价法是指拟订出多种配送路线方案，明确评价指标，对方案进行综合评分，见表5-1。

表5-1　路线方案评分表

序号	评价指标	极差	差	较好	良好	最优
1	配送全过程的配送距离					
2	行车时间					
3	配送准时性					
4	行车难易					
5	动用车辆台次数					
6	油耗					
7	车辆状况					
8	运送量					
9	配送客户量					
10	配送总费用					

3．节约里程法

节约里程法是依次将运输问题中的两个回路合并为一个回路，每次使合并后的总运输距离减小的幅度最大，直到达到一辆车的装载限制时，再进行下一辆车的优化。在实际配送作业中运用节约里程法优化配送路线，具有如下作用：满足客户配送需要；减少配送车辆使用；缓解交通紧张压力；节省配送成本费用。

（1）节约里程法的原理。节约里程法的基本原理是几何三角形的两边长之和大于第三边。

假如，一家配送中心（DC）向两个客户 A、B 运货，配送中心到两个客户的最短距离分别是 L_A 和 L_B，A 和 B 间的最短距离为 L_{AB}，A、B 的货物需求量分别是 Q_A 和 Q_B，且 Q_A+Q_B 小于运输装载量 Q，如图 5-1 所示。如果配送中心分别送货，那么需要两个车次，总路程为：$L_1=2(L_A+L_B)$。

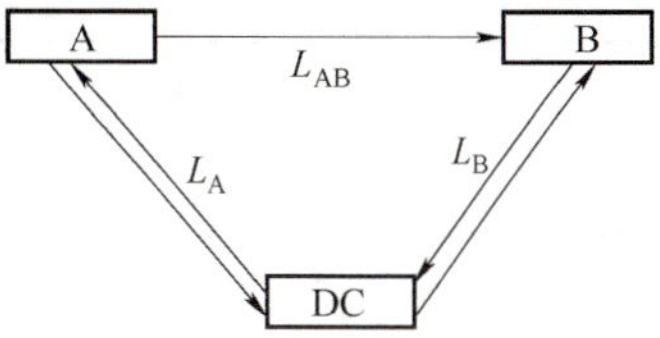

图 5-1 节约里程法的配送路径

如果改用一辆车对两个客户进行巡回送货，则只需一个车次，行走的总路程为 $L_2=L_A+L_B+L_{AB}$。由三角形的性质我们知道：$L_{AB}<(L_A+L_B)$，所以第二次的配送方案明显优于第一种，并且行走总路程节约：$\Delta L=(L_A+L_B)-L_{AB}$。

如果配送中心的供货范围内还存在着 3，4，5，…，n 个客户，在运载车辆载重和体积都允许的情况下，可将它们按着节约路程的大小依次连入巡回线路，直至满载为止，余下的客户可用同样方法确定巡回路线，另外派车。

（2）节约里程法的应用步骤。可通过下面一个示例来体现节约里程法的应用步骤。

已知配送中心 P_0 向 5 个客户 P_j 配送货物，其配送路线网络、配送中心与客户的距离及客户之间的距离如图 5-2 所示，图中括号内的数字表示客户的需求量（单位：t），路线上的数字表示两节点之间的距离（单位：km），配送中心有 3 辆 2t 的货车和 2 辆 4t 的货车可供使用。

1）试利用节约里程法制订最优的配送方案。

2）设货车行驶的速度平均为 40km/h，试比较优化后的方案比单独向各客户分送可节约多少时间。

第一步：做出最短距离矩阵，从配送网络图中列出配送中心到客户及客户间的最短距离，见表 5-2。

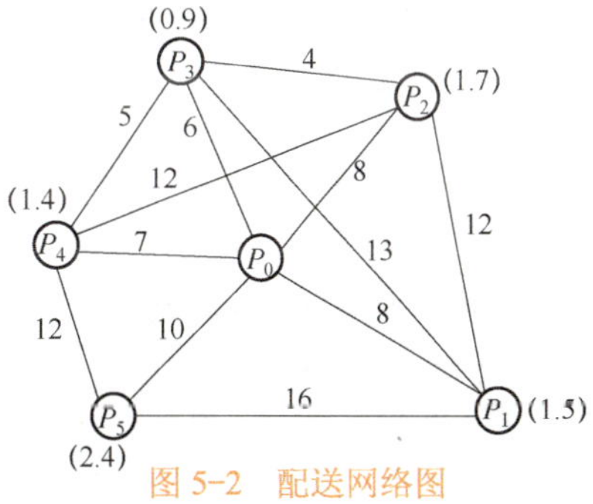

图 5-2 配送网络图

表 5-2 配送中心与客户之间的最短距离及需要量

需要量/t	P_0/km				
1.5	8	P_1/km			
1.7	8	12	P_2/km		
0.9	6	13	4	P_3/km	
1.4	7	15	9	5	P_4/km
2.4	10	16	18	16	12	P_5/km

第二步：从最短矩阵中计算客户间的节约里程，填入表 5-3 的括号内。

表 5-3 配送中心与客户之间的节约里程及需要量

需要量/t	P_0/km				
1.5	8	P_1/km			
1.7	8	(4) 12	P_2/km		
0.9	6	(1) 13	(10) 4	P_3/km	
1.4	7	(0) 15	(6) 9	(8) 5	P_4/km
2.4	10	(2) 16	(0) 18	(0) 16	(5) 12	P_5/km

第三步：将节约里程进行分类，按从大到小顺序排列，见表 5-4。

表5-4 节约里程按大小排序

序 号	路 线	节约里程/km	序 号	路 线	节约里程/km
1	P_2P_3	10	6	P_1P_5	2
2	P_3P_4	8	7	P_1P_3	1
3	P_2P_4	6	8	P_2P_5	0
4	P_4P_5	5	9	P_3P_5	0
5	P_1P_2	4	10	P_1P_4	0

第四步：确定单独送货的配送路线，形成初始方案，如图5-3所示。

得初始方案配送距离 =39×2=78（km）。

第五步：根据载重量约束与节约里程大小，将各客户节点连接起来，形成两条配送路线。即A、B两种配送方案，如图5-4所示。

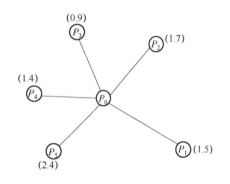

图5-3 初始方案　　　　图5-4 A、B两种配送方案

①配送路线A：P_0—P_2—P_3—P_4—P_0，货物需求量为

$$Q_A=Q_2+Q_3+Q_4$$
$$=1.7+0.9+1.4$$
$$=4（t）$$

用一辆4t的货车运送。

节约里程 S_A=10+8=18（km）。

②配送路线B：P_0—P_5—P_1—P_0，货物需求量为

$$Q_B=Q_5+Q_1$$
$$=2.4+1.5$$
$$=3.9（t）$$

用一辆4t的货车运送。

节约里程 S_B=2（km）。

第六步：与初始单独送货方案相比，计算总节约里程与节约时间。

总节约里程：$\Delta S=S_A+S_B$=18+2=20（km）。

与初始单独送货方案相比，可节约时间：$\Delta T=\Delta S/V$=20/40=0.5（h）。

三、车辆配载

车辆配载是指车辆根据货物配载计划所进行的装载过程。车辆配载的好坏直接影响配送中心的配送质量。在保证货物质量与数量完好的前提下，尽可能提高车辆的装载率和车辆

的利用率，节省运力，降低配送成本。

（一）影响车辆配载的因素

1．货物特性因素

例如，轻泡货物使吨位利用率低。

2．货物包装因素

例如，车厢尺寸不与货物包装容器的尺寸成整倍数关系，则无法装满车厢。

3．不能拼装运输

例如，有些危险品必须减载运送才能保证安全。

4．装载技术因素

由于装载技术原因，造成不能装足吨位。

（二）车辆配载的原则

车辆配载要解决的是如何将货物装车，以及按什么次序装车的问题。为了有效利用车辆的容积和载重量，还要考虑货物的性质、形状、重量和体积等因素进行具体安排。一般应遵循以下原则：

1．轻重搭配原则

车辆装货时，必须将重货置于底部，轻货置于上部，避免重货压坏轻货，并使货物重心下移，从而保证运输安全。

2．大小搭配原则

货物包装的尺寸有大有小，为了充分利用车厢的容积，可在同一层或上下层合理搭配不同尺寸的货物，以减少车厢内的空隙。

3．货物性质搭配原则

拼装在一个车厢内的货物，其化学性质、物理属性不能互相抵触。

4．一次配载原则

到达同一地点的适合配装的货物尽可能一次积载。

5．合理堆码原则

可根据车厢的尺寸、容积，以及货物外包装的尺寸来确定堆码的层次及方法。

6．最大载重量原则

货物装载时不允许超过车辆所允许的最大载重量。

7．防止货损原则

货与货之间、货与车辆之间应有空隙并适当衬垫，防止货损。装货完毕，应在门端处采取适当的稳固措施，以防开门卸货时，货物倾倒造成货损。

8．先送后装原则

同一辆车中有目的地不同的货物时，要把先到站的货物放在易于装卸的外面和上面，后到站的货物放在里面和下面。

（三）车辆配载的注意事项

（1）为了减少或避免差错，尽量把外观相近、容易混淆的货物分开装载。
（2）不将散发异味的货物与具有气味吸收性的食品混装。
（3）切勿将渗水货物与易受潮货物一同存放。
（4）包装不同的货物应分开装载。
（5）具有尖角或其他突出物的货物和其他货物分开装载或用木板隔开，以免损伤其他货物。
（6）尽量不将散发粉尘的货物与清洁货物混装。
（7）危险货物要单独装载。

（四）车辆配载的常用方法

1．车辆运输生产率

车辆运输生产率是根据指标吨位利用率反映车辆在重载运行中运载能力的利用程度，以100%为界来判断车辆是否超载或亏载。吨位利用率为

$$吨位利用率 = （实际完成周转量 / 载运行程载质量）\times 100\%$$

其中，载运行程载质量 = $\sum$（总行程 × 核定吨位）

2．车辆配载的方法

车辆配载的方法主要有容重配装法和经验配装法。

（五）车辆配载的计算

根据送货作业自身的特点，送货作业一般采用汽车送货。由于货物的重量、体积及包装形式各异，所以具体车辆的配载要根据客户要求结合货物及车辆的具体情况综合考虑。多数情况下主要依靠经验或简单的计算来设计配载方案。

车辆的配载计算要在一定的前提假设条件下来进行，通常假设如下：

（1）车辆容积和载重量的额定限制。
（2）每一个客户都有确定的送货点，有相应的驾驶时间用以到此送货点或从此送货点到下一个客户的送货点。
（3）每一份订单都包括货物的特定数量，每种货物的包装都可以测出长、宽、高。
（4）每种包装的货物不超过公路运输包装件的尺寸界线。
（5）货物的包装材料相同，并且遵循配装的原则。

配载过程中由于货物特征的千变万化，车辆及客户要求也各有不同，因此装货人员常常根据以往积累的装载经验来进行配载。采用经验法配载时，也要用简单计算模型来验证装载的货物是否满足车辆在载重量及容积方面的限制。数学模型如下：

$$\max \sum_{i=1}^{n} x_i \tag{5-1}$$

$$\sum_{i=1}^{n} v_i x_i \leqslant V_{车} \tag{5-2}$$

$$\sum_{i=1}^{n} w_i x_i \leqslant W_{车} \qquad (5\text{-}3)$$

$$x_i \in \{0,1\}, i=1,2,\cdots,n \qquad (5\text{-}4)$$

模型中各参数说明如下：

v_i：第 i 个客户货物的总体积；

$V_{车}$：配送车辆的有效体积；

w_i：第 i 个客户的货物总重量；

$W_{车}$：配送车辆的额定载重量；

n：送货点个数。

式 5-1 表示配载目标函数，即装入尽可能多的客户个数的货物，x_i 代表客户的个数；式 5-2 表示装入货物的总体积不超过车辆的有效体积；式 5-3 表示装入货物的总重量不超过车辆的额定载重量；式 5-4 表示 0~1 变量，即当 $x_i=1$ 时，表示第 i 个客户的货物装载入车，否则不装载（即该客户的订单上的货物要一次性装入，如果不能一次性装入则完全不装，等待与下一车次的货物一起配装）。

除经验法外，在货物种类较少、货物特征明显及客户要求相对简单的情况下，可以尝试容重配装法来进行配载。

在车辆装载时，一般容重大（密度大）的货物（如五金类货物）往往装载到车辆最大载重量时，车辆的容积空间剩余还较多；容重小（密度小）的货物（如服装、箱包）装满车厢时，车辆的最大载重量还没有达到；这两种情况都会造成运力的浪费。因此，采用容重配装法将两者进行配装是一种常用的配载装车方法。

假设有两种需要配送的货物，A 货物容重为 R_A，单件体积为 V_A；B 货物容重为 R_B，单件体积为 V_B；车辆额定载重量为 G，车辆最大容积为 V。考虑到 A、B 两种货物尺寸的组合不能正好填满车辆内部空间及装车后可能存在无法利用的空间，故设定车辆的有效容积为 $90\%V$。在既满载又满容的前提下，设货物 A 装入数为 x，货物 B 的装入数为 y，则可得到方程组：

$$xV_A + yV_B = 90\%V$$

$$xR_A V_A + yR_B V_B = G$$

求解这个方程组，得到 x、y 的数值即为 A、B 两种货物各自装车的数量。

这个方程组只适用于两种货物的配载，如果配装货物种类较多、车辆种类也较多，可以先从所有待配载的货物中选出体积（或重量）最大和体积（或重量）最小的两种货物进行配载，然后根据剩余车辆载重和空间，在其他待装货物中再选出体积（或重量）最大和体积（或重量）最小的两种进行配装，以此类推，直至车辆满载或满容。

在实际工作中常常不可能每次都得到最优配载方案，只能先将问题简单化，节约计算时间，简化配装要求，然后逐步优化找到接近于最优方案的可行方案。这样可以加快配载装车速度，通过提高配载的效率来弥补可行方案与最优方案之间的成本差距，体现综合优化的思想。

四、送货作业计划与调度实施

送货作业的进行需要与配送中心自身拥有的资源、运作能力相匹配。由于配送中心的能力和资源有一定的限制,而客户的需求存在着多变性、多样性和复杂性,因此,制订合理的送货作业计划并调度安排实施送货计划是送货管理人员主要的工作内容。

(一)制订送货作业计划

送货作业部门需要预先对送货任务进行估计,对运送的货物种类、数量、去向、送货线路、车辆种类及载重、车辆趟次、送货人员做出合理的计划安排。

1. 制订送货作业计划的主要依据

(1)客户订单。一般客户订单对配送商品的品种、规格、数量、送货时间、送货地点、收货方式等都有明确的要求,因此,客户订单是拟订送货计划的最基本的依据。

(2)客户分布、运输路线、距离。客户分布是指客户的地理位置分布。客户位置离配送据点的距离远近、配送据点到达客户收货地点的路径选择直接影响配送成本。

(3)配送货物的体积、形状、重量、性能、运输要求。配送货物的体积、形状、重量、性能、运输要求是决定运输方式、车辆种类、载重、容积、装卸设备的制约因素。

(4)运输、装卸条件。运输道路交通状况、运达地点及其作业地理环境、装卸货时间、天气等对送货作业的效率也起到相当大的制约作用。

2. 送货作业计划的主要内容

(1)按日期排定客户所需商品的品种、规格、数量、送达时间、送达地点、送货车辆与人员等。

(2)根据客户所在地的具体位置做区域上的整体规划,根据客户订单的送货时间确定送货的先后顺序。

(3)根据客户的具体位置及其环境和沿途的交通状况,选择配送距离短、配送时间短、配送成本低的线路。

最终形成的送货作业计划包括两部分:一部分是一定时期内综合的送货作业计划表(见表5-5);另一部分是依据综合送货作业计划制订每一车次的单车送货作业计划表(单)(见表5-6),该表(单)交给送货驾驶员执行,执行完毕后交回。

表5-5 综合的送货作业计划表

日期	送货作业任务					车公里	吨公里
	起点	讫点	送货距离	送货次数	货物名称		
效率指标	标记吨位		日行程		实载率	运量	计划完成率
备注							

表 5-6　单车送货作业计划表（单）

发货单位						
车号及车型						
送货点						
运行周期	发车时间			预计返回时间		
	到达时间		到达地点	离开时间	货物情况	收货人签字
	第一站					
	第二站					
	第三站					
	第四站					
	第五站					
	第六站					
备注						
驾驶员签名				调度员签名		

3．送货作业计划的调整

由于送货作业过程情况复杂，在送货计划执行过程中，难免发生偏离计划要求的情况，而且涉及面较广。因此，必须采取有效措施消除干扰计划执行的不利因素，保证计划实施。一般干扰送货作业计划执行的影响因素主要包括下列各项：

（1）临时变更送货路线或交货点。

（2）装卸工作如装卸机械故障，装卸停歇时间超出额定时间，以及办理业务手续意外拖延等。

（3）车辆运行或装卸效率提高，提前完成作业计划。

（4）车辆运行途中出现技术故障。

（5）行车人员工作无故缺勤，私自变更计划、不按规定时间收发车，以及违章驾驶造成技术故障和行车肇事。

（6）道路情况，如临时性桥断路阻、路桥施工、渡口停渡或待渡时间过长等。

（7）气候情况，如突然降雨、降雪、大雾、冰雹、河流涨水、冰冻等意外发生。

为防止上述因素对送货作业计划的影响，除需积极加强预报之外，必须采取一定的措施及时进行补救与调整。一旦送货作业计划被打乱，不能按原计划完成，计划人员应迅速做出变更及调整，并且协调相关部门或人员采取适当措施，保证计划的顺利实施。

（二）送货作业计划的调度实施

1．调度实施的基本原则

送货作业进行过程中常会出现一些难以预料的问题，因此，调度管理人员需要随时掌握车况、路况、气候变化、驾驶员状况、行车安全等情况，以确保送货作业计划过程的顺利进行。车辆调度工作应遵循如下原则：

（1）从全局出发，保证重点，统筹兼顾原则。送货作业安排应贯彻"先重点、后一般"

原则，"安全第一、质量第一"原则，始终把运行安全和质量控制工作放在首位。

（2）计划性原则。调度工作要根据客户订单要求并以运行计划为依据，监督和检查计划的执行情况，按计划进行送货作业。

（3）合理性原则。要根据货物性能、体积、重量、车辆技术状况、道路通行条件、气候变化、驾驶员状况等因素合理调度车辆，合理安排车辆的运行线路，有效降低运输成本，提高经济效益，以最低的作业成本满足客户需求。

2．调度的实施过程

（1）送货前的检查：检查机动车驾驶证；检查机动车行驶证；检查道路运输证；检查运行车辆是否完好及相关证明；检查驾驶、押运、装卸人员的从业资格证；检查是否超限、超载。

（2）送货作业控制：车辆在送货作业进行过程中，调度管理人员必须对汽车在路线上的工作进行有效控制。主要包括监督和指导货物的配载装运过程；监控车辆按时出车；监控汽车按时到达装卸货地点；了解车辆完成计划的情况及不能完成计划的原因，并采取使之恢复正常工作的措施。

（3）填写调度日志。

（4）行驶作业记录管理。

（5）行车作业人员考核。

（6）送达与回访。

方案设计任务书

方案设计任务书	
子项目名称	货物配送作业方案设计与实施
任务描述	借助 IDMS 虚拟运营软件，达到对客户货物进行准确、及时配送的目的
任务成果	货物配送作业设计方案 IDMS 虚拟仿真软件操作规范正确
模仿训练内容	2016年12月10日上午，AA 配送中心需要将前一天下午接到的 6 个"休闲食品"类货物的配送订单进行配送作业，根据公司的物流配送服务水平，需要在 4h 内完成货物配送到门店。要配送的货物前一天已经出库完成等待配送，作为配送部门的主要负责人，请设计正确合理的配送作业计划 其中，送货单见下表： 送货单 1 客户名称：AA 连锁超市厦门路 1 店　　　　送货时间：2016 年 12 月 10 日 送货地址：厦门路 889 号　　　　　　　　订单编号：PS2016121000007 联 系 人：刘雯　　　　　　　　　　　　联系电话：13916 | 序号	货物编码	货物名称	件数（件）	重量/kg	备注 | |---|---|---|---|---|---| | 1 | 0201001 | 旺旺仙贝 | 860 | 447.2 | | | 2 | 0201002 | 米老头蛋黄煎饼 | 620 | 186 | | | 3 | 0201003 | 米多奇雪饼 | 1460 | 1357.8 | | | 4 | 0202001 | 乐吧薯片 | 690 | 34.5 | | | 合计 | | | 3630 | 2025.5 | |

（续）

<table>
<tr><td colspan="2" align="center">方案设计任务书</td></tr>
<tr><td rowspan="2">模仿训练内容</td><td>

送货单 2

客户名称：AA 连锁超市苏州路店　　　　　　送货时间：2016 年 12 月 10 日
送货地址：苏州路 1168 号　　　　　　　　　订单编号：PS2016121000008
联 系 人：霍敏轩　　　　　　　　　　　　　联系电话：139160****

序号	货物编码	货物名称	件数（件）	重量/kg	备注
1	0202002	乐事薯片（原味）	700	101.5	
2	0202003	好丽友薯片	890	140.62	
	0203001	秦之恋手工锅巴	980	392	
合计			2570	634.12	

送货单 3

客户名称：AA 连锁超市济南路 2 店　　　　　送货时间：2016 年 12 月 10 日
送货地址：济南路 765 号　　　　　　　　　 订单编号：PS2016121000009
联 系 人：张德军　　　　　　　　　　　　　联系电话：139160****

序号	货物编码	货物名称	件数（件）	重量/kg	备注
1	0203002	傻二哥粗粮锅巴	1560	156	
2	0203003	百吉猫锅巴	1250	75	
合计			2810	531	

送货单 4

客户名称：AA 连锁超市常熟路店　　　　　　送货时间：2016 年 12 月 10 日
送货地址：常熟路 105 号　　　　　　　　　 订单编号：PS2016121000010
联 系 人：花蕊　　　　　　　　　　　　　　联系电话：138160****

序号	货物编码	货物名称	件数（件）	重量/kg	备注
1	0203004	三只松鼠糯米锅巴	870	26.2	
2	0204001	恰恰开口松子	620	124	
3	0204002	金鸽瓜子	1420	511.2	
4	0204003	老灶煮花生	1560	1073.28	
合计			4470	1934.68	

送货单 5

客户名称：AA 连锁超市合肥路 2 店　　　　　送货时间：2016 年 12 月 10 日
送货地址：合肥路 327 号　　　　　　　　　 订单编号：PS2016121000011
联 系 人：杨珍惜　　　　　　　　　　　　　联系电话：135160****

序号	货物编码	货物名称	件数（件）	重量/kg	备注
1	0204004	三只松鼠手剥山核桃	840	197.4	
2	0205001	好丽友巧克力派	1350	1377	
合计			2190	1574.4	

送货单 6

客户名称：AA 连锁超市太原路店　　　　　　送货时间：2016 年 12 月 10 日
送货地址：太原路 128 号　　　　　　　　　 订单编号：PS2016121000012
联 系 人：王强　　　　　　　　　　　　　　联系电话：136162****

序号	货物编码	货物名称	件数（件）	重量/kg	备注
1	0205002	盼盼肉松饼	500	1250	
2	0205003	港荣蒸蛋糕	700	700	
3	0206001	三只松鼠黑加仑葡萄干	320	89.6	
合计			1520	2039.6	

</td></tr>
</table>

(续)

	方案设计任务书	
模仿训练内容	任务要求： 1. 配送运输采用笼车集装方式，每个笼车最大载重 500kg，根据订单货物总重量，计算每个订单需要笼车装载的数量 2. 在 IDMS 配送管理信息系统中，调查各个客户的位置（绘制或软件截图表示），导出距离矩阵表 3. 根据客户分布及客户对配送作业的要求，采用节约里程法手工进行配送路线优化设计，确定送货车辆的选型和配送顺序 4. 根据配送路线安排的结果，绘制车辆配载示意图	
强化训练内容	2016年12月10日上午，AA 配送中心需要将前一天下午接到的 6 个"洗涤日化"类货物的配送订单进行配送作业，根据公司的物流配送服务水平，需要在 4h 内完成货物配送到门店。要配送的货物前一天已经出库完成等待配送，作为配送部门的主要负责人，请设计正确合理的配送作业计划。配送作业的订单在 IDMS 中已经录入好 其中，送货单见下表：	

送货单 1

客户名称：AA 连锁超市厦门路 1 店　　　　送货时间：2016 年 12 月 10 日
送货地址：厦门路 889 号　　　　　　　　　订单编号：PS2016121000001
联 系 人：刘雯　　　　　　　　　　　　　联系电话：139162

序号	货物编码	货物名称	件数（件）	重量/kg	备注
1	0401001	清扬洗发水	900	675	
2	0401002	力士（LUX）洗发露	1120	840	
		合计	2020	1515	

送货单 2

客户名称：AA 连锁超市合肥路 1 店　　　　送货时间：2016 年 12 月 10 日
送货地址：合肥路 1024 号　　　　　　　　订单编号：PS2016121000002
联 系 人：李春天　　　　　　　　　　　　联系电话：139160

序号	货物编码	货物名称	件数（件）	重量/kg	备注
1	0401003	海飞丝洗发露	550	412.5	
2	0401004	沙宣套装（洗发护发）	600	600	
3	0402001	舒肤佳沐浴露	800	1376	
4	0402002	妮维雅男士洁面炭泥	780	156	
		合计	2730	2544.5	

送货单 3

客户名称：AA 连锁超市成都路 1 店　　　　送货时间：2016 年 12 月 10 日
送货地址：成都路 1463 号　　　　　　　　订单编号：PS2016121000003
联 系 人：郑思思　　　　　　　　　　　　联系电话：139162

序号	货物编码	货物名称	件数（件）	重量/kg	备注
1	0402003	美涛保温摩丝定型喷雾	550	110	
2	0403001	痘清洗面奶	600	72	
3	0403002	大宝 SOD 蜜	320	38.4	
		合计	1470	220.4	

送货单 4

客户名称：AA 连锁超市苏州路店　　　　　送货时间：2016 年 12 月 10 日
送货地址：苏州路 1168 号　　　　　　　　订单编号：PS2016121000004
联 系 人：霍敏轩　　　　　　　　　　　　联系电话：139160

序号	货物编码	货物名称	件数（件）	重量/kg	备注
1	0403003	佰草集美白面膜	890	614.1	
2	0404001	蓝月亮洗衣液	640	1920	
		合计	1530	2534.1	

(续)

方案设计任务书					
强化训练内容	送货单 5				
	客户名称：AA 连锁超市济南路 1 店 送货地址：济南路 765 号 联系人：张德军		送货时间：2016 年 12 月 10 日 订单编号：PS2016121000005 联系电话：139160■■■■■		
	序号	货物编码	货物名称	件数（件）| 重量/kg	备注
	1	0404002	沙宣摩丝	210	144.9	
	2	0404003	汰渍净白去渍洗衣粉	150	420	
	3	0404004	曼思无味环保指甲油	200	600	
	4	0405001	洁柔 Face 卷纸	190	342	
	合计			750	1506.9	
	送货单 6				
	客户名称：AA 连锁超市郑州路 1 店 送货地址：郑州路 1126 号 联系人：刘妮娜		送货时间：2016 年 12 月 10 日 订单编号：PS2016121000006 联系电话：139160■■■■■		
	序号	货物编码	货物名称	件数（件）| 重量/kg	备注
	1	0405002	维达抽纸纸巾	400	560	
	2	0405003	舒洁湿纸巾	600	408	
	3	0405004	美甲指甲油	320	44.8	
	合计			1320	1012.8	
	任务要求： 1. 配送运输采用笼车集装方式，每个笼车最大载重 500kg，根据订单货物总重量，计算每个订单需要笼车装载的数量 2. 在 IDMS 配送管理信息系统中，调查各个客户的位置（绘制或软件截图表示），导出距离矩阵表 3. 根据客户分布及客户对配送作业的要求，采用节约里程法手工进行配送路线优化设计，确定送货车辆的选型和配送顺序 4. 根据配送路线安排的结果，绘制车辆配载示意图					
子项目方案设计任务书说明					
针对任务书给出的模仿训练数据和强化训练数据，学生首先在课堂中和教师一起学习出库作业的各个理论知识点，学习方案设计的流程和要点。熟悉 IDMS 虚拟运营软件的操作方法和流程，然后根据教师课堂的演示进行模仿练习，最后结合知识链接中的知识、管理技能链接知识、附录 C 中的方案模板和强化训练数据进行方案设计					

任务总结

学生在完成货物配送作业方案设计任务后，要根据方案设计过程中对知识的理解和运用情况及遇到的困惑进行反思和总结，撰写个人总结报告，以便总结经验教训，举一反三。最后提交个人总结报告和货物配送作业方案。教师对学生提交的设计方案和个人总结给出评价，并作为学生过程性考核成绩的一部分。

任务二　货物配送作业方案实施

管理技能

（一）配送路线优化作业

配送路线优化的基本方法是节约里程法。在实际操作中，第一步：做出最短距离矩阵，从配送网络图中列出配送中心到客户及客户间的最短距离；第二步：从最短矩阵中计算客户间的节约里程，形成最短距离矩阵；第三步：将节约里程进行分类，按从大到小顺序排列，形成节约里程排序表；第四步：确定单独送货的配送路线，形成初始方案；第五步：根据载重量约束与节约里程大小，将各客户节点连接起来，形成优化配送路线。

（二）车辆配载作业

车辆配载的关键是确保配载结果的有效性。车辆配载有效性是在系统考虑配载影响因素和配载原则的前提下采用适当的配载方法，使车辆的载重能力和容积得到充分利用，如恰当的积载方法能使车厢内部的高度、长度、宽度得到充分利用等。

（三）送货作业计划与调度实施作业

配送中心配送作业有效性的前提是制订合理的送货作业计划。配送主管在配送路线优化结果的基础上，依据客户订单、客户分布、运输路线、距离，货物的体积、形状、重量、性能、运输要求，以及运输、装卸条件制订综合的送货作业计划表和单车送货作业计划表（单）。在送货作业计划实施中，如果遇到一些特殊或意外情况，计划人员应迅速做出变更及调整，并且协调相关部门或人员采取适当措施，保证计划的顺利实施。

方案设计任务书

一、任务选择

选择【子项目五 货物配送作业方案设计与实施】→【任务二 货物配送作业方案实施】，在界面右侧单击【货物配送作业方案实施（教师演示）】，并单击【进入任务】，作业岗位选择【调度员】，进入 3D 模拟场景，如图 5-5 所示。

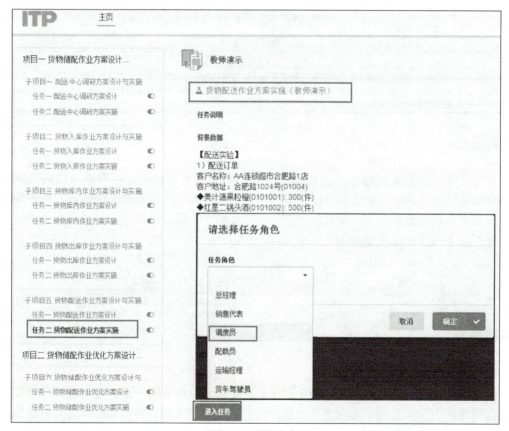

图 5-5 选择任务

二、管理系统操作

1. 进入配送管理系统

按〈Alt〉键操作虚拟计算机，单击【管理系统】进入配送管理系统界面，如图 5-6 所示。

图 5-6　进入管理系统

2. 分配笼车

单击【订单管理】→【配送订单】，勾选所有订单前面的复选框后，单击【分配笼车】，如图 5-7 所示。

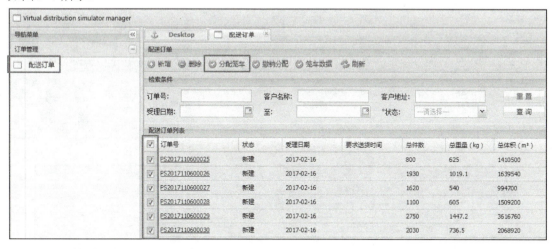

图 5-7　分配笼车

3. 车辆分配

单击【配送管理】→【车辆分配】（采用节约里程法进行计算，然后根据计算结果进行车辆调度，在此方案指导书中只介绍软件的操作方法，不保证结果的正确性，请同学根据节约里程法计算好路线再进行调度；运输距离矩阵表导出方法：【车辆分配】→【运输距离矩阵】→【导出 Excel】），勾选地址序号 A、B、F，然后单击【车辆选择】和【*月台】，之后单击【加入调度】，如图 5-8 所示。用同样方法按照 D、C、E 顺序分配车辆。

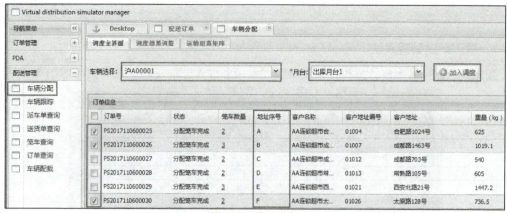

图 5-8　分配车辆

4．调度结果调整

若当前路线的配送顺序需要调整，进入【调度结果调整】页面进行调整，在右侧的地图栏中可以实时查看路线里程，如图 5-9 所示。选择需要调整的地点，然后进行上移或下移操作，调整完毕后单击【送货顺序】刷新，如图 5-10 所示。若对当前调度结果不满意需要重新调度可选中相应订单，单击【撤销】进行操作。

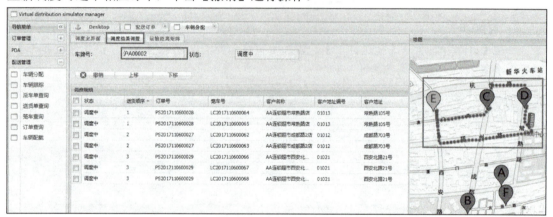

图 5-9　调度结果调整

图 5-10　送货顺序刷新

5．提交调度信息

勾选调度车辆信息前面的复选框，单击【保存调度】，再次勾选订单，单击【提交】和【打印派车单和送货单】，如图 5-11 所示。

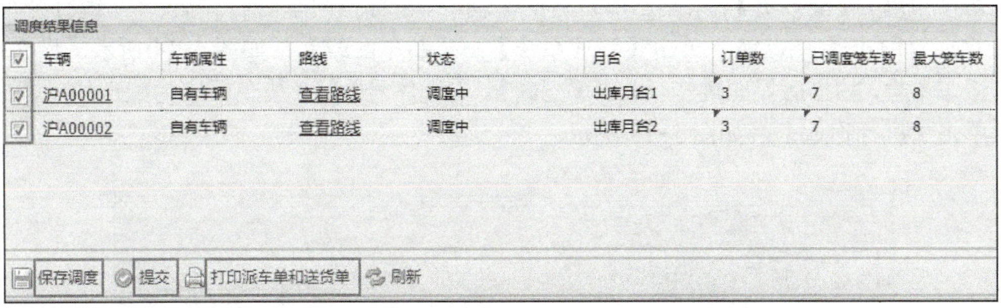

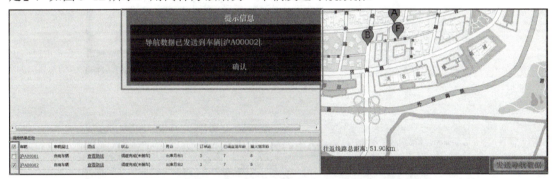

图 5-11　提交调度信息

6．发送导航数据

勾选其中一个订单，单击左边图片上的【发送导航数据】，并在弹出来的提示框上单击【确定】，如图 5-12 所示。用同样方法给另一车辆发送导航数据。

图 5-12　发送导航数据

7．取单据

按〈Alt〉键离开计算机来到打印机旁拿起单据，如图 5-13 所示。

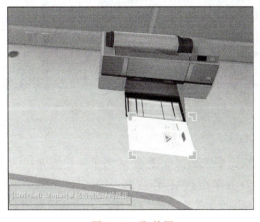

图 5-13　取单据

三、装车配载作业

1. 装车配载操作

切换角色为【配载员】,来到出库月台的车辆前,鼠标指向车后门,按<↓>键打开车门,再按<Q>键取出手持 PDA,单击【管理系统】→【装车配载】,如图 5-14 所示。界面提示扫描派车单号,扫描后界面跳转至【装车配载】,勾选序号【3】(装车顺序为配送的反顺序),然后单击【执行作业】,如图 5-15 所示。

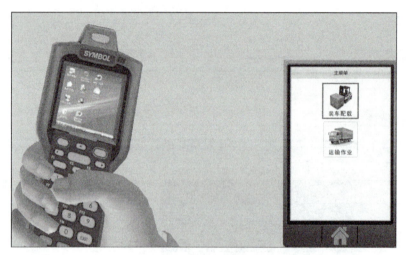

图 5-14　选择装车配载功能

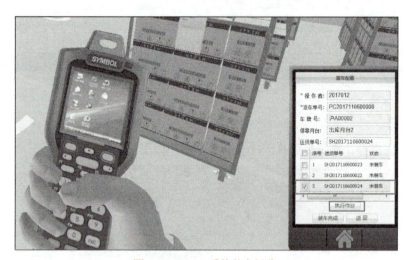

图 5-15　PDA 系统装车操作

2. 笼车装车

根据界面提示依次扫描笼车条码,如图 5-16 所示。扫描完成后,界面自动跳转到之前的装车配载界面,勾选序号<2>并单击【执行作业】,如图 5-17 所示。用同样的方法扫描笼车条码,直至所有笼车条码扫描完成且推至车上(把笼车按扫描的先后顺序装上车,扫描完一单即装车一单),并单击【装车完成】,如图 5-18 和图 5-19 所示。用同样的方法装载另一车辆。

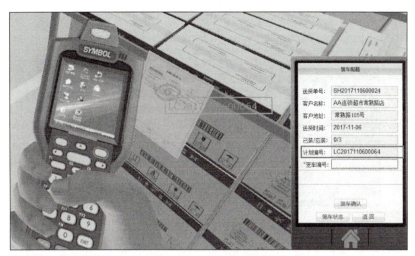

图 5-16 扫描笼车条码

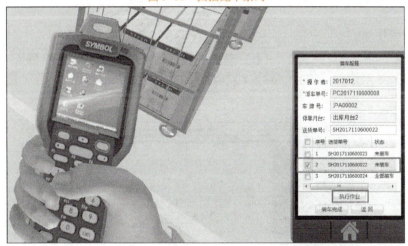

图 5-17 PDA 系统装车操作

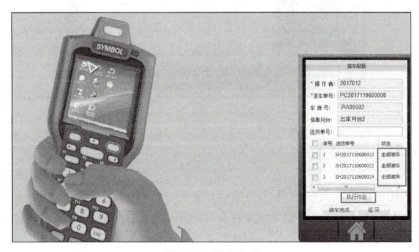

图 5-18 装车完成

图 5-19　笼车装车

四、配送作业

1. 送货操作

装车完成后,按<↑>键关上车门,切换角色为【货车驾驶员】,按<Alt>键进入驾驶舱内,按<M>键打开导航地图,按<T>键启动车辆,根据导航路线开往"1"号送货地址,如图 5-20 所示。

图 5-20　查看导航地图

2. 卸货操作

车辆到达送货地后,下车,按<↓>键打开车门,核对笼车信息,将笼车卸载并推至签收人员旁的圆圈中,如图 5-21 所示。按<Q>键取出手持 PDA,选择【管理系统】→【运输作业】,如图 5-22 所示。根据提示扫描派车单,扫描完成后,根据界面显示,单击【进入】,如图 5-23 所示。然后,勾选序号<1>并单击【执行作业】,如图 5-24 所示。根据提示依次扫描笼车条码,如图 5-25 所示。

图 5-21　货物送达

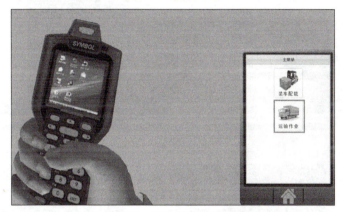

图 5-22　选择运输作业功能

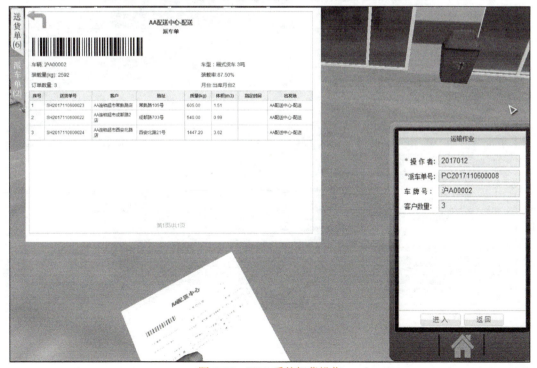

图 5-23　PDA 系统卸货操作

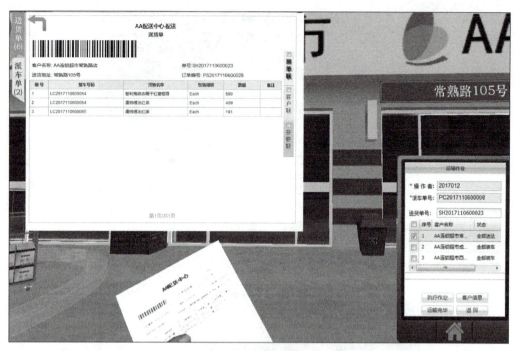

图 5-24　选择需卸货的订单

图 5-25　扫描笼车条码

3. 客户确认签收

走向签收人员,打开配送单,勾选客户联,双击鼠标左键确认签收,在手持 PDA 上也单击【确认签收】,如图 5-26 所示。用同样方法,根据导航路线,派送另外两个客户的货物,待所有货物配送完成后,在手持 PDA 上单击【运输完毕】。

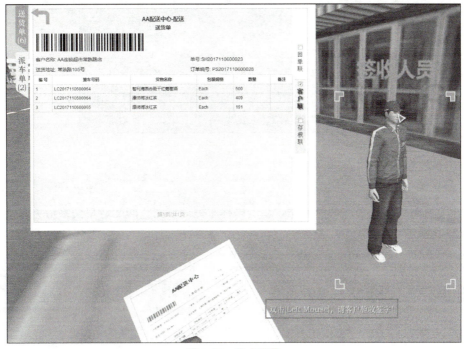

图 5-26　客户签收

4. 车辆返程归位

送完货物,根据导航路线返回仓库,如图 5-27 所示。用同样方法派送另一辆车的订单,派送完成后,车辆归位,如图 5-28 所示。

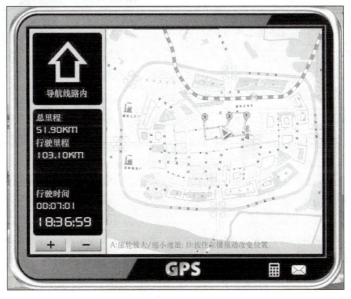

图 5-27　返航路线地图

图 5-28　返回配送中心

5. 配送单签收

货车驾驶员进入办公区的财务室，双击鼠标左键把送完货的配送单交给财务人员签收，如图 5-29 所示。

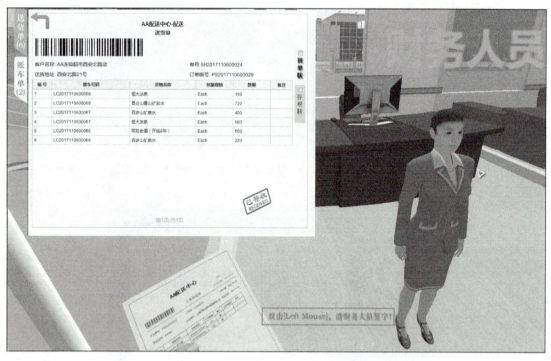

图 5-29　财务人员签收配送单

任务总结

学生在完成货物配送作业方案实施任务后，要根据方案实施过程中对货物配送作业环节和作业流程的执行情况及遇到的困惑进行反思和总结，撰写并提交个人总结报告，以便总结经验教训，举一反三。教师对学生的方案实施结果及提交的个人总结给出评价，并作为学生过程性考核成绩的一部分。

项目二

货物储配作业优化方案设计与实施

项目背景

我国仓储业在国家宏观调控政策的推动下，运作效率和仓储管理水平都具有良好的发展势头。AA零售连锁集团在国家政策的推动下，对所有分店实行统一采购、统一指挥、统一配送和分散销售。通过这种新型管理模式降低了货物损耗、库存成本，提高了货物周转率，从而降低了整个公司的运营成本。

通过近二十年的经营发展，AA零售连锁集团在全国范围的销售额逐年增长，在各个城市的门店数量也在不断增加。AA零售连锁集团作为一家零售企业，物流管理方面的发展速度也稳步前进。经过调查研究发现，AA配送中心的配送方式是符合企业的整体发展战略的。

随着上海地区的AA配送中心管理模式的转变，配送中心货物周转率得到很大的提升，使得库存周期变短，部分仓容长期处于闲置状态。为了消除闲置仓容，AA配送中心决定扩展经营业务范围，投资新项目。通过调查市场经营范围，了解不同类别货物的市场饱和度、容量和前景，探讨新项目的投资方向，从而确定投资的货物类别。

AA配送中心的设施设备已初具规模，虽然已产生了一定的规模效益，但还未真正发挥出积极的作用。在扩展经营业务后出现了一些问题，主要表现为：入库效率低，待验收货物积压严重；出库效率低，拣货货物异常；配送效率低，送货不及时；配送设施较落后，信息化水平低。为了支撑扩展的经营业务，如何减少库存积压、合理分工，降低货物流通费用等问题尤为重要。

这就需要AA配送中心从仓库管理、操作流程、配送方式及成本分析等方面对配送中心的运营进行优化，提高AA配送中心的仓容利用率，从而为各类货物的储配作业提供一套完善的解决方案。如何继续维持仓库的高效运营，作为一名仓储管理工作人员，通过对整个仓库的运营进行分析，你应该如何开展这一系列工作呢？

子项目六

货物储配作业优化方案设计与实施（单人作业）

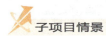 **子项目情景**

2016年12月29日，AA配送中心组织物流事业部的所有科室召开部门会议。

刘总先做了个简短的开场白："今天的会议就近期扩展经营业务后的仓储和配送作业工作做一个全面的总结，并对即将到来的"年货节"活动期间的仓储和配送作业工作进行合理的安排，下面大家就各工作组面临的关键性问题进行讨论。"

市场部曲经理说："我建议仓储部和配送部对配送中心运营过程给一个成本预算，这样有利于降低我们的成本，很好地进行成本控制。我建议成本预算主要从各种设备的使用费用、存储费用、人员成本等综合计算。"

仓储部陈经理说："仓储部对近期扩展业务期间物流部整体运营质量进行管理和监控，发现了诸多问题，其中库组的问题主要是入库效率降低，待验收货物积压严重；补货组的问题主要是货物种类繁多、补货量增加，使得补货作业异常情况不断；拣货组的问题主要是拣货策略设计不合理，使得出库效率低，拣货异常的情况时有发生。"说着又激动地站起来："我觉得在操作过程中，我们最好对储配作业的流程做一个作业计划分析，最好用甘特图形式表示出来，便于我们跟踪工作任务，并且能及时发现问题。"

配送部调度组的豆组长说："由于扩展了经营业务，整体配送效率低下，送货不及时。配送车辆一旦送货完成，返程时大部分都是空载运行。还有就是，配送车辆长时间奔波在路上，在配送车辆有限的情况下，使得配送效率降低，我建议改革我们的送货系统。"

通过这一系列的总结工作，物流事业部王经理对后续的"年货节"活动的储配工作进行了合理的安排，并提出事业部各部门应建立良好的合作关系，做好后续储配作业工作。

2016年12月30日，AA配送中心收到客户的配送订单，配送中心的工作人员需要进行订单处理工作、拣货工作、出库复核工作及配送工作。假如你是物流事业部的经理，该如何做好后续的货物储配工作，持续优化储配作业过程中的方案。

 学习目标

【知识目标】

1. 理解配送中心作业的流程。
2. 掌握配送中心作业优化的途径及方法。
3. 掌握配送中心成本构成及对应的核算方法。
4. 掌握配送中心作业成本控制的基本方法。

子项目六　货物储配作业优化方案设计与实施（单人作业）

【技能目标】
1. 能够根据方案设计任务书的要求设计完整的货物储配作业计划优化方案。
2. 能够根据货物储配作业优化方案的要求制订作业进度计划和作业成本预算。
3. 能够灵活运用 IWMS 和 IDMS 虚拟仿真系统完成货物储配作业优化方案的实施。

【素质目标】
1. 树立严谨认真的工作态度。
2. 培养吃苦耐劳的工作精神。

任务一　货物储配作业优化方案设计

知识链接

配送中心作为提供货物仓储与配送一体化物流综合服务的供应链物流网络节点企业，其作业效率与服务水平直接关系到上游供应商和下游客户的切身利益。因此，如何提升配送中心的运营管理绩效已成为其向供应商与客户提供优质物流服务的关键所在，也是提升配送中心自身经营效益的主要途径。

一、配送中心货物储配作业流程

配送中心货物储配作业内容主要包括订单处理、进货、验收、储存、拣选、配货、配装、出货检查和送货等作业项目，作业流程如图 6-1 所示。

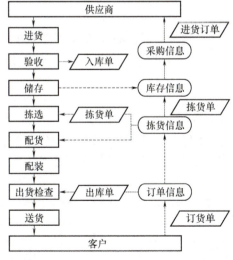

图 6-1　配送中心货物储配作业流程

（一）进货作业

1. 进货作业的基本流程

进货作业包括接货、卸货、验收入库，然后将有关信息书面化等一系列工作。

2. 货物编码

进货作业是货物储配作业的首要环节。为了使后续作业准确而高效进行，并使货物品质及作业效率得到有效保证，在进货阶段对货物进行有效编码是一项十分重要的内容。编码的结构应尽量简单，长度尽量短，一方面方便记忆，另一方面也可以节省机器的存储空间，减少代码处理中的差错，提高信息处理效率。常用的编码方法有顺序码、数字分段码、分组编码、实际意义编码、后位数编码和暗示编码。

3. 货物分类

货物分类是将多品种货物按其性质或其他条件逐次区别，分别归入不同的货物类别，并进行系统的排列，以提高作业效率。

在实际操作中，对品项较多的分类储存，可分为两个阶段，上下两层输送同时进行。

（1）按照品项进行分类：首先由条码读取机读取箱子上的物流条码，依照品项做出分类，再决定归属上层或下层的存储输送线。存储输送线上层、下层的条码读取机再次读取条码，并将箱子分门别类地放到各个存储线上。

（2）按照预先设定的层数分类：在每条存储线的分流机上，箱子在托盘上一层层地堆叠，堆到预先设定的层数后完成分类。当箱子组合满一层托盘时，就被送入中心部（利用堆块，使其排列整齐）。最后，操作员用叉车或堆高机将分类好的货物依类运送到储存场所。

4. 货物验收检查

货物验收是对产品的质量和数量进行检查的工作，其验收标准及内容如下：

（1）货物验收的标准：采购合同或订单所规定的具体要求和条件；采购合同中的规格或图解；议价时的合格样品；各类产品的国家品质标准或国际标准。

（2）货物验收的内容：质量验收；包装验收；数量验收。

5. 货物入库信息处理

到达配送中心的商品，经验收确认后，必须填写"验收单"，并将有关入库信息及时准确地录入库存商品信息管理系统，以便及时更新库存商品的有关数据。

（二）储存作业

1. 配送中心货物储存的依据

（1）货物的属性：根据货物的属性，通常可以把货物分为普通商品或特殊商品两大类。一般来说，普通商品适合存放在立库存储区，而特殊商品（如易燃、易爆、有毒的商品）适合存放在重型货架存储区。

（2）物动量 ABC 分类结果：根据商品的物动量 ABC 分类结果，通常 A 类商品适合存放在货架的第一层；B 类商品适合存放在货架的第二层；C 类商品适合存放在货架的第三层。

2. 配送中心货物储存的原则

（1）分类分区的原则。

（2）先进先出的原则。

（3）上轻下重的原则。

3. 配送中心货物储存的形态

（1）整托货物的存储。

（2）整箱货物的存储。
（3）整件货物的存储。

（三）订单处理

1. 订单处理的含义

从接到客户订单开始到准备着手拣货之间的作业阶段称为订单处理，包括有关客户和订单的资料确认、存货查询与分配、缺货处理、打印拣货单和出库单。

2. 订单处理的内容和步骤

订单处理分人工处理和计算机处理两种形式。人工处理具有较大弹性，适用于少量订单的处理，一旦订单数量稍多，处理将变得缓慢且容易出错；计算机处理速度快、效率高、成本低，适合大量订单的处理。订单处理的内容和步骤如图6-2所示。

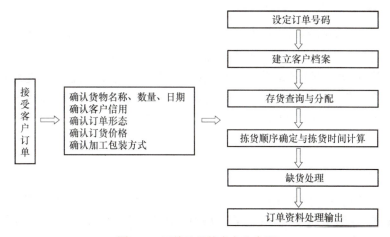

图6-2　订单处理的内容和步骤

3. 订单确认

配送中心接到客户订单后，必须对相关事项进行确认。主要包括如下几个方面：

（1）货物数量等内容的确认。检查品名、数量、送货日期等是否有遗漏、笔误或不符合公司要求的情形。尤其当送货时间有问题或出货时间已延迟时，更需要与客户再次确认订单内容或更正运送时间。

（2）客户信息的确认。不论订单是由何种方式传至公司的，配送中心都要核查客户的财务状况，以确定其是否有能力支付该订单的账款。通常的做法是检查客户的累计应收账款是否已经超过其信用额度。

（3）订单形态的确认。

（4）订单价格的确认。不同客户、不同的订购批量，可能对应不同的售价，因而输入价格时系统应加以检查。若输入的价格不符，系统应加以锁定，以便主管审核。

（5）加工包装的确认。客户订购的商品是否有特殊的包装、分装或贴标要求，或是有关赠品的包装等资料系统都需加以专门的确认记录。

（四）拣货作业

拣货作业是配送中心作业的中心环节。所谓拣货，是依据客户的订货要求或配送中心的作业计划，尽可能快速、准确地将货物从储位或其他区域拣取出来的作业过程。拣货作业系统的重要组成要素包括拣货单位、拣货方式、拣货策略、拣货信息、拣货设备等。

1．拣货作业流程

在配送作业环节中，拣货作业不仅工作量大，工艺复杂，而且要求作业时间短，准确度高，服务质量好。拣货作业的流程如下：制作拣货作业单据、制定拣货策略、安排拣货路径、分派拣货人员、拣货操作。

整个拣货作业所耗费的时间主要包括以下四个部分：

（1）订单或送货单经过信息处理过程，形成拣货指示的时间。

（2）行走或搬运货物的时间。

（3）准确找到货物的储位并确认所拣货物及数量的时间。

（4）拣货完毕后，将货物分类集中的时间。

2．拣货方式

拣货作业最简单的划分方式，是将其分为按单拣取、批量拣取与复合拣取三种方式。按单拣取是分别按每份订单拣货；批量拣取是多张订单累积成一批，汇总后形成拣货单，然后根据拣货单的指示一次拣取货物，再根据订单进行分类；复合拣取是将以上两种方式组合起来的拣货方式，即根据订单的品种、数量及出库频率，确定哪些订单适合按单拣取，哪些订单适合批量拣取，然后分别采取不同的拣货方式。

（五）配货作业和送货作业

1．配货作业

配货作业是指把拣取分类完成的货物经过配货检查过程后，装入容器和做好标示，再运到配货准备区，待装车后发货。配货作业既可采用人工作业方式，也可采用人机作业方式，还可以采用自动化作业方式，但组织方式有一定区别。

2．送货作业

送货作业是利用配送车辆把客户订购的货物从制造厂、生产基地、批发商、经销商或配送中心送到客户手中的过程。送货通常是一种短距离、小批量、高频率的运输形式，它以服务为目标，以尽可能满足客户需求为宗旨。

在送货作业各阶段的操作过程中，需要注意的要点有：

（1）明确订单的内容。

（2）掌握货物的性质。

（3）明确具体配送地点。

（4）适当选择配送车辆。

（5）选择最优的配送路线。

（6）充分考虑各作业点的装卸时间。

二、配送中心货物储配作业优化

货物储配作业效率直接关系到配送中心的运营绩效，因此如何通过配送中心各个作业环节的优化，提高配送中心的运营效率，对配送中心具有十分重要的作用和意义。配送中心可从货位优化、盘点多级化、拣选路径优化、配送作业优化等方面来提高配送中心的运营效率。

1. 货位优化，提高出入库作业效率

配送中心按照每种货物的存储要求和特点，将仓储空间分割成若干区域，形成分类分区的存储货位，同时将货位按其分类用简明的文字、符号或数字有序地排列，形成有规则的货位编号。这样既方便货物的入库作业，又方便货物的出库作业，能够大大提高出入库的作业效率。

2. 盘点多级化，提高盘点的准确率和作业效率

配送中心对参加初盘、复盘、抽盘和监盘的人员根据盘点管理程序进行专业化的培训，使盘点人员对盘点的程序、方法和盘点使用的表单等有充分而系统的了解；由于复盘人员和监盘人员对货物大多不熟悉，应该提高复盘人员和监盘人员对货物的识别能力，有利于提高盘点的准确率和作业效率。

3. 拣选路径优化，提高拣选作业效率

配送中心根据出库订单的密度和属性，科学合理地规划拣货路径，能够大大缩短拣货员的行走距离或拣货设备的搬运距离，降低拣货员的工作量，提高拣货作业效率。

4. 配送作业优化，提高车辆装载率

配送中心依据客户订单、客户分布、运输距离等要素运用节约里程法优化配送路线，依据货物的体积、形状、重量、运输、装卸条件等要素选择最佳的装载方法，既可以提高车辆装载率，又可以降低配送成本，提高配送作业效率。另外，配送中心还可通过"返程运输项目"降低车辆空载率。

三、配送中心作业成本分析

（一）仓储成本分析

1. 仓储成本的定义

仓储成本是仓储企业在储存货物的过程中，即装卸搬运、存储保管、流通加工、货物出库、货物入库等各业务活动，以及建造、购置仓库等设施、设备所消耗的人力、物力、财力及风险成本的总和。仓储成本在企业物流成本管理中具有以下特点：复杂性、存在较大的利润空间和效益背反性。

2. 仓储成本的核算

仓储成本核算项目包括人工费、保管费、折旧费、修理费、动力费、租赁费、仓储损失及其他费用等。

为了合理地计算仓储成本，有效监控仓储过程中的费用来源，可以按支付形态、仓储活动项目或适用对象等不同方法计算仓储成本。

按支付形态计算仓储成本：按仓储搬运费、仓储保管费、材料消耗费、人工费、仓储管理费、仓储占用资金利息等支付形态分类计算仓储成本的总额。

按仓储活动项目计算仓储成本：按不同的支付形态计算仓储成本，把仓储成本总额按照项目区分开来，从而达到控制仓储成本的目的。

按适用对象计算仓储成本：按产品、地区的不同分别计算仓储成本，计算出各单位仓储成本与销售金额或毛收入所占比例，及时发现仓储过程存在的问题。

3. 仓储成本管理

仓储成本是指伴随着物流仓储活动而发生的各种费用，它的高低直接影响着企业的利

润水平。因此，合理地控制仓储成本，加强仓储成本管理是企业物流管理的一项重要内容。

仓储不合理主要表现在两个方面：一方面是由于技术不合理造成的货物损失；另一方面是仓储管理、组织不合理，不能充分地发挥仓储作为一个利润源泉的作用。下面了解降低仓储成本的几种措施：

（1）合理选择仓库的类型：选择仓库的类型时需要考虑仓库的特点、存货周转量、货物需求的稳定性和市场密度等因素。存货周转量越高，货物的需求越稳定、市场密度越大，使用自有仓库就越经济；反之就应选择公共仓库。

（2）充分利用空间，减少设施投资：充分利用仓库空间，提高库容利用率；减少储存设施的投资，提高单位存储面积的利用率，以降低成本、减少土地占用。

（3）采用先进先出的方式，减少仓储物的保管风险：采用贯通式货架系统、"双仓式"储存、计算机存取系统实现先进先出，以保证每个被储物的储存期不至过长，减少仓储物的保管风险。

（4）采用有效的储存定位系统，提高仓储作业效率：采用"四号定位"方式、电子计算机定位系统进行定位，节约寻找、存放、取出的时间，减少物化劳动及活劳动，并且能防止差错，便于清点及实行订货点等方式。

（5）采用有效的监测清点方式，提高仓储作业的准确程度：采用"五五化"堆码、光电识别系统和电子计算机监控系统进行监测清点，有利于掌握仓储的基本情况和科学的控制库存。

（6）加速存货周转，提高资金利用率，从而降低仓储成本：使企业的资金循环周转快，资本增值快，货损货差小，仓库吞吐能力增强，成本下降。

（7）加强劳动管理，降低仓储管理成本：将高素质劳动者和现代化机械设备有效结合，才能充分发挥仓库和机械设备的作用。

（8）应用现代信息技术降低仓储成本：实现企业内各部门之间的信息共享，加快资金周转，降低货物损失，提高仓储设施的利用率。

（二）配送成本分析

1．配送成本的定义

配送成本是配送过程中所消耗的物化和活劳动的货币表现，为了开展配送业务所发生的各种费用，总体来说配送成本包括直接费用和间接费用。根据配送流程及配送环节进行核算，配送成本包含配送运输费用、配装费用和流通加工费用等。

2．配送成本核算

配送成本核算是多环节的核算，是各个配送环节或活动的集成。在实际核算时只对涉及的活动进行核算，费用核算要避免配送成本费用重复交叉、夸大或减少费用支出。

在进行配送成本核算时，应对每个环节核算各成本核算对象的总成本。总成本是成本核算期内成本核算对象的成本总额，即各个成本项目金额之和。公式为

$$配送成本 = 配送运输费用 + 配装费用 + 流通加工费用$$

配送运输费用的核算是指配送车辆在完成配送货物过程中所发生的各种车辆费用和配送间接费用，按照规定的成本核算对象和成本项目进行核算，数据来源于工资及职工福利费、燃料费、轮胎费、修理费、折旧费、养路费及运输管理费、车船使用税、行车事故损失和其他费用及营运间接费用。

配装费用的核算是指在完成配装货物过程中所发生的各种费用，按照规定的成本核算对象和成本项目进行核算，其数据来源于工资及福利费、材料费用、辅助材料费用、配装间接费用和其他费用。

流通加工费用的核算是指将需要加工的货物在流通加工过程中所发生的各种费用总和起来，按照特有的成本核算项目进行核算，其数据来源于材料费用、人工费用和制造费用。

3. 配送成本管理

配送成本是物流配送活动中所发生的人力、物力和财力的总和，它在整个物流成本中占有较高的比例，其高低会受到各种因素的影响。因此，在进行配送成本管理的过程中，必须分析配送成本的构成和影响配送成本高低的因素，采取适当的措施控制不必要的开支，为企业创造更多的利润。

配送成本不合理的原因主要有：配送计划性不强，设计不合理；配送设备落后，分拣效率低下；配送资源筹措不合理；库存决策不合理；配送价格不合理；配送成本管理不到位。

物流配送的管理就是在物流配送的目标，即满足一定的客户服务水平，与物流配送成本之间寻求平衡。配送成本管理的途径有以下几种方式：

（1）选择合理的配送作业策略：混合策略；差异化策略；合并策略；延迟策略；标准化策略。

（2）提高配送作业效率：优化措施主要包括加强配送作业的计划性、优化配送路线、合理配装各项货物。

（3）优化配送信息系统：引入自动化的仪器设备，有效节省人力资源，简化各种配送作业，最终降低成本。

（4）优化配送成本管理目标：表面上看是以更高的服务质量、更低的作业成本完成各个客户的配送。但这只是管理上的目标，还需从更深层次去分析，即从账务角度分析，并导入目标成本管理，建立目标成本管理体系。设定一些具体指标，如成本、净利润等分目标来进行具体控制。

四、配送中心作业成本控制

（一）仓储成本控制

仓储成本控制是指运用以成本会计为主的各种方法，预定仓储成本限额，按限额分配储存成本和储存费用，以实际仓储成本与仓储成本限额比较，衡量仓储活动的成绩和效果，并以例外管理原则纠正不利差异，以提高工作效率，实现以致超过预期的仓储成本控制限额。

仓储成本控制遵循"经济性原则"，在仓储成本和客户服务水平之间寻找平衡点，解决何时订货、订多少货、货存何处、存什么货、货物种类与仓储搭配等问题。其重要性主要体现在以下三个方面：企业增加盈利的"第三利润源泉"；抵抗内外压力、求得生存和扩展的主要保障；企业持续发展的基础。

仓储成本控制的方法主要有经济批量法、订货点控制法、固定订货周期控制法、存货的 ABC 分类控制法和 CVA 存货控制法。

1. 经济批量法

经济批量是使一定时期存货的总成本最低的每批订货数量，模型中相关成本包括变动的订货成本和变动的储存成本，这两部分成本之和最小，就能保证存货总成本最小，此时的订货批量就是最佳的经济批量。

2. 订货点控制法

最理想的订货点应是当下批货物运达仓库时，仓库库存正好用完，这一储存量是在正常情况下的最低储存量，又称正常储存量。为了应对非正常因素发生而增加的储备称为安全储备量。订货点的计算公式为

$$订货点 = 正常储存量 + 安全储备量$$

其中：

$$正常储存量 = 平均日需求量 \times 平均到货时间$$
$$安全储备量 = （预计每天最大耗用量 - 平均日需求量）\times 提前期$$

3. 固定订货周期控制法

一般依据产品需求量的预测，确定一个比较恰当的最高库存额，在每个周期将要结束时，对存货进行盘点来决定订货量，使得货物到达后库存量刚好到达原定的最高库存额。

4. 存货的 ABC 分类控制法

利用 ABC 分类控制法对仓储货物根据其种类、数量、价值、性质等因素进行综合分析，解决各类货物的结构关系、储存量、重点管理、技术措施等合理化问题，分别确定各种货物的合理储存量，采用合理的储存方法，分门别类地进行仓储成本控制。

5. CVA 存货控制法

CVA 存货控制法是对 ABC 分类控制法的有益补充，将货物分为最高优先级、较高优先级、中等优先级和较低优先级四个等级，不同等级的货物允许缺货的程度是不同的。

（二）配送成本控制

配送成本控制是指在配送经营过程中，按照规定的标准调节影响成本的各种因素，使配送各环节生产耗费控制在预定的范围内。由于配送是一个多环节物流活动的集成，配送成本是由多环节的成本费用组成的，对配送成本的控制也是对各环节成本的分项控制，所以对配送成本的控制要有系统的观点，使配送成本费用控制在预定范围内。

配送成本控制不仅是客户考虑的内容，也是配送中心考虑的内容。配送成本控制的方法包括绝对成本控制法和相对成本控制法。

1. 绝对成本控制法

绝对成本控制法是把成本支出控制在一个绝对金额以内的成本控制方法。从节约各种费用支出，杜绝浪费的途径进行配送成本控制，把营运过程中发生的各环节的一切费用支出都列入成本控制范围。

标准成本和预算控制是绝对成本控制的主要方法。标准成本按直接材料、直接工资和制造费用等项目进行制定，用"标准消耗量 × 标准价格"的公式来确定。

（1）直接材料标准成本的制定，首先从技术部门取得各作业过程的技术文件，提供各作业过程所需各种材料的消耗量，还需从供应部门取得每种材料的标准单价，把各种材料的标准消耗量乘其标准单价。计算公式为

$$配送各环节直接材料标准成本 = 直接材料标准数量 \times 直接材料标准价格$$

（2）直接人工标准成本的制定包括制定标准工作时间和标准价格，其中标准工作时间（简称标准工时）通过时间研究和动作研究，按装卸搬运工序、拣货、配装工序及工人必要的停工时间等

来制定，标准价格以每一标准工时应分配的工资乘以职工工时标准为基础来确定的。计算公式为

$$配送某环节直接人工标准成本 = 直接人工标准时间 \times 直接人工标准价格$$

（3）制造费用标准成本的制定需要考虑数量标准和费用率标准两个因素，其中数量标准是正常生产条件下生产单位产品所需的标准工作时间，费用率标准是每标准工时所负担的制造费用。计算公式为

$$制造费用标准成本 = 费用率 \times 标准工时$$
$$费用率 = 制造费用预算 / 标准总工时$$

2. 相对成本控制法

相对成本控制法是通过成本与产值、利润、质量和功能等因素的对比分析，寻求在一定制约下取得最优经济效益的一种控制方法。这就关系到标准成本差异问题，是实际成本与标准成本之间的差额。实际成本低于标准成本的差异为节约差异，实际成本高于标准成本的差异为超支差异。

（1）直接材料的成本差异分析，分为直接材料数量差异和直接材料价格差异分析。计算公式为

$$直接材料数量差异 = （实际用量 - 标准数量） \times 标准价格$$
$$直接材料价格差异 = （实际价格 - 标准价格） \times 实际用量$$

（2）直接人工差异分析，分为直接人工效率差异和直接人工工资率差异分析。计算公式为

$$直接人工效率差异 = （实际工时 - 标准工时） \times 标准工资率$$
$$直接人工工资率差异 = （实际工资率 - 标准工资率） \times 实际工时$$

（3）制造费用差异分析，是制造费用的实际发生额与标准发生额之间的差异分析。

方案设计任务书

方案设计任务书	
子项目名称	货物储配作业优化方案设计与实施（单人作业）
任务描述	借助 IWMS 与 IDMS 虚拟运营软件，通过完成货物的储配综合作业，达到熟练掌握优化储配作业流程的目的
任务成果	货物储配作业优化设计方案 IWMS、IDMS 虚拟运营软件操作规范正确
模仿训练内容	配送中心因为客户业务的扩大，仓库储存货物的品种和数量都大大增加，出库订单量也逐步增加。2016 年 12 月 29 日 16:00，AA 配送中心收到一批出库订单，订单数量较多，根据出库订单显示，配送时间为 12 月 30 日 18:00。首先需要进行订单分析，然后查询配送中心的库存，如果库存量不足或断货及时进行进货或补货（假定进货的货物可以及时入库，不影响出库配送时间），在出库订单的时间允许范围内，补货完成后再及时进行出库配送 经查询可知，出库货物属于"副食品"类别，首先安排人员对近一个月（12 月 1 日—12 月 28 日）的"商品进出货流水账"报表中"副食品"类别进行 ABC 分类 2016 年 12 月 30 日 8:00，仓储主管先完成前一天入库单上货物的入库验收与上架作业，然后再完成出库订单上货物的出库作业，作为配送中心的仓储主管，需要根据出库订单的时间，负责组织和完成此批订单的出库业务 其中，入库单和出库货物明细见下表：

<table>
<tr><td colspan="7" align="center">入库单</td></tr>
<tr><td colspan="4">货　主：AA 配送中心</td><td colspan="3">订单日期：2016 年 12 月 29 日</td></tr>
<tr><td colspan="4">供应商：DD 副食品发展有限公司</td><td colspan="3">预到日期：2016 年 12 月 30 日</td></tr>
<tr><td>货物编码</td><td>货物名称</td><td>单位</td><td>数量</td><td>单价（元）</td><td>金额（元）</td><td>备注</td></tr>
<tr><td>0302001</td><td>厨师红烧牛肉米饭</td><td>桶</td><td>648</td><td>16</td><td>10368</td><td></td></tr>
<tr><td colspan="7">其中，出库单见下表：</td></tr>
</table>

（续）

方案设计任务书				
出库货物明细				
客户	货物编码	货物名称	单位	订货数量
AA 连锁超市合肥路 2 店	0301001	康师傅红烧牛肉面	包	12
	0304001	欢乐家黄桃罐头	件	8
	0305004	阿一波橄榄菜	瓶	6
AA 连锁超市西安北路店	0301001	康师傅红烧牛肉面	包	18
	0304001	欢乐家黄桃罐头	件	6
	0305002	乌江涪陵榨菜	包	18
AA 连锁超市太原路店	0301001	康师傅红烧牛肉面	包	16
	0305002	乌江涪陵榨菜	包	16
	0305004	阿一波橄榄菜	瓶	8
AA 连锁超市杭州路店	0304001	欢乐家黄桃罐头	件	4
	0305002	乌江涪陵榨菜	包	26
	0305004	阿一波橄榄菜	瓶	5
AA 连锁超市西安路店	0301001	康师傅红烧牛肉面	包	20
	0304001	欢乐家黄桃罐头	件	18
	0305002	乌江涪陵榨菜	包	40
	0305004	阿一波橄榄菜	瓶	5

模仿训练内容

2016 年 12 月 30 日上午，AA 配送中心需要将前一天下午接到的 3 个配送订单进行配送作业，根据公司的物流配送服务水平，需要在 4h 内完成货物配送到门店。要配送的货物前一天已经出库完成等待配送，作为配送部门的主要负责人，请设计正确合理的配送作业计划。配送作业的订单数据已经在 IDMS 虚拟运营软件中录好，具体数据见下表：

送货单 1

客户名称：AA 连锁超市成都路 2 店　　　　　　　　　　送货时间：12:00
送货地址：成都路 703 号　　　　　　　　　　　　　　订单编号：PS2016123000001
联系人：贺兰兰　　　　　　　　　　　　　　　　　　联系电话：021-8285

货物代码	货物名称	重量/kg	数量（件）	备注
0301004	五谷道场方便面	198	360	
0304001	欢乐家黄桃罐头	270	300	
0306003	双汇 Q 趣火腿	952	280	
合计		1420	940	

送货单 2

客户名称：AA 连锁超市西安北路店　　　　　　　　　　送货时间：12:00
送货地址：西安北路店 21 号　　　　　　　　　　　　　订单编号：PS2016123000002
联系人：白小玲　　　　　　　　　　　　　　　　　　联系电话：021-8860

货物代码	货物名称	重量/kg	数量（件）	备注
0301004	五谷道场方便面	187	340	
0304003	平西府牛肉火锅罐头	190	380	
0306003	双汇 Q 趣火腿	612	180	
合计		989	900	

（续）

<table>
<tr><td colspan="2" align="center">方案设计任务书</td></tr>
<tr><td rowspan="2" align="center">模仿训练
内容</td><td>

送货单 3

客户名称：AA 连锁超市杭州路店　　　　　　**送货时间**：12:00

送货地址：杭州路 655 号　　　　　　　　　　**订单编号**：PS2016123000003

联 系 人：徐文静　　　　　　　　　　　　　**联系电话**：021-8760

货物代码	货物名称	重量/kg	数量（件）	备注
0304001	欢乐家黄桃罐头	270	300	
0304003	平西府牛肉火锅罐头	135	270	
0306004	双汇王中王	210	350	
	合计	615	920	

任务要求：

1. 结合附录 D 中的资料对每个出库订单进行客户订单有效性分析。
2. 对有效的出库订单进行分析，在时间允许范围内，如果配送中心库存量不足或断货应及时进行进货，制订进货计划（订货不需要计算经济批量，如需要订货，只需要向供应商订购一托盘货物即可）。
3. 对配送中心的"副食品"货物进行 ABC 分类，设计出货物的库存管理方式。
4. 根据入库货物的属性和库存管理方式，安排入库车辆的停靠月台，进行货物验收、堆码设计和上架储位安排。
5. 根据 ABC 货物分类结果和当前库存安排，对本次出库货物的拣货区的储位进行优化调整，制订移库计划。
6. 对有效的出库订单进行分析，在时间允许范围内，如果拣货区库存量不足或断货应及时进行补货，制订补货计划（拣货区补货只需通过查询库存判断是否需要补货，对本次出库单中需要补货的货物，补货数量为补充到该储位的最大库存容量即可）。
7. 根据有效出库订单、当前库存量和货物原始储存区等相关信息进行订单分析，选择合适的拣货方式、拣货策略和拣货路径。
8. 配送运输采用笼车集装方式，每个笼车最大载重 500kg，根据订单货物总重量，计算每个订单需要笼车装载的数量。
9. 在 IDMS 配送管理信息系统中，调查各个客户的位置（绘制或软件截图表示），导出距离矩阵表。
10. 根据客户分布及客户对配送作业的要求，综合考虑配送作业成本进行配送路线优化的方案设计，确定送货车辆的选型和配送路线。
11. 根据配送路线安排的结果，确定配送顺序进行装车配载，并绘制车辆配载示意图。
12. 本次作业模拟一天中 AA 配送中心的运作情景，其中需要处理的作业包括订货、入库、出库、补货、移库、配送等作业内容。根据以上设计的结果，按照时间先后顺序和作业内容将一天的仓储和配送作业的内容编制成作业进度计划表，并用甘特图体现作业进度计划和优化实施过程的内容。
13. 在明确了 12 月 30 日一天要进行的仓储配送作业基础上，对这一天要进行的所有事情的成本进行预算，包括作业过程可能发生的各种费用项目及相应的预算金额。

</td></tr>
<tr></tr>
<tr><td align="center">强化训练
内容</td><td>

配送中心因为客户业务的扩大，仓库储存货物的品种和数量都大大增加，出库订单量也逐步增加。2016 年 12 月 30 日 16:00，AA 配送中心收到一批出库订单，订单数量较多，根据出库订单显示，配送时间为 12 月 30 日 18:00。首先需要进行订单分析，然后查配送中心的库存，如果库存不足或断货应及时进行进货或补货（假定进货的货物可以及时入库，不影响出库配送时间），在出库订单的时间允许范围内，补货完成后及时进行出库配送。

经查询可知，出库货物属于"日用百货"类别，首先安排人员对近一个月（12 月 1 日—12 月 28 日）的"商品进出货流水账"报表中"日用百货"类别进行 ABC 分类。

2016 年 12 月 30 日 8:00，仓储主管先完成前一天入库单上货物的入库验收与上架作业，然后再完成出库订单上货物的出库作业，作为配送中心的仓储主管，需要根据出库订单的时间，负责组织和完成此批订单的出库业务。

其中，入库单和出库货物明细见下表：

入库单

货　主：AA 配送中心　　　　　　　　　　　　订单日期：2016 年 12 月 29 日
供应商：FF 日用百货有限公司　　　　　　　　预到日期：2016 年 12 月 30 日

货物编号	货物名称	单位	数量	单价（元）	金额（元）	备注
0503001	六神喷雾艾叶花露水	瓶	972	18	17496	

其中，出库单见下表：

</td></tr>
</table>

（续）

	方案设计任务书			
	出库货物明细			
客户	货物编码	货物名称	单位	订货数量
AA 连锁超市厦门路 1 店	0501002	Zippo 打火机	包	4
	0503002	科比防风煤油打火机	袋	12
	0504002	水果蔬菜收纳架	件	5
AA 连锁超市合肥路 1 店	0502003	枪手无味杀虫气雾剂	桶	6
	0503002	科比防风煤油打火机	袋	8
	0504002	水果蔬菜收纳架	件	3
AA 连锁超市石家庄路店	0504002	水果蔬菜收纳架	件	5
	0501002	Zippo 打火机	包	5
	0502003	枪手无味杀虫气雾剂	桶	4
AA 连锁超市郑州路 1 店	0504002	水果蔬菜收纳架	件	3
	0501002	Zippo 打火机	包	3
	0502003	枪手无味杀虫气雾剂	桶	6
	0503002	科比防风煤油打火机	袋	10
AA 连锁超市苏州路店	0501002	Zippo 打火机	包	12
	0502003	枪手无味杀虫气雾剂	桶	8
	0503002	科比防风煤油打火机	袋	20

强化训练内容

2016 年 12 月 30 日上午，AA 配送中心需要将前一天下午接到的 3 个配送订单进行配送作业，根据公司的物流配送服务水平，需要在 4h 内完成货物配送到门店。要配送的货物前一天已经出库完成等待配送，作为配送部门的主要负责人，请设计正确合理的配送作业计划。配送作业的订单数据已经在 IDMS 虚拟运营软件中录好，具体数据见下表：

送货单 1

客户名称：AA 连锁超市苏州路店　　　　　　　送货时间：12:00
送货地址：苏州路 1168 号　　　　　　　　　　订单编号：PS2016123000004
联系人：霍敏轩　　　　　　　　　　　　　　　联系电话：021-8200■■■

货物代码	货物名称	重量/kg	数量（件）	备注
0502003	枪手无味杀虫气雾剂	144.9	230	
0503001	六神喷雾艾叶花露水	56	280	
0504003	抗菌竹子砧板	360	180	
0506001	多功能五金工具箱	750	150	
合计		1310.9	840	

送货单 2

客户名称：AA 连锁超市石家庄路店　　　　　　送货时间：12:00
送货地址：石家庄路 6 号　　　　　　　　　　　订单编号：PS2016123000005
联系人：赵小玥　　　　　　　　　　　　　　　联系电话：021-8326■■■

货物代码	货物名称	重量/kg	数量（件）	备注
0502003	枪手无味杀虫气雾剂	163.8	260	
0504003	抗菌竹子砧板	380	190	
0506001	多功能五金工具箱	450	90	
合计		993.8	540	

子项目六 货物储配作业优化方案设计与实施（单人作业）

（续）

<table>
<tr><td colspan="2" align="center">方案设计任务书</td></tr>
<tr><td rowspan="20">强化训练内容</td><td>
送货单 3

客户名称：AA 连锁超市郑州路 1 店　　　　　送货时间：12:00
送货地址：郑州路 1126 号　　　　　　　　　订单编号：PS2016123000006
联 系 人：刘妮娜　　　　　　　　　　　　　联系电话：021-8756

货物代码	货物名称	重量/kg	数量（件）	备注
0503001	六神喷雾艾叶花露水	60	300	
0504003	抗菌竹子砧板	420	210	
0506001	多功能五金工具箱	400	80	
	合计	880	590	

任务要求：
1. 结合附录 D 中的资料对每个出库订单进行客户订单有效性分析
2. 对有效的出库订单进行分析，在时间允许范围内，如果配送中心库存量不足或断货应及时进行进货，制订进货计划（订货不需要计算经济批量，如需要订货，只需要向供应商订购一托盘货物即可）
3. 对配送中心的"日用百货"货物进行 ABC 分类，设计出货物的库存管理方式
4. 根据入库货物的属性和库存管理方式，安排入库车辆的停靠月台，进行货物验收、堆码设计和上架储位安排
5. 根据 ABC 货物分类结果和当前库存安排，对本次出库货物的拣货区的储位进行优化调整，制订移库计划
6. 对有效的出库订单进行分析，在时间允许范围内，如果拣货区库存量不足或断货应及时进行补货，制订补货计划（拣货区补货只需通过查询库存判断是否需要补货，对本次出库单中需要补货的货物，补货数量为补充到该库位的最大库存容量即可）
7. 根据有效出库订单、当前库存量和货物原始储存区等相关信息进行订单分析，选择合适的拣货方式、拣货策略和拣货路径
8. 配送运输采用笼车集装方式，每个笼车最大载重 500kg，根据订单货物总重量，计算每个订单需要笼车装载的数量
9. 在 IDMS 配送管理信息系统中，调查各个客户的位置（绘制或软件截图表示），导出距离矩阵表
10. 根据客户分布及客户对配送作业的要求，综合考虑配送作业成本进行配送路线优化的方案设计，确定送货车辆的选型和配送路线
11. 根据配送路线安排的结果，确定配送顺序进行装车配载，并绘制车辆配载示意图
12. 本次作业模拟一天中 AA 配送中心的运作情景，其中需要处理的作业包括订货、入库、出库、补货、移库、配送等作业内容。根据以上设计的结果，按照时间先后顺序和作业内容将一天的仓储和配送作业的内容编制成作业进度计划表，并用甘特图体现作业进度计划和优化实施过程的内容
13. 在明确了 12 月 30 日一天要进行的仓储配送作业基础上，对这一天要进行的所有事情的成本进行预算，包括作业过程可能发生的各种费用项目及相应的预算金额
</td></tr>
<tr><td colspan="2" align="center">子项目方案设计任务书说明</td></tr>
<tr><td colspan="2">针对任务书给出的模仿训练数据和强化训练数据，学生首先在课堂中和教师一起学习储配作业优化的各个理论知识点，学习方案设计的流程和优化要点，熟悉 IWMS 与 IDMS 虚拟运营软件的操作方法和流程，然后根据教师课堂的演示进行模仿练习，最后结合知识链接中的知识、管理技能、附录 C 中的方案模板和强化训练数据进行优化方案设计</td></tr>
</table>

任务总结

学生在完成配送中心货物储配作业优化方案设计任务后，要根据方案设计过程中对订单处理、进货、装卸搬运、储存、拣货、配装、送货和送达等作业环节及其流程优化时遇到的困惑进行反思和总结，撰写个人总结报告，以便总结经验教训，举一反三，最后提交个人总结报告和货物储配送作业方案。教师对学生提交的设计方案和个人总结给出评价，作为学生过程性考核成绩的一部分。

任务二　货物储配作业优化方案实施

技能链接

（一）货物储配作业优化

货物储配作业优化的重点在于控制储配作业的成本，尽量缩短储配作业时间，从而提高配送中心的运营效率。在实际操作中，通常从进货、装卸搬运、储存、拣货、配装、送货和送达等作业项目中实现作业效率的优化。

（二）作业进度计划制订

货物储配作业进度计划的目的是将总任务按时间进度分解成为周、日、时的工作任务，将活动和时间形象地表现出来，以便调整工时，计算单项活动和整个项目的时间。

作业进度计划主要包括作业进度计划表和作业计划甘特图两部分内容。在实际操作中，根据货物储配作业项目任务要求，结合作业者的操作熟练程度，编制货物入库作业、库内作业、出库作业及配送作业进度计划表；然后依据作业进度计划表绘制作业进度计划甘特图。

（三）作业成本预算

作业成本预算遵循"经济性原则"，在作业成本和客户服务水平之间寻找平衡点，解决货物储配作业过程中的一系列问题。货物储配作业成本包括仓储成本和配送成本两部分内容。仓储成本控制的方法主要有经济批量法、订货点控制法、固定订货周期控制法、存货的ABC分类控制法和CVA存货控制法等。配送成本控制的方法包括绝对成本控制法和相对成本控制法。

在实际操作中，根据货物储配作业项目任务要求，对货物入库作业、库内作业、出库作业及配送作业进行成本核算，包括作业过程可能发生的各种费用项目及相应的金额，编制作业成本预算表。

（四）作业应急预案编制

作业应急预案编制的目的是为了规范配送中心储配作业实施过程中突发事件应急管理和应急响应程序，最大限度地减轻经济损失和相应影响，从而维护配送中心的正常运营秩序。

编制作业应急预案之前，需要对工作原则和应急反应要素进行分析研究，如通报和通信联络设备是否定时检查，培训、演习和预案是否保持，这都有助于紧急突发性事件的快速反应和各项应急工作的协调开展。在实际操作中，企业规模和复杂程度不同，应急预案的格式也有所不同，但总体预案的格式可应用于企业的具体情况。预案编制不是单独、短期的行为，有效的应急预案应该不断进行评价、修改和测试，持续改进。

方案实施指导书

一、任务选择

1. 准备工作

通过对教师演示数据的分析、查询和计算可制订出设计方案。设计方案的入库计划见表6-1，移库计划见下表6-2，补货计划见下表6-3。出库作业剔除AA连锁超市常熟路店的订单，然后进行批量拣货。

子项目六　货物储配作业优化方案设计与实施（单人作业）

表 6-1　入库计划

货主：AA 配送中心　　　　　　　　　　　　　　订单日期：2016 年 12 月 29 日
供应商：GG 文化用品有限公司　　　　　　　　　预到日期：2016 年 12 月 30 日

货物编码	货物名称	单位	数量（件）	单价（元）	金额（元）	备注
0602002	得力 502 强力胶	瓶	360	18	6480	

表 6-2　移库计划

序号	物料代码	货物名称	源库位	目标库位	补货数量（件）
1	0604002	玛丽 36K 练习本	L021101	F030102	9
2	0605002	米菲 36 色水彩笔	L021402	F090702	20

表 6-3　补货计划

序号	物料代码	货物名称	源库位	目标库位	补货数量（件）
1	0602003	得力桶装回形针	A030803	L020601	50

2．选择作业任务

选择【项目二　货物储配作业优化方案设计与实施】→【子项目六　货物储配作业优化方案设计与实施（单人作业）】→【任务二　货物储配作业优化方案实施】，在右侧选择【货物储配作业优化方案实施 IWMS（教师演示）】，并单击【进入任务】，作业岗位选择【仓库管理员】，进入 3D 模拟场景，如图 6-3 所示。

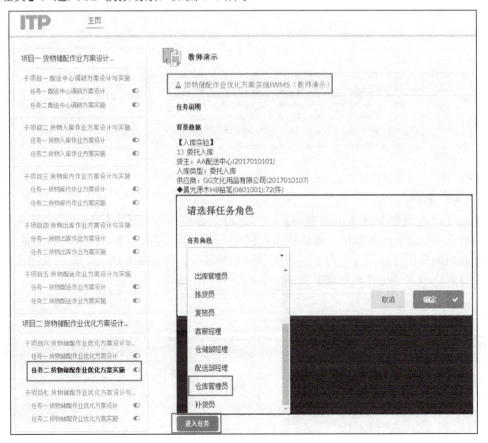

图 6-3　选择进入任务

二、管理系统操作

进入仓库管理系统。通过按〈W〉键、〈S〉键、〈A〉键和〈D〉键走到仓储办公室的计算机前面,根据提示按〈Alt〉键操作虚拟计算机,单击【管理系统】进入仓库管理系统界面。

三、入库作业操作

根据表 6-1 新增入库订单,然后完成自动生成的订单和新增订单的入库作业,具体步骤参考子项目二中的货物入库作业方案实施的操作指导书。

四、库内作业操作

切换角色为【补货员】,根据表 6-2 和表 6-3 新增移库单和补货单,单击【库内管理】→【库存移动】或【补货管理】→【新增】,参考子项目三中的"任务二 货物库内作业方案实施"中的移库作业和补货作业方法步骤完成相关作业。

五、出库作业操作

1. 出库预报

切换角色为【出库管理员】,执行【出库管理】→【出库预报】,如图 6-4 所示。勾选所有订单后,单击【发送审核】。

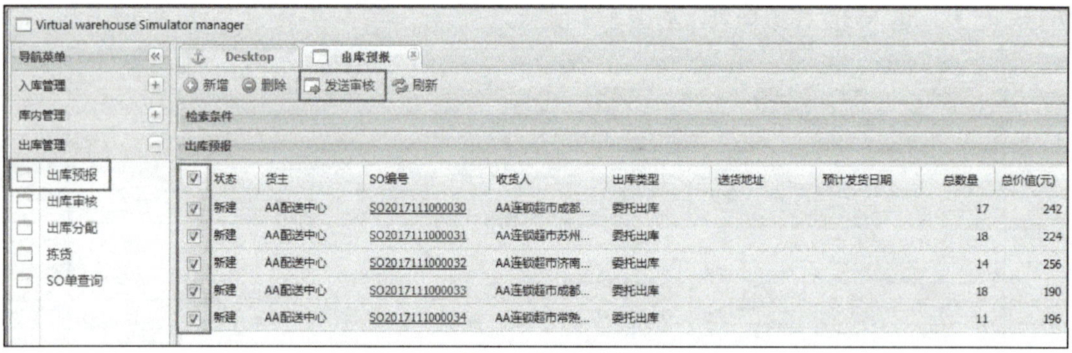

图 6-4 发送审核

2. 出库审核

执行【出库管理】→【出库审核】,勾选有效订单后单击【审核】,并确认审核,如图 6-5 所示。如若有无效订单,则选择无效订单,然后单击【驳回】,在跳出的【驳回信息】中填写驳回的理由,最后【保存】完成无效订单的驳回,如图 6-6 所示。最后选择通过审核的有效订单,单击【出库单打印】按钮,并确认打印出库单,如图 6-7 所示。

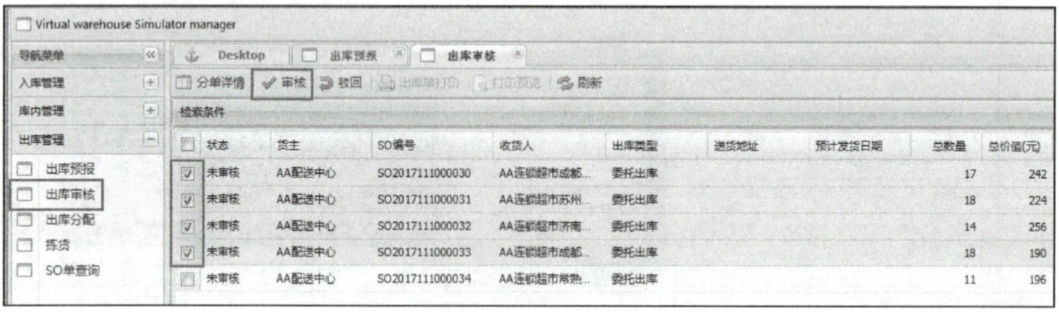

图 6-5 订单审核

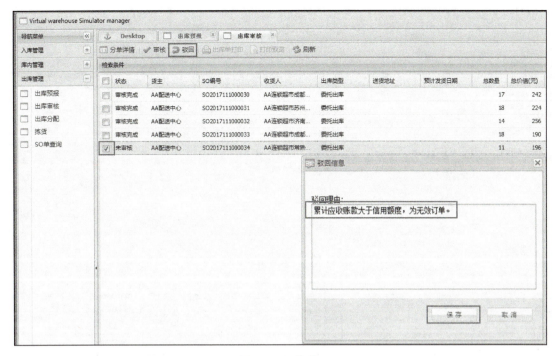

图 6-6　订单驳回

图 6-7　打印出库单

3．出库分配

执行【出库管理】→【出库分配】，单击【新增波次单】，其中【*波次类型】选择【并单拣货】，勾选所有订单后【保存】，然后单击【列表】，返回上一层界面，如图 6-8 所示。勾选订单后单击【预分配】和【分配】按钮，再单击【波次单打印】，如图 6-9 所示。

4．拣货操作

执行【出库管理】→【拣货】，勾选订单后单击【提交】和【打印拣货单】，如图 6-10 所示。打印完成后，按〈Alt〉键，走到门口的打印机前，按〈Ctrl〉键和鼠标左键拿起已打印的出库单、波次单和拣货单。

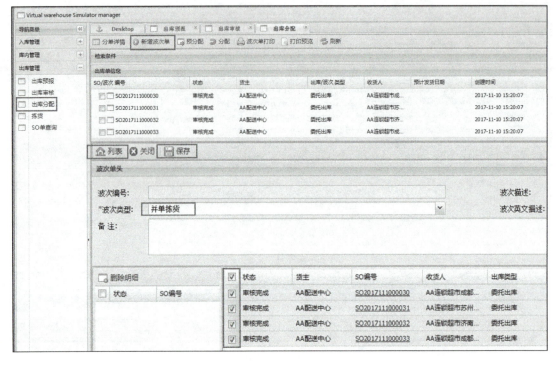

图 6-8　新增波次单

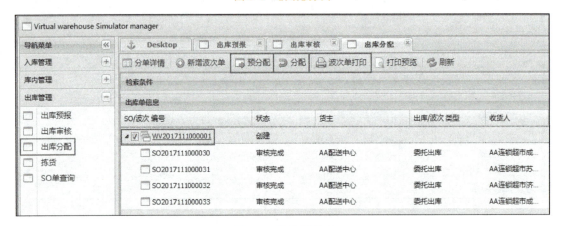

图 6-9　波次单处理

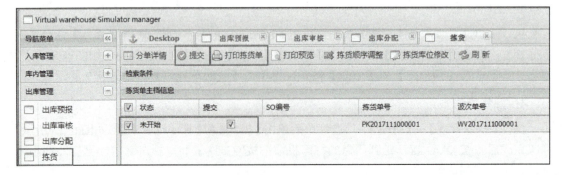

图 6-10　打印拣货单

5. 拣货作业

切换角色为【拣货员】,打开单据查看需要拣货的位置,如图 6-11 所示。拣货员参考子项目四中"任务二 货物出库作业方案实施"中的拣货方法和步骤完成拣货单中所有货物的拣货作业。所有拣出货物放在波次分拣口,拣货员到分拣口,如图 6-12 所示。

图 6-11 拣货单

图 6-12 波次分拣口

6. 二次拆分复核

切换角色为【搬运工】,拿起波次分拣口的包装箱,走到单层手推车前,将货物放在手推车上,把所有货物装好并推到二次拆分区,如图 6-13 所示。切换角色为【复核员】,走到计算机前,打开【管理系统】,然后单击右下角的【开始作业】按钮,如图 6-14 所示。

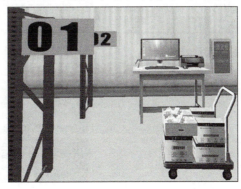

图 6-13 二次拆分区

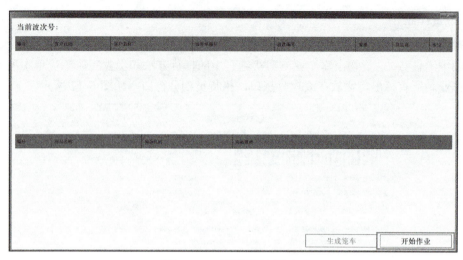

图 6-14　开始作业控制界面

7. 生成笼车

按〈Alt〉键离开计算机，将光标对准扫描枪，按〈Ctrl〉键和鼠标左键拿起扫描枪，扫描波次单左上角的条码，如图 6-15 所示。按〈Esc〉键放下扫描枪，然后再按〈Alt〉键操作计算机，计算机中管理系统生成波次单，单击下方的【生成笼车】，此时播种货架下自动生成笼车，如图 6-16 所示。退出计算机。

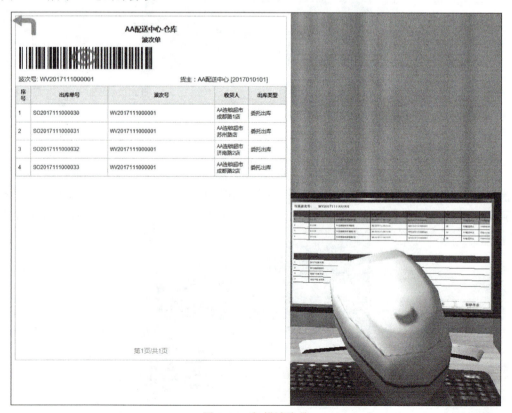

图 6-15　扫描波次单

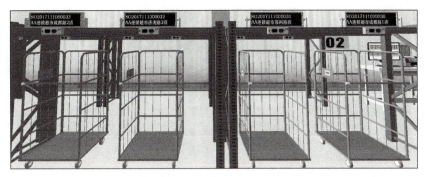

图 6-16　自动生成笼车

8．周转箱播种

拿起扫描枪扫描周转箱的条码，跳出选货界面，如图 6-17 所示。单击界面中周转箱的货物，货物会跳至已选货物下方。选货完成后，单击【确定】，如图 6-18 所示。

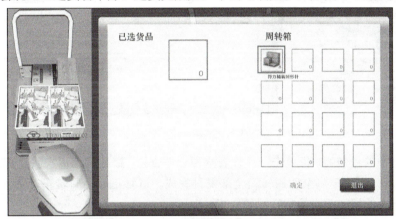

图 6-17　扫描周转箱条码

图 6-18　选货界面

播种式拣货货架上需要播种的订单的灯亮，显示播种数量，如图 6-19 所示。按〈Esc〉键放下扫描枪，拿起周转箱走到已显示数量的电子标签前，根据提示双击鼠标左键，自动跳出分拣界面，如图 6-20 所示。

159

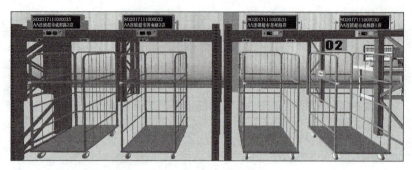

图 6-19　播种货架显示屏

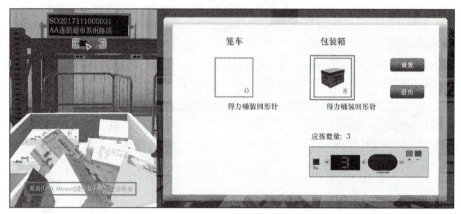

图 6-20　播种界面

单击界面中的包装箱,每单击一次代表播种一件货物。播种完该货物后,单击红色按钮,如图 6-21 所示。依次把剩余的周转箱全部播种完成。进行下一种周转箱货物的播种,依照上面方法把所有的周转箱中的货物播种完毕。

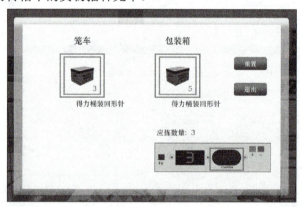

图 6-21　电子标签确定

9．包装箱播种

用扫描枪扫描包装箱条码,如图 6-22 所示。播种式拣货货架上需要播种的订单的灯亮,显示播种数量,如图 6-23 所示。放下扫描枪,拿起集装箱走到已显示数量的电子标签前,双击鼠标左键,自动跳出分拣界面,如图 6-24 所示。

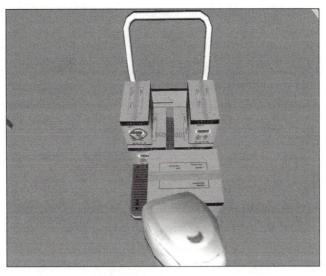

图 6-22 扫描包装箱条码

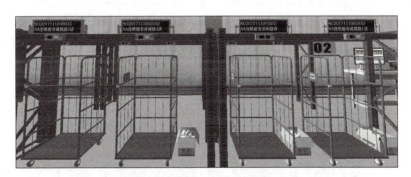

图 6-23 播种货架显示屏

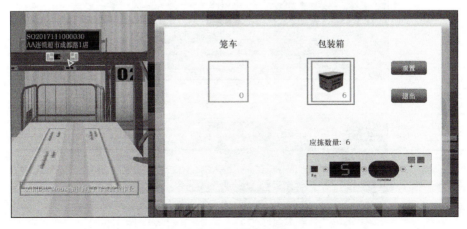

图 6-24 播种界面

单击界面中的包装箱,每单击一次代表播种一件货物。播种完该货物后,单击红色按钮,如图 6-25 所示。依次把剩余的包装箱全部播种完成。进行下一种包装箱货物的播种,依照上面方法把所有的包装箱中的货物播种完毕。

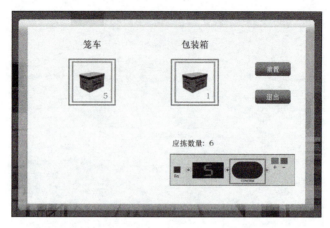

图 6-25　电子标签确定

10．打包作业

依次把所有的货物播种分拣完成，然后复核打包。走到笼车前，把鼠标光标移到包装箱上，双击鼠标左键打包，如图 6-26 所示。按〈Ctrl〉键和鼠标左键拿起纸箱，放置到对应的笼车上，如图 6-27 所示。依次打包所有的包装箱，并都放置到对应的笼车上。

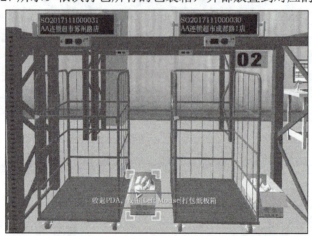

图 6-26　打包包装箱

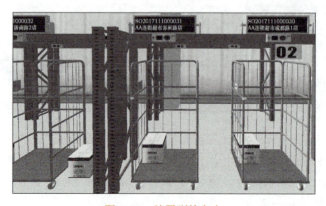

图 6-27　放置到笼车上

11. 打印装箱单

取出手持PDA，进入【管理系统】，然后单击【复核打包】，再选择【打印装箱单】功能，进入后按提示扫描笼车条码。单击【打印装箱单】，如图6-28所示。依次打印所有的笼车装箱单，走近打印机，按〈Ctrl〉键的同时单击鼠标左键拿取所有装箱单。走到对应的笼车前，双击鼠标左键将纸张贴到笼车上，依次贴好所有的装箱单，如图6-29所示。

图6-28 打印装箱单

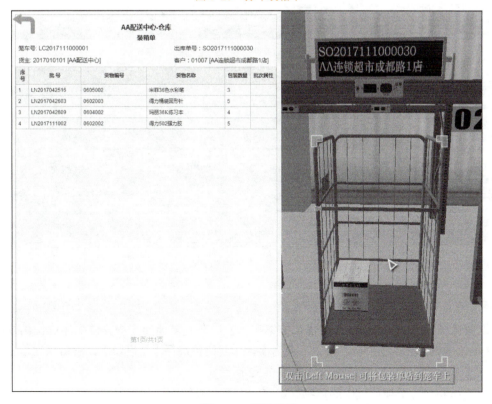

图6-29 贴装箱单

12. 集货作业

取出手持 PDA，单击【集货】，按提示扫描笼车条码，扫描后显示集货口号，如图 6-30 所示。依次扫描所有的笼车条码，收回 PDA，按〈Alt〉键依次将所有笼车推到指定地点，任务完成，如图 6-31 所示。

图 6-30　扫描笼车

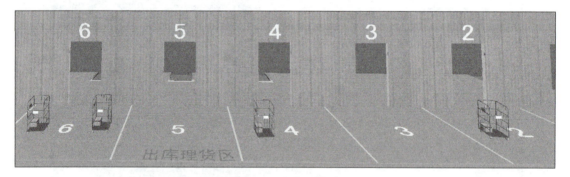

图 6-31　出库理货区

六、配送作业

选择【任务二　货物储配作业优化方案实施】，在右侧选择【货物储配作业优化方案实施 IDMS（教师演示）】并单击【进入任务】，作业岗位选择【调度员】，然后依次单击【准备】→【开始】进入 3D 模拟场景，如图 6-32 所示。

配送作业参考子项目五中的货物配送作业方案实施的方法和步骤完成。

子项目六　货物储配作业优化方案设计与实施（单人作业）

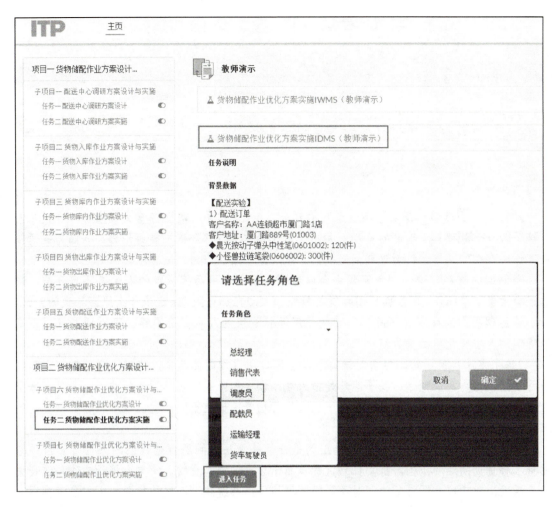

图 6-32　选择进入任务

任务总结

学生在完成配送中心货物储配作业优化方案实施任务后，要根据方案实施过程中对货物储配作业环节及其流程优化的执行情况及遇到的困惑进行反思和总结，撰写并提交个人总结报告，以便总结经验教训，举一反三。教师对学生的方案实施结果及提交的个人总结给出评价，作为学生过程性考核成绩的一部分。

子项目七

货物储配作业优化方案设计与实施（小组作业）

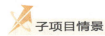 **子项目情景**

2017年1月1日，随着"年货节"的到来，AA配送中心的业务量大幅增加，令员工们应接不暇。仓储部与运输部的负责人共同召开了紧急会议，会议主要讨论近期仓储与配送作业工作中存在的问题，针对这些问题提出合理有效的解决方法。

仓储部的陈经理说："今天我去仓库看到前面文化用品拣货组的人忙得不可开交，依然还有大量订单积压，而后面日用百货拣货组的人却在那里闲聊。这是什么原因导致的呢？"

陈经理看向仓库主管老陈说："文化用品拣货组的人手要是不够，可以调些日用百货拣货组的人去文化用品拣货组。"

"这个方法也使用过，但有时候订单包含的日用百货商品又多，这样一来，就会发现日用百货组忙得焦头烂额了。我不能总是把人调来调去的吧？"老陈边叹气边说："其实每个区域都存在类似的状况，每张订单上所包含的货物类别比重不同，我们很难根据时刻变化的工作量在各个分区之间进行调度。"

饮料拣货组的小孙说："我们采用的是分区拣货法，问题就是我们的分区拣货法严格限制了拣货员的活动范围，拣货员只负责拣属于自己区域的货物，使整个拣货工作系统丧失了灵活性。我建议分区拣货的同时不要限制区域，由系统统一派发拣货单，采取多劳多得、按件记工的方法激励员工。"

"系统不断地调整各个拣货员所分配到的工作量，要是再搭配多人协同作业，不仅可以提高仓库的工作效率，而且可以大大提高配送的工作效率，这就是一个完美的平衡系统。"运输部的张经理说道。

假如你是仓储与配送的部门负责人，该如何安排好人员分工，针对工作过程中可能出现的问题做好应急预案？

 学习目标

【知识目标】
1. 掌握配送中心人员岗位职责。
2. 掌握人员岗位分配的方法。
3. 掌握入库、库内、出库、配送等作业流程。
4. 掌握配送中心作业成本控制的基本方法。

【技能目标】
1. 能够根据方案设计任务书的要求设计完整的货物储配作业计划优化方案。

2. 能够根据货物储配作业优化方案的要求制订作业进度计划和作业成本预算。
3. 能够根据货物储配作业优化方案的要求制订作业应急预案。
4. 能够灵活运用 IWMS 和 IDMS 虚拟仿真系统完成货物储配作业优化方案的实施。

【素质目标】
1. 树立严谨认真的工作态度。
2. 培养团结协作的工作精神。

任务一　货物储配作业优化方案设计

方案设计任务书

<table>
<tr><td colspan="2" align="center">方案设计任务书</td></tr>
<tr><td>子项目名称</td><td>货物储配作业优化方案设计与实施（小组作业）</td></tr>
<tr><td>任务描述</td><td>借助 IWMS 与 IDMS 虚拟运营软件，达到对货物储配作业流程优化的目的</td></tr>
<tr><td>任务成果</td><td>货物储配作业优化设计方案
IWMS、IDMS 虚拟仿真软件操作规范正确</td></tr>
<tr><td>模仿训练内容</td><td>

2017 年 1 月 1 日，随着"年货节"的到来，AA 配送中心的业务量大幅增加，令员工们应接不暇。此时，AA 配送中心收到 4 个店的客户订单，客户要求提取一批货物，此批货物属于"副食品"类，根据配送中心的库存系统提示，部分货物有可能不能正常拣货出库。假如你是仓储与配送的部门负责人，是否能够通过多人协同作业提高仓储与配送的工作效率？该如何安排好人员分工，做好这次出库配送业务呢？如何针对工作过程中可能出现的问题做好应急预案

其中，入库单和出库货物明细见下表：

入库单

货　主：AA 配送中心　　　　　　　　　　订单日期：2016 年 12 月 31 日
供应商：DD 副食品发展有限公司　　　　　预到日期：2017 年 1 月 1 日

货物编码	货物名称	单位	数量	单价（元）	金额（元）	备注
0304003	平西府牛肉火锅罐头	件	1080	30	32400	

其中，出库单见下表：

出库货物明细

客户	货物编码	货物名称	订货数量	单位
AA 连锁超市石家庄路店	0301004	五谷道场方便面	2	袋
	0303002	娃哈哈桂圆莲子八宝粥	4	罐
	0305003	松露油杏鲍菇辣酱	5	罐
AA 连锁超市西安路店	0303002	娃哈哈桂圆莲子八宝粥	5	罐
	0306002	泡面搭档	6	件
AA 连锁超市杭州路店	0301004	五谷道场方便面	4	袋
	0303002	娃哈哈桂圆莲子八宝粥	2	罐
	0305003	松露油杏鲍菇辣酱	3	罐
	0306002	泡面搭档	8	件
AA 连锁超市太原路店	0301004	五谷道场方便面	3	袋
	0305003	松露油杏鲍菇辣酱	3	罐
	0306002	泡面搭档	10	件

2017 年 1 月 1 日，AA 配送中心需要将前一天下午接到的 6 个配送订单进行配送作业，根据公司的物流配送服务水平，需要在 4h 内完成货物配送到门店。要配送的货物前一天已经出库完成等待配送，作为配送部门的主要负责人，请设计正确合理的配送作业计划

其中，送货单见下表：

</td></tr>
</table>

(续)

<table>
<tr><td colspan="2" align="center">方案设计任务书</td></tr>
<tr><td rowspan="2">模仿训练内容</td><td>

送货单 1

客户名称：AA 连锁超市厦门路 1 店　　　　　　　送货时间：2017 年 1 月 1 日
送货地址：厦门路 889 号　　　　　　　　　　　　订单编号：PS2017010100001
联 系 人：刘雯　　　　　　　　　　　　　　　　联系电话：139162****

序号	货物编码	货物名称	件数（件）	重量/kg	备注
1	0301001	康师傅红烧牛肉面	1789	214.68	
2	0301002	统一老坛酸菜面（桶装）	1860	223.2	
3	0301003	统一小浣熊干脆面	1690	84.5	
		合计	5339	522.38	

送货单 2

客户名称：AA 连锁超市合肥路 1 店　　　　　　　送货时间：2017 年 1 月 1 日
送货地址：合肥路 1024 号　　　　　　　　　　　订单编号：PS2017010100002
联 系 人：李春天　　　　　　　　　　　　　　　联系电话：139160****

序号	货物编码	货物名称	件数（件）	重量/kg	备注
1	0301004	五谷道场方便面	990	544.5	
2	0302001	厨师红烧牛肉米饭	1090	485.05	
		合计	2080	1029.55	

送货单 3

客户名称：AA 连锁超市成都路 1 店　　　　　　　送货时间：2017 年 1 月 1 日
送货地址：成都路 1463 号　　　　　　　　　　　订单编号：PS2017010100003
联 系 人：郑思思　　　　　　　　　　　　　　　联系电话：139162****

序号	货物编码	货物名称	件数（件）	重量/kg	备注
1	0302002	皓康自热鲜拌面	880	206.8	
2	0302003	周家庄骨汤饭	1280	1024	
3	0303001	银鹭八宝粥	950	342	
4	0303002	娃哈哈桂圆莲子八宝粥	720	201.6	
		合计	3830	1774.4	

送货单 4

客户名称：AA 连锁超市济南路 2 店　　　　　　　送货时间：2017 年 1 月 1 日
送货地址：济南路 765 号　　　　　　　　　　　　订单编号：PS2017010100004
联 系 人：张德军　　　　　　　　　　　　　　　联系电话：139160****

序号	货物编码	货物名称	件数（件）	重量/kg	备注
1	0304001	欢乐家黄桃罐头	720	648	
2	0304002	梅林午餐肉罐头	940	319.6	
3	0304003	平西府牛肉火锅罐头	1130	565	
		合计	2790	1532.6	

送货单 5

客户名称：AA 连锁超市常熟路店　　　　　　　　送货时间：2017 年 1 月 1 日
送货地址：常熟路 105 号　　　　　　　　　　　　订单编号：PS2017010100005
联 系 人：花蕊　　　　　　　　　　　　　　　　联系电话：138160****

序号	货物编码	货物名称	件数（件）	重量/kg	备注
1	0305001	酱牛八方香菇牛肉	2960	592	
2	0305002	乌江涪陵榨菜	1080	64.8	
		合计	4040	656.8	

</td></tr>
</table>

（续）

方案设计任务书						
模仿训练内容	**送货单 6** 客户名称：AA 连锁超市西安北路店　　　　　送货时间：2017 年 1 月 1 日 送货地址：西安北路 21 号　　　　　　　　　　订单编号：PS2017010100006 联 系 人：白小玲　　　　　　　　　　　　　联系电话：135160████					
	序号	货物编码	货物名称	件数（件）	重量/kg	备注
	1	0305003	松露油杏鲍菇辣酱	260	57.2	
	2	0305004	阿一波橄榄菜	620	248	
	3	0306001	金锣肉粒多	670	214.4	
	4	0306002	泡面搭档	720	2073.6	
	合计			2270	2953.2	
	任务要求： 1. 对配送中心 12 月份的"副食品"类货物进行 ABC 分类，设计出货物的库存管理方式 2. 根据入库单信息，进行入库车辆停靠月台安排 3. 针对入库货物的属性，进行货物验收 4. 根据入库货物的规格，进行货物堆码设计 5. 针对设计的库存管理方式，进行货物上架储位安排 6. 根据出库订单金额和附录 D 中的客户信用额度进行订单有效性分析，若有无效订单，剔除无效订单 7. 编制出库货物信息汇总表；如果需要进货，则制订入库作业计划（进货不需要计算经济批量，如需进货，只需向供应商订购一整托货物即可） 8. 根据 ABC 货物分类结果和当前库存安排，对本次出库货物的拣货区的储位进行优化调整，制订移库计划 9. 对本次出库单中需要补货的货物，补货数量为拣货区库位的最大库存量 10. 设计出库作业执行方案，预编出库货物分配结果 11. 配送运输采用笼车集装方式，每个笼车最大载重 500kg，根据订单货物总重量，计算每个订单需要笼车装载的数量 12. 在 IDMS 配送管理信息系统中，调查各个客户的位置（绘制或软件截图表示），导出距离矩阵表 13. 根据客户分布及客户对配送作业的要求，采用节约里程法手工进行配送路线优化的方案设计，确定送货车辆的选型和配送顺序 14. 根据配送路线安排的结果，绘制车辆配载示意图 15. 本次模拟仓库运作，系统模拟一天中 AA 配送中心的运作情景，其中需要处理的作业包括入库、出库、补货、移库、订货等作业内容，根据以上设计的结果和预案，可以计划到 2017 年 1 月 1 日当天将要进行的作业。请按照时间先后顺序和作业的内容将小组成员在一天的仓储和配送作业中的工作内容编制成作业进度计划表，并用甘特图体现作业进度计划和优化实施过程的内容，还包括可能出现问题的预案 16. 在明确了 2017 年 1 月 1 日要进行的仓储配送作业基础上，对这一天要进行的所有事情的成本进行预算，包括作业过程可能发生的各种费用项目及相应的预算金额					
强化训练内容	2017 年 1 月 1 日，随着"年货节"的到来，AA 配送中心的业务量大幅增加，令员工们应接不暇，此时，AA 配送中心收到 4 个客户订单，客户要求提取一批货物，此批货物属于"日用百货"类，根据配送中心的库存系统提示，部分货物有可能不能正常拣货出库。假如你是仓储与配送的部门负责人，是否能够通过多人协同作业提高仓储与配送的工作效率？该如何安排好人员分工，做好这次出库配送业务呢？如何针对工作过程中可能出现的问题做好应急预案 其中，入库单和出库货物明细见下表：					
	入库单					
	货　　主：AA 配送中心　　　　　　　　　　订单日期：2016 年 12 月 31 日 供 应 商：FF 日用百货有限公司　　　　　　预到日期：2017 年 1 月 1 日					
	货物编码	货物名称	单位	数量	单价（元）	金额（元）	备注
	0501004	一次性打火机	包	1080	18	19440	
	其中，出库单见下表：					

（续）

方案设计任务书				
出库货物明细				
客户	货物编码	货物名称	订货数量	单位
AA连锁超市杭州路店	0504003	抗菌竹子砧板	5	件
	0501001	洁丽雅毛巾	2	包
	0502002	百家好旋转拖把	3	件
	0505002	樱之花防蛀防霉樟脑丸	5	件
AA连锁超市济南路2店	0504003	抗菌竹子砧板	3	件
	0502002	百家好旋转拖把	6	件
AA连锁超市苏州路店	0504003	抗菌竹子砧板	8	件
	0501001	洁丽雅毛巾	3	包
	0502002	百家好旋转拖把	5	件
	0505002	樱之花防蛀防霉樟脑丸	3	件
AA连锁超市常熟路店	0501001	洁丽雅毛巾	8	包
	0502002	百家好旋转拖把	14	件
	0505002	樱之花防蛀防霉樟脑丸	21	件
AA连锁超市石家庄路店	0504003	抗菌竹子砧板	7	件
	0502002	百家好旋转拖把	4	件
	0505002	樱之花防蛀防霉樟脑丸	4	件

强化训练内容

2017年1月1日，AA配送中心需要将前一天下午接到的6个配送订单进行配送作业，根据公司的物流配送服务水平，需要在4h内完成货物配送到门店。要配送的货物前一天已经出库完成等待配送，作为配送部门的主要负责人，请设计正确合理的配送作业计划。

其中，送货单见下表：

送货单1

客户名称：AA连锁超市成都路2店　　　　送货时间：2017年1月1日
送货地址：成都路703号　　　　　　　　订单编号：PS2017010100007
联 系 人：贺兰兰　　　　　　　　　　　联系电话：134160＊＊＊＊＊

序号	货物编码	货物名称	件数（件）	重量/kg	备注
1	0501001	洁丽雅毛巾	450	49.5	
2	0501002	Zippo打火机	900	342	
3	0501003	洁丽雅印花枕巾	600	114	
	合计		1950	505.5	

送货单2

客户名称：AA连锁超市常熟路店　　　　　送货时间：2017年1月1日
送货地址：常熟路105号　　　　　　　　订单编号：PS2017010100008
联 系 人：花蕊　　　　　　　　　　　　联系电话：138160＊＊＊＊＊

序号	货物编码	货物名称	件数（件）	重量/kg	备注
1	0501004	一次性打火机	800	88	
2	0502001	餐台笤帚簸箕套装	700	91	
	合计		1500	179	

送货单3

客户名称：AA连锁超市合肥路2店　　　　送货时间：2017年1月1日
送货地址：合肥路327号　　　　　　　　订单编号：PS2017010100009
联 系 人：杨珍惜　　　　　　　　　　　联系电话：139165＊＊＊＊＊

序号	货物编码	货物名称	件数（件）	重量/kg	备注
1	0502002	百家好旋转拖把	830	2158	
2	0502003	枪手无味杀虫气雾剂	490	308.7	
3	0502004	宜洁垃圾袋	200	52.4	
4	0503001	六神喷雾艾叶花露水	190	38	
	合计		1710	2557.1	

（续）

方案设计任务书					
送货单 4					
客户名称：AA 连锁超市西安北路店			送货时间：2017 年 1 月 1 日		
送货地址：西安北路 21 号			订单编号：PS2017010100010		
联 系 人：白小玲			联系电话：135160■■■■■		
序号	货物编码	货物名称	件数（件）	重量/kg	备注
1	0503002	科比防风煤油打火机	450	135	
2	0503003	雷达电热蚊香液	200	2	
3	0504001	厨房置物架	600	600	
		合计	1250	737	
送货单 5					
客户名称：AA 连锁超市太原路店			送货时间：2017 年 1 月 1 日		
送货地址：太原路 128 号			订单编号：PS2017010100011		
联 系 人：王强			联系电话：136162■■■■■		
序号	货物编码	货物名称	件数（件）	重量/kg	备注
1	0504002	水果蔬菜收纳架	550	275	
2	0504003	抗菌竹子砧板	900	1800	
		合计	1450	2075	
送货单 6					
客户名称：AA 连锁超市郑州路 2 店			送货时间：2017 年 1 月 1 日		
送货地址：郑州路 909 号			订单编号：PS2017010100012		
联 系 人：米兰			联系电话：139160■■■■■		
序号	货物编码	货物名称	件数（件）	重量/kg	备注
1	0504004	不锈钢圆形加厚面盆	830	415	
2	0505001	六神花露水	490	73.5	
3	0505002	樱之花防蛀防霉樟脑丸	200	100	
4	0505003	A5 皮面带扣记事本	190	121.6	
		合计	1710	710.1	

强化训练内容

任务要求：

1. 对配送中心 12 月份的"日用百货"类货物进行 ABC 分类，设计出货物的库存管理方式。
2. 根据入库单信息，进行入库车辆停靠月台安排。
3. 针对入库货物的属性，进行货物验收。
4. 根据入库货物的规格，进行货物堆码设计。
5. 针对设计的库存管理方式，进行货物上架储位安排。
6. 根据出库订单金额和附录 D 中的客户信用额度进行订单有效性分析，若有无效订单，剔除无效订单。
7. 编制出库货物信息汇总表；如果需要进货，则制订入库作业计划（进货不需要计算经济批量，如需进货，只需向供应商订购一整托货物即可）。
8. 根据 ABC 货物分类结果和当前库存安排，对本次出库货物的拣货区的储位进行优化调整，制订移库计划。
9. 对本次出库单中需要补货的货物，补货数量为拣货区库位的最大库存量。
10. 设计出库作业执行方案，预编出库货物分配结果。
11. 配送运输采用笼车集装方式，每个笼车最大载重 500kg，根据订单货物总重量，计算每个订单需要笼车装载的数量。
12. 在 IDMS 配送管理信息系统中，调查各个客户的位置（绘制或软件截图表示），导出距离矩阵表。
13. 根据客户分布及客户对配送作业的要求，采用节约里程法手工进行配送路线优化的方案设计，确定送货车辆的选型和配送顺序。
14. 根据配送路线安排的结果，绘制车辆配载示意图。
15. 本次模拟仓库运作，系统模拟一天中 AA 配送中心的运作情景，其中需要处理的作业包括入库、出库、补货、移库、订货等作业内容，根据以上设计的结果和预案，可以计划到 2017 年 1 月 1 日当天将要进行的作业。请按照时间先后顺序和作业的内容将小组成员在一天的仓储和配送作业中的工作内容编制成作业进度计划表，并用甘特图体现作业进度计划和优化实施过程的内容，还包括可能出现问题的预案。
16. 在明确了 2017 年 1 月 1 日要进行的仓储配送作业基础上，对这一天要进行的所有事情的成本进行预算，包括作业过程可能发生的各种费用项目及相应的预算金额。

子项目方案设计任务书说明

针对任务书给出的模仿训练数据和强化训练数据，学生首先在课堂中和教师一起学习货物储配作业的各个理论知识点，学习方案设计的流程和要点。熟悉 IWMS、IDMS 虚拟运营软件的操作方法和流程，然后根据教师课堂的演示进行模仿练习，最后结合知识链接中的知识、管理技能链接知识、附录 C 中的方案模板和强化训练数据进行方案设计。

任务总结

学生在完成配送中心货物储配作业优化方案设计任务后,要根据方案设计过程中对订单处理、进货、装卸搬运、储存、拣货、配装、送货和送达等作业环节及其流程优化时遇到的困惑进行反思和总结,以小组为单位撰写总结报告,以便总结经验教训,举一反三。最后提交小组总结报告和货物储配送作业方案。教师对学生提交的设计方案和小组总结给出评价,并作为学生过程性考核成绩的一部分。

任务二　货物储配作业优化方案实施

方案实施指导书

一、任务选择

1．选择作业任务（仓储部分）

选择【子项目二　货物储配作业优化方案设计与实施（小组作业）】→【任务二　货物储配作业优化方案实施】,在右侧选择【货物储配作业优化方案实施IWMS（教师演示）】,单击【进入任务】,作业岗位选择【入库管理员】,进入3D模拟场景,如图7-1所示。

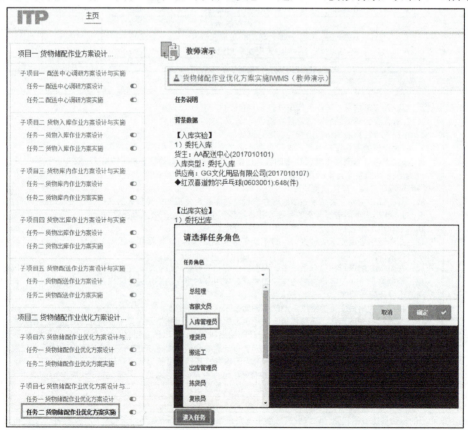

图7-1　选择任务（仓储部分）

2. 选择作业任务（配送部分）

选择【任务二 货物储配作业优化方案实施】，在右侧选择【货物储配作业优化方案实施（教师演示）IDMS】，并单击【进入任务】，作业岗位选择【调度员】，进入3D模拟场景，如图7-2所示。

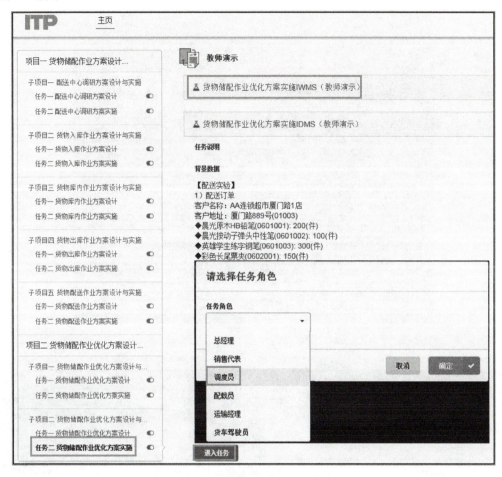

图7-2 选择任务（配送部分）

二、小组作业

出入库及配送作业的具体操作方法请参考项目一中各子项目的方案实施指导书，在此只介绍小组模式操作方法。在小组模式中，主要是小组成员之间工作内容的协调，这个需要小组队员在工作开始之前分配好。小组的操作模式与单人的基本上一致，主要不同之处是传递单据的过程。

在多人任务中通常由一个人打印单据，打印完之后将任务中应用到的具体单据提交给用到该单据的其他队员手中，如入库管理员打印好单据交给理货员。

传递单据方法说明：在入库作业中，入库管理员打印完单据，走到理货员的正对面，递交双方面对面站着，如图7-3所示（此图是第二人称视角，操作的时候第一人称视角就可以）。

入库管理员打开需要传递的单据，根据提示双击鼠标左键传递单据，如图7-4所示。此时，双击鼠标左键，界面显示提交单据，如图7-5所示。与此同时，理货员的界面显示【接收单据】，如图7-6所示。

图 7-3　面对面站立

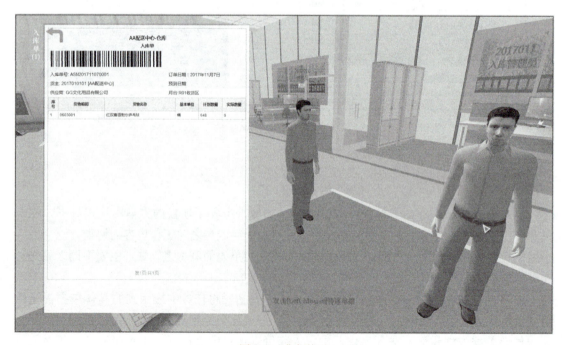

图 7-4　准备传递

子项目七 货物储配作业优化方案设计与实施（小组作业）

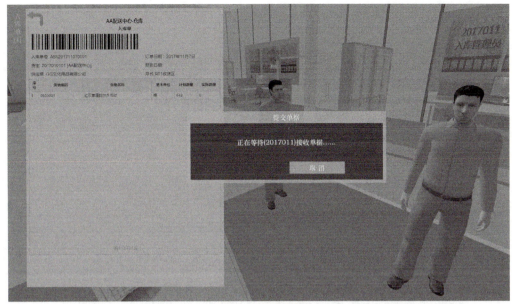

图 7-5　提交单据

图 7-6　等待接收单据

理货员单击【接收】，单据传递完毕。

任务总结

学生在完成配送中心货物储配作业优化方案实施任务后，要根据方案实施过程中对货物储配作业环节及其流程优化的执行情况及遇到的困惑进行反思和总结，撰写并提交小组总结报告，以便总结经验教训，举一反三。教师对学生的方案实施结果及提交的小组总结给出评价，并作为学生过程性考核成绩的一部分。

附　录

附录 A　教师演示任务数据

	教师演示任务书
配送中心调研	调研背景：在进行配送中心货物储配作业方案设计时，首先要了解配送中心运作的基本情况，熟悉配送中心的布局结构、功能、流程及设施设备规模、货物的存储情况、订单流水、成本结构、作业岗位等相关基础信息，在此基础上才能进行作业方案设计 调研目的：根据任务日期，进入 AA 配送中心（IWMS/IDMS），通过观察和查询掌握该配送中心的布局结构、设施设备规模、货物存储情况、订单流水、成本结构、作业岗位等相关基础信息，熟悉配送中心各种设施设备的功能和用途 调研方法：观察法和查询法（在 IWMS 和 IDMS 系统中观察调研） 调研内容（教师演示部分只介绍每一项的调研方法，不需要调研出全部结果）： 1. 配送中心设施设备规模调研，参考调研模板中所列举的项目进行调研（IWMS 系统） 2. 配送中心作业岗位及职责调研（IDMS 系统） 3. 洗涤日化类货物数据调研（IWMS 系统） 4. 休闲食品类货物库存量调研（IWMS 系统） 5. 根据调研数据，判断该配送中心属于哪种类型。使用 Visio 绘图软件画出配送中心的平面布局图（IWMS 系统） 6. 作业成本调研（IDMS 系统） ☆调研模板可参考附录 B 所示 结论：分析调研数据，根据调研结果撰写调研报告，组织交流
货物入库作业	2016 年 12 月 1 日，AA 配送中心的仓储部文员在系统中公布了近一个月的"商品进出货流水账"。与此同时，采购部向供应商 BB 饮料有限公司订货，需要收货组、叉车组等配合做好收货准备。经查询可知，BB 饮料有限公司的货物属于"饮料"类别，作为配送中心的仓储主管，首先安排人员对近一个月（11 月 3 日—11 月 30 日）的"商品进出货流水账"报表中"饮料"类别进行 ABC 分类，然后确定货物的入库数量，最后对入库货物进行合理的储位安排。具体应该如何办理这次入库业务呢 其中，订货计划明细见下表： **订货计划明细** 货　主：AA 配送中心　　　　　　　　　　　　预定日期：2016 年 12 月 1 日 供应商：BB 饮料有限公司　　　　　　　　　　订单日期：2016 年 12 月 2 日 | 货物编码	货物名称	年需求量（件）	次订货成本（元）	年单位储存成本（元）
---	---	---	---	---
0101003	西凤陈酒 A8	6912	48	2
0102002	可口可乐	20736	16	2	 任务要求： 1. 对"饮料"类别货物进行 ABC 分类，设计出货物的库存管理方式 2. 根据订货计划明细表中的入库货物，应用经济订货批量计算出货物的入库量 3. 根据入库货物的库存管理方式，安排入库车辆的停靠月台 4. 针对入库货物的数量，进行货物验收 5. 根据入库货物的规格，进行货物堆码设计 6. 针对设计的库存管理方式，进行货物上架储位安排

（续）

	教师演示任务书
货物 库内作业	2016年12月4日上午，AA配送中心收到AA连锁超市的一批出库订单，订单显示出库货物属于"饮料"。仓库管理员于当日8:00上班后从"商品进出货流水账"报表中筛选出"饮料"货物，对此种类别的货物进行ABC分类，并计算出此批出库货物的安全库存 首先，移库组根据货物ABC分类的结果对拣货区货物的储位进行优化调整，自行制订出移库计划，并设计出合理的移库单。移库完成后，补货组根据安全库存量的计算结果对存储区货物进行进货补货作业，当货物的库存量低于订购点，就进行进货补货作业，自行制订出进货补货作业计划，并设计合理的进货单；与此同时，查询此批出库货物的库存，当出库货物的拣货区库存量低于拣货区出库量时，需要进行库内补货作业，自行制订补货作业计划，并设计合理的补货单 其中，出库单见下表： **出库单** 客　　户：AA连锁超市太原路店　　　　　　出库日期：2016年12月4日 联 系 人：王强　　　　　　　　　　　　　联系电话：021-8662 	序号	货物编码	货物名称	单位	数量
---	---	---	---	---
1	0101001	美汁源果粒橙	桶	10
2	0102002	可口可乐	瓶	16
3	0103005	东鹏特饮	件	12
4	0103003	红牛	罐	14	 任务要求： 1. 从"商品进出货流水账"报表中筛选出（2016年11月3日—11月30日）的"饮料"类别的货物，对此种类别的货物进行ABC分类 2. 计算此批出库货物的安全库存，计算过程中做出一些假设（假设所有货物的提前期都是3天，美汁源果粒橙日需求量的标准差是34单位，可口可乐日需求量的标准差是334单位，东鹏特饮日需求量的标准差是125单位，红牛日需求量的标准差是245单位） 3. 根据ABC货物分类结果和当前库存安排，对该类别货物的拣货区的储位进行优化调整，制订移库计划 4. 根据安全库存的计算结果，当货物的库存量低于订购点时需要进行进货补货作业，应用经济订货批量计算进货量（假设所有货物的单位存储成本是单位购置成本的25%，美汁源果粒橙的年需求量是2025单位，次订货成本是16元；可口可乐的年需求量是8712单位，次订货成本是20元；东鹏特饮的年需求量是7776单位，次订货成本是15元；红牛的年需求量是3528单位，次订货成本是24元），自行制订出进货补货作业计划，并设计合理的进货单 5. 根据出库货物的拣货区出库数量和拣货区的库存量，判断哪些出库货物需要补货，自行制订补货作业计划（补货箱数是该库位的最大库容量），并设计合理的补货单
货物 出库作业	2016年12月9日，AA配送中心收到客户的一批出库订单，客户要求提取一批货物送到AA连锁超市成都路2店、AA连锁超市常熟路店、AA连锁超市杭州路店和AA连锁超市太原路店。根据出库订单显示，出库货物均属于"饮料"类别，同时查询这些货物的库存，结果显示都可以正常拣货出库。作为配送中心的仓储主管，需要根据出库订单的日期，负责组织和完成此批货物的出库业务 其中，出库订单见下表： **出库单1** 客　　户：AA连锁超市成都路2店　　　　　出库日期：2016年12月10日 联 系 人：贺兰兰　　　　　　　　　　　　联系电话：021-8756 	序号	货物编码	货物名称	单位	数量
---	---	---	---	---
1	0103002	加多宝	罐	8
2	0104002	青岛啤酒（Tsingtao）纯生	件	16 | **出库单2** 客　　户：AA连锁超市常熟路店　　　　　　出库日期：2016年12月10日 联 系 人：花蕊　　　　　　　　　　　　　联系电话：021-8756 | 序号	货物编码	货物名称	单位	数量
---	---	---	---	---
1	0103002	加多宝	罐	16
2	0105001	统一冰红茶	瓶	17
3	0106002	百岁山矿泉水	瓶	8	

（续）

教师演示任务书					
货物 出库作业	\<出库单 3\> 客　户：AA 连锁超市杭州路店　　　　　出库日期：2016 年 12 月 10 日 联系人：徐文静　　　　　　　　　　　联系电话：021-8756■■■				
	序号	货物编码	货物名称	单位	数量
	1	0103005	东鹏特饮	件	27
	2	0106002	百岁山矿泉水	瓶	16
	\<出库单 4\> 客　户：AA 连锁超市太原路店　　　　　出库日期：2016 年 12 月 10 日 联系人：王强　　　　　　　　　　　　联系电话：021-8756■■■				
	序号	货物编码	货物名称	单位	数量
	1	0101002	红星二锅头酒	瓶	15
	2	0103003	红牛	罐	25
	3	0105001	统一冰红茶	瓶	7
	任务要求： 1. 根据出库单的属性，对客户订单进行有效性分析 2. 根据有效出库订单、当前库存量和货物原始储存区等相关信息进行订单分割、分类，并选择合理的拣货方式和拣货策略 3. 根据确定的拣货方式、拣货策略及订单信息，整理出出库作业系统分配结果 4. 根据出库作业系统分配结果中的出库货物确定拣货路径				
货物 配送作业	2016 年 12 月 10 日上午，AA 配送中心需要将前一天下午接到的 6 个"饮料"类的配送订单进行配送作业，根据公司的物流配送服务水平，需要在 4h 内完成货物配送到门店。要配送的货物前一天已经出库完成等待配送，作为配送部门的主要负责人，请设计正确合理的配送作业计划。配送作业的订单在 IDMS 中已经录入好 其中，送货单见下表： \<送货单 1\> 客户名称：AA 连锁超市合肥路 1 店　　　送货时间：2016 年 12 月 10 日 送货地址：合肥路 1024 号　　　　　　　订单编号：PS2016101000013 联 系 人：李春天　　　　　　　　　　　联系电话：139160■■■				
	序号	货物编码	货物名称	件数（件）	重量/kg	备注
	1	0101001	美汁源果粒橙	300	375	
	2	0101002	红星二锅头酒	500	250	
	合计			800	625	
	\<送货单 2\> 客户名称：AA 连锁超市成都路 1 店　　　送货时间：2016 年 12 月 10 日 送货地址：成都路 1463 号　　　　　　　订单编号：PS2016101000014 联 系 人：郑思思　　　　　　　　　　　联系电话：139162■■■				
	序号	货物编码	货物名称	件数（件）	重量/kg	备注
	1	0102001	百事可乐	550	330	
	2	0102003	雪碧	490	245	
	3	0103001	王老吉	310	348	
	4	0102002	可口可乐	580	96.1	
	合计			1930	1019.1	

（续）

教师演示任务书

货物配送作业

送货单 3

客户名称：AA 连锁超市成都路 2 店　　　　送货时间：2016 年 12 月 10 日
送货地址：成都路 703 号　　　　　　　　订单编号：PS2016101000015
联 系 人：贺兰兰　　　　　　　　　　　联系电话：134160

序号	货物编码	货物名称	件数（件）	重量/kg	备注
1	0104001	爽歪歪	400	80	
2	0104002	青岛啤酒（Tsingtao）纯生	620	310	
3	0103005	东鹏特饮	600	150	
		合计	1620	540	

送货单 4

客户名称：AA 连锁超市常熟路店　　　　　送货时间：2016 年 12 月 10 日
送货地址：常熟路 105 号　　　　　　　　订单编号：PS2016101000016
联 系 人：花蕊　　　　　　　　　　　　联系电话：138160

序号	货物编码	货物名称	件数（件）	重量/kg	备注
1	0105002	智力海燕赤霞干红葡萄酒	500	275	
2	0105003	康师傅冰红茶	600	330	
		合计	1100	605	

送货单 5

客户名称：AA 连锁超市西安北路店　　　　送货时间：2016 年 12 月 10 日
送货地址：西安北路 21 号　　　　　　　订单编号：PS2016101000017
联 系 人：白小玲　　　　　　　　　　　联系电话：135160

序号	货物编码	货物名称	件数（件）	重量/kg	备注
1	0106001	阿拉老酒（开坛 8 年）	650	390	
2	0106002	百岁山矿泉水	620	310	
3	0106003	恒大冰泉	760	380	
4	0106004	昆仑山雪山矿泉水	720	367.2	
		合计	2750	1447.2	

送货单 6

客户名称：AA 连锁超市太原路店　　　　　送货时间：2016 年 12 月 10 日
送货地址：太原路 128 号　　　　　　　　订单编号：PS2016101000018
联 系 人：王强　　　　　　　　　　　　联系电话：136162

序号	货物编码	货物名称	件数（件）	重量/kg	备注
1	0103002	加多宝	650	201.5	
2	0103003	红牛	620	155	
3	0103004	脉动	760	380	
		合计	2030	736.5	

任务要求：

1. 配送运输采用笼车集装方式，每个笼车最大载重 500kg，根据订单货物总重量，计算每个订单需要笼车装载的数量
2. 在 IDMS 配送管理信息系统中，调查各个客户的位置（绘制或软件截图表示），导出距离矩阵表
3. 根据客户分布及客户对配送作业的要求，采用节约里程法手工进行配送路线优化的方案设计，确定送货车辆的选型和配送顺序
4. 根据配送路线安排的结果，绘制车辆配载示意图

（续）

教师演示任务书

	配送中心因为客户业务的扩大，仓库储存货物的品种和数量都大大增加，出库订单量也逐步增加。2016年12月29日16：00，AA配送中心收到一批出库订单，订单数量较多，根据出库订单显示，配送时间为12月30日18：00。首先需要进行订单分析，然后查询配送中心的库存，如果库存量不足或断货应及时进行进货或补货（假定进货的货物可以及时入库，不影响出库配送时间），在出库订单的时间允许范围内，补货完成后再及时进行出库配送 经查询可知，出库货物属于"文化用品"类别，首先安排人员对近一个月（12月1日—12月28日）的"商品进出货流水账"报表中"文化用品"类别进行ABC分类 2016年12月30日8：00，仓储主管先完成前一天入库单上货物的入库验收与上架作业，然后再完成出库订单上货物的出库作业，作为配送中心的仓储主管，需要根据出库订单的时间，负责组织和完成此批订单的出库业务 其中，入库单见下表：
货物储配作业优化（单人作业）	**入库单** 货　主：AA配送中心　　　　　　　　　订单日期：2016年12月29日 供应商：GG文化用品有限公司　　　　　　预到日期：2016年12月30日 | 货物编码 | 货物名称 | 单位 | 数量 | 单价（元） | 金额（元） | 备注 | | --- | --- | --- | --- | --- | --- | --- | | 0601001 | 晨光原木HB铅笔 | 桶 | 72 | 100 | 7200 | | 其中，出库单见下表： **出库单** | 客户 | 货物编码 | 货物名称 | 单位 | 出库数量 | | --- | --- | --- | --- | --- | | AA连锁超市成都路1店 | 0604002 | 玛丽36K练习本 | 包 | 4 | | | 0602002 | 得力502强力胶 | 瓶 | 5 | | | 0602003 | 得力桶装回形针 | 桶 | 5 | | | 0605002 | 米菲36色水彩笔 | 袋 | 3 | | AA连锁超市苏州路店 | 0604002 | 玛丽36K练习本 | 包 | 8 | | | 0602003 | 得力桶装回形针 | 桶 | 6 | | | 0605002 | 米菲36色水彩笔 | 袋 | 4 | | AA连锁超市济南路2店 | 0604002 | 玛丽36K练习本 | 包 | 4 | | | 0602002 | 得力502强力胶 | 瓶 | 4 | | | 0605002 | 米菲36色水彩笔 | 袋 | 6 | | AA连锁超市成都路2店 | 0604002 | 玛丽36K练习本 | 包 | 8 | | | 0602002 | 得力502强力胶 | 瓶 | 3 | | | 0602003 | 得力桶装回形针 | 桶 | 7 | | AA连锁超市常熟路店 | 0602002 | 得力502强力胶 | 瓶 | 6 | | | 0602003 | 得力桶装回形针 | 桶 | 2 | | | 0605002 | 米菲36色水彩笔 | 袋 | 3 | 2016年12月30日上午，AA配送中心需要将前一天下午接到的3个配送订单进行配送作业，根据公司的物流配送服务水平，需要在4h内完成货物配送到门店。要配送的货物前一天已经出库完成等待配送，作为配送部门的主要负责人，请设计正确合理的配送作业计划。配送作业的订单数据已经在IDMS虚拟运营软件中录好，具体见下表： **送货单1** 客户名称：AA连锁超市厦门路1店　　　　　送货时间：12：00 送货地址：厦门路889号　　　　　　　　　订单编号：PS2016123000007 联系人：刘雯　　　　　　　　　　　　　　联系电话：021-8352▇▇▇▇ | 货物代码 | 货物名称 | 重量/kg | 数量（件） | 备注 | | --- | --- | --- | --- | --- | | 0601002 | 晨光按动子弹头中性笔 | 210 | 120 | | | 0606002 | 小怪兽拉链笔袋 | 15 | 300 | | | 0607001 | 得力4B美术用橡皮擦 | 135 | 180 | | | | 合计 | 360 | 600 | |

（续）

	教师演示任务书
货物储配作业优化（单人作业）	**送货单 2** 客户名称：AA 连锁超市合肥路 1 店　　　　送货时间：12:00 送货地址：合肥路 1024 号　　　　　　　　订单编号：PS2016123000008 联 系 人：李春天　　　　　　　　　　　　联系电话：021-8486 	货物代码	货物名称	重量/kg	数量（件）	备注
---	---	---	---	---
0601002	晨光按动子弹头中性笔	315	180	
0603003	威尔胜 WILSON 网球	100	200	
0606002	小怪兽拉链笔袋	7.5	150	
0607001	得力 4B 美术用橡皮擦	195	260	
	合计	617.5	790	| **送货单 3** 客户名称：AA 连锁超市太原路店　　　　　　送货时间：12:00 送货地址：太原路 128 号　　　　　　　　　订单编号：PS2016123000009 联 系 人：王强　　　　　　　　　　　　　联系电话：021-8662 | 货物代码	货物名称	重量/kg	数量（件）	备注
---	---	---	---	---
0603003	威尔胜 WILSON 网球	130	260	
0601002	晨光按动子弹头中性笔	385	220	
0606002	小怪兽拉链笔袋	16	320	
0607001	得力 4B 美术用橡皮擦	120	160	
	合计	651	960		 任务要求： 1. 结合附录 D 中的资料对每个出库订单进行客户订单有效性分析。 2. 对有效的出库订单进行分析，在时间允许范围内，如果配送中心库存量不足或断货应及时进行进货，制订进货计划（订货不需要计算经济批量，如需要订货，只需要向供应商订购一托盘货物即可） 3. 对配送中心的"文化用品"货物进行 ABC 分类，设计出货物的库存管理方式 4. 根据入库货物的属性和库存管理方式，安排入库车辆的停靠月台，进行货物验收、堆码设计和上架储位安排 5. 根据 ABC 货物分类结果和当前库存安排，对本次出库货物的拣货区的储位进行优化调整，制订移库计划 6. 对有效的出库订单进行分析，在时间允许范围内，如果拣货区库存量不足或断货应及时进行补货，制订补货计划（拣货区补货只需通过查询库存判断是否需要补货，对本次出库单中需要补货的货物，补货数量为补充到该库位的最大库存容量即可） 7. 根据出库订单、当前库存量和货物原始储存区等相关信息进行订单分析，选择合适的拣货方式、拣货策略和拣货路径 8. 配送运输采用笼车集装方式，每个笼车最大载重 500kg，根据订单货物总重量，计算每个订单需要笼车装载的数量 9. 在 IDMS 配送管理信息系统中，调查各个客户的位置（绘制或软件截图表示），导出距离矩阵表 10. 根据客户分布及客户对配送作业的要求，综合考虑配送作业成本进行配送路线优化的方案设计，确定送货车辆的选型和配送路线 11. 根据配送路线安排的结果，确定配送顺序进行装车配载，并绘制车辆配载示意图 12. 本次作业模拟一天中 AA 配送中心的运作情景，其中需要处理的作业包括订货、入库、出库、补货、移库、配送等作业内容。根据以上设计的结果，按照时间先后顺序和作业内容将一天的仓储和配送作业的内容编制成作业进度计划表，并用甘特图体现作业进度计划和优化实施过程的内容 13. 在明确了 12 月 30 日一天要进行的仓储配送作业基础上，对这一天要进行的所有事情的成本进行预算，包括作业过程可能发生的各种费用项目及相应的预算金额

（续）

教师演示任务书

货物储配作业优化（小组作业）

2017年1月1日，随着"年货节"的到来，AA配送中心的业务量大幅增加，员工们应接不暇，此时，AA配送中心收到4个店的订单，客户要求提取一批货物，此批货物属于"文化用品"类，根据配送中心的库存系统提示，部分货物有可能不能正常拣货出库。假如你是仓储与配送的部门负责人，是否能够通过多人协同作业提高仓储与配送的工作效率？该如何安排好人员分工，做好这次出库配送业务呢？如何针对工作过程中可能出现的问题做好应急预案

其中，入库单见下表：

入库单

货　主：AA配送中心　　　　　　　　　订单日期：2016年12月31日
供应商：GG文化用品有限公司　　　　　预到日期：2017年1月1日

货物编码	货物名称	单位	数量	单价（元）	金额（元）	备注
0603001	红双喜道勃尔乒乓球	桶	648	69	44712	

其中，出库单见下表：

出库单

客户	货物编码	货物名称	出库数量	单位
AA连锁超市合肥路1店	0601001	晨光原木HB铅笔	2	桶
	0602001	彩色长尾票夹	3	瓶
AA连锁超市成都路1店	0607003	全万年方形钢嘴修正液	3	罐
	0602001	彩色长尾票夹	4	瓶
	0607002	晨光改正液	5	罐
AA连锁超市西安北路店	0607003	全万年方形钢嘴修正液	2	罐
	0601001	晨光原木HB铅笔	1	桶
	0602001	彩色长尾票夹	7	瓶
	0607002	晨光改正液	9	罐
AA连锁超市杭州路店	0607003	全万年方形钢嘴修正液	4	罐
	0602001	彩色长尾票夹	6	瓶
	0607002	晨光改正液	4	罐

2017年1月1日，AA配送中心需要将前一天下午接到的6个配送订单进行配送作业，根据公司的物流配送服务水平，需要在4h内完成货物配送到门店。要配送的货物前一天已经出库完成等待配送，作为配送部门的主要负责人，请设计正确合理的配送作业计划

其中，送货单见下表：

送货单1

客户名称：AA连锁超市厦门路1店　　　　送货时间：2017年1月1日
送货地址：厦门路889号　　　　　　　　订单编号：PS2017010100013
联系人：刘雯　　　　　　　　　　　　　联系电话：139162████

序号	货物编码	货物名称	件数（件）	重量/kg	备注
1	0601001	晨光原木HB铅笔	200	480	
2	0601002	晨光按动子弹头中性笔	100	175	
3	0601003	英雄学生练字钢笔	300	495	
4	0602001	彩色长尾票夹	150	120	
		合计	750	1270	

送货单2

客户名称：AA连锁超市苏州路店　　　　　送货时间：2017年1月1日
送货地址：苏州路1168号　　　　　　　　订单编号：PS2017010100014
联系人：霍敏轩　　　　　　　　　　　　联系电话：139160████

序号	货物编码	货物名称	件数（件）	重量/kg	备注
1	0602002	得力502强力胶	550	907.5	
2	0602003	得力桶装回形针	530	434.6	
3	0603001	红双喜道勃尔乒乓球	320	160	
		合计	1400	1502.1	

（续）

<table>
<tr><th colspan="2">教师演示任务书</th></tr>
<tr>
<td rowspan="2">货物储配
作业优化
（小组作业）</td>
<td>

送货单 3

客户名称：AA 连锁超市济南路 2 店　　　　　　送货时间：2017 年 1 月 1 日
送货地址：济南路 765 号　　　　　　　　　　　订单编号：PS2017010100015
联 系 人：张德军　　　　　　　　　　　　　　联系电话：139160████

序号	货物编码	货物名称	件数（件）	重量/kg	备注
1	0603002	李宁鹅毛羽毛球	850	425	
2	0603003	威尔胜 WILSON 网球	1320	660	
		合计	2170	1085	

送货单 4

客户名称：AA 连锁超市常熟路店　　　　　　　送货时间：2017 年 1 月 1 日
送货地址：常熟路 105 号　　　　　　　　　　　订单编号：PS2017010100016
联 系 人：花蕊　　　　　　　　　　　　　　　联系电话：138160████

序号	货物编码	货物名称	件数（件）	重量/kg	备注
1	0604001	道林 A5 活页纸	840	428.4	
2	0604002	玛丽 36K 练习本	700	490	
3	0605001	24 色 3D 彩泥橡皮泥	600	272.4	
4	0605002	米菲 36 色水彩笔	700	280	
		合计	2840	1470.8	

送货单 5

客户名称：AA 连锁超市合肥路 2 店　　　　　　送货时间：2017 年 1 月 1 日
送货地址：合肥路 327 号　　　　　　　　　　　订单编号：PS2017010100017
联 系 人：杨珍惜　　　　　　　　　　　　　　联系电话：139165████

序号	货物编码	货物名称	件数（件）	重量/kg	备注
1	0606001	龙猫果冻笔袋	800	96	
2	0606002	小怪兽拉链笔袋	1000	50	
		合计	1800	146	

送货单 6

客户名称：AA 连锁超市太原路店　　　　　　　送货时间：2017 年 1 月 1 日
送货地址：太原路 128 号　　　　　　　　　　　订单编号：PS2017010100018
联 系 人：王强　　　　　　　　　　　　　　　联系电话：136162████

序号	货物编码	货物名称	件数（件）	重量/kg	备注
1	0606003	得力多功能铅笔盒	500	25	
2	0606004	欧唛多层木质文具盒	480	57.6	
3	0607001	得力 4B 美术用橡皮擦	1300	975	
		合计	2280	1057.6	

</td>
</tr>
<tr><td>

任务要求：
1. 对配送中心 12 月份"文化用品"类货物进行 ABC 分类，设计出货物的库存管理方式
2. 根据入库单信息，进行入库车辆停靠月台安排
3. 针对入库货物的属性，进行货物验收
4. 根据入库货物的规格，进行货物堆码设计
5. 针对设计的库存管理方式，进行货物上架储位安排
6. 根据出库订单金额和附录 D 中客户的信用额度进行订单有效性分析，若有无效订单，剔除无效订单
7. 编制出库货物信息汇总表；如果需要进货，则制订入库作业计划（进货不需要计算经济批量，如需进货，只需向供应商订购一整托货物即可）
8. 根据 ABC 货物分类结果和当前库存安排，对本次出库货物的拣货区的储位进行优化调整，制订移库计划
9. 对本次出库单中需要补货的货物，补货数量为拣货区库位的最大库存量
10. 设计出库作业执行方案，预编出库货物分配结果
11. 配送运输采用笼车集装方式，每个笼车最大载重 500kg，根据订单货物总重量，计算每个订单需要笼车装载的数量

</td></tr>
</table>

(续)

教师演示任务书	
货物储配作业优化（小组作业）	12. 在 IDMS 配送管理信息系统中，调查各个客户的位置（绘制或软件截图表示），导出距离矩阵表 13. 根据客户分布及客户对配送作业的要求，采用节约里程法手工进行配送路线优化的方案设计，确定送货车辆的选型和配送顺序 14. 根据配送路线安排的结果，绘制车辆配载示意图 15. 本次模拟仓库运作，系统模拟一天中 AA 配送中心的运作情景，其中需要处理的作业包括入库、出库、补货、移库、订货等作业内容，根据以上设计的结果和预案，可以计划到 2017 年 1 月 1 日当天将要进行的作业。请按照时间先后顺序和作业的内容将小组成员在一天的仓储和配送作业中的工作内容编制成作业进度计划表，并用甘特图体现作业进度计划和优化实施过程的内容，还包括可能出现问题的预案 16. 在明确了 2017 年 1 月 1 日要进行的仓储配送作业基础上，对这一天要进行的所有事情的成本进行预算，包括作业过程可能发生的各种费用项目及相应的预算金额

附录 B　配送中心调研模板（仅供参考）

表 B-1　配送中心设施设备规模调研

名　称	调研问题		调研结果
仓储（IWMS）	输送系统设备种类		
	入库月台口数量		
	出库月台口数量		
	拣货区货架种类及其对应的库位数		
	立库货架的规格与库位数量		排列层
	托盘货架的规格与库位数量		排列层
	电子标签播种式货架的规格与库位数量		
	立库货架进出库输送机总数量		
	异常分拣口数量		
	托盘规格		
	电动叉车的数量		
	手动液压托盘车的数量		
	平板手推车的数量		
	双层手推车的数量		
	办公区业务部门有哪些		
配送（IDMS）	自有车辆 3t	车辆数量	
		最多装载笼车数量	
		固定成本	
		变动成本	
	自有车辆 5t	车辆数量	
		最多装载笼车数量	

（续）

名　称	调研问题		调研结果
配送（IDMS）	自有车辆 5t	固定成本	
		变动成本	
	外协车辆 3t	车辆数量	
		最多装载笼车数量	
		固定成本	
		变动成本	
	外协车辆 5t	车辆数量	
		最多装载笼车数量	
		固定成本	
		变动成本	
	办公区业务部门有哪些		

表 B-2　配送中心作业岗位及职责调查

岗　位	岗　位　职　责
调度员	负责在调度室的 DMS 管理系统中完成车辆调度的整个过程
⋮	⋮

表 B-3　作业成本调查表

成本类型	成本科目	科目名称	成本值
作业人员计时成本	总经理	总经理单位时间费用	0.5 元/min
⋮	⋮	⋮	⋮

表 B-4　货物数据调研收集表

货物代码	货物名称	包装规格	装箱规格 [（长/mm）×（宽/mm）×（高/mm）]	码放层数（层）	装盘件数（件）	拣货形态 整箱/拆零/整托
03050260	统一冰红茶	1-12-288	440×320×300	3	288	拆零
⋮	⋮	⋮	⋮	⋮	⋮	⋮

表 B-5　货物库存量数据调研收集表

货物代码	货物名称	年出货量(件)	当前库存总数量(件)	存储区库存(件)	拣货区库存(件)
0101001	美汁源果粒橙	1800	68	60	8
⋮	⋮	⋮	⋮	⋮	⋮

附录 C 方案模板

一、工作准备

（一）角色分工

为确保作业实施过程的顺利进行，提前明确各角色的具体分工，便于方案实施过程中准确地选择对应的角色进行操作实施，见表 C-1。

表 C-1　角色分工

角色	分工
入库管理员	入库订单处理、入库月台分配
搬运工	搬运托盘、搬运笼车、货物、驾驶车辆
理货员	货物组托
出库管理员	出库订单处理
仓库管理员	补货单据、移库单据的处理
拣货员	拣货
补货员	货位补货作业、货物移库作业
复核员	复核打包
调度员	分配笼车，车辆调度、配送路线规划
配载员	笼车配载
货车驾驶员	货物配送

（二）作业流程图

为保证作业的顺利完成，应编制作业计划流程图，便于我们在方案设计过程中有清晰的思路，如图 C-1 所示。

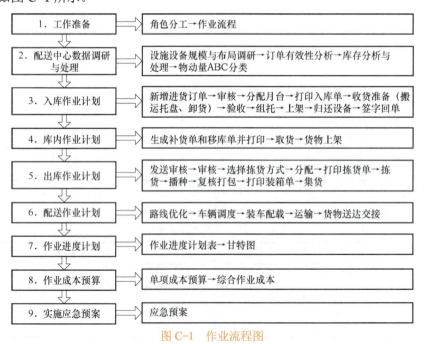

图 C-1　作业流程图

二、配送中心运营数据调研与分析

（一）配送中心设施设备规模与布局

进驻 AA 配送中心（三维仿真系统），实地调研该配送中心的设施设备规模，熟悉配送中心中每种设备的功能用途，将调查结果填入表 C-2。

表 C-2　配送中心调研表

调查问题	调查结果
输送系统设备种类	滚筒输送机、滑块输送机
入库月台口数量	6 个
出库月台口数量	8 个
出库月台升降机数量	8 个
拣货区货架种类及其对应的库位数	电子标签货架 4 排 48 列 2 层 384 个 中型货架 23 排 12 列 3 层 828 个
托盘货架规格与库位数量	6 排 16 列 3 层 288 个
立库货架规格与库位数量	10 排 42 列 8 层 3360 个
RGV 小车数量	6 个
托盘规格	1200mm×1000mm×150mm
电动叉车数量	3 个
手动液压托盘车数量	2 个
平板手推车数量	5 个
双层手推车数量	3 个
办公区业务部门	仓储部、配送部、客服部、财务部等

了解 AA 配送中心的设施设备的规模后，开始调查配送中心作业岗位及职责，主要调查 IDMS 虚拟配送运输运营软件中的作业岗位职责，将调查结果填入表 C-3。

表 C-3　作业岗位职责

岗　位	岗位职责
调度员	负责在调度室的 DMS 管理系统中完成车辆调度的整个过程
配载员	负责将需要配送的笼车装到已经调度好的车辆上
货车驾驶员	负责将装载好的车辆送到客户点，完成货物的送达交接作业
⋮	⋮

完成作业岗位的调查后，进入 DMS 管理系统调查系统中的作业成本，在此调查 IDMS 虚拟配送运输运营软件中的作业成本，将调查结果填入表 C-4。

表C-4 作业成本表

成本类型		科目名称	成本值
配送（IDMS）	人员成本	总经理	0.5min
	人员成本	销售代表	0.2min
	人员成本	调度员	0.3min
	人员成本	配载员	0.2min
	人员成本	运输经理	0.3min
	人员成本	货车驾驶员	0.2min
	自有车辆3t	固定成本	300次
		变动成本	6km
	自有车辆5t	固定成本	500次
		变动成本	10km
	外协车辆3t	固定成本	800次
		变动成本	3km
	外协车辆5t	固定成本	1200次
		变动成本	5km
	按次计费设备	打印纸张费用	0.3次
	按次计费设备	仓储笼费用	0.5次

（二）订单有效性分析

由于各门店在之前的配送过程中存在不同程度的信用金额，在出库作业时需分析出库订单信息，结合各门店信用额度，剔除无效订单。

根据客户订单及客户档案相关信息，对客户订单进行有效性分析，当累计应收账款大于信用额度时，订单无效，见表C-5。

表C-5 客户订单信息汇总表

客户名称	厦门路1店	苏州路店	太原路2店	济南路2店	哈尔滨路店
信用额度（万元）	10	22	8	35	15
应收账款（万元）	9.8	21.9	6.6	34.9	15
订单金额（万元）	0.0242	0.0224	0.0256	0.019	0.0196
累计金额（万元）	9.8242	21.9224	6.6256	34.919	15.0196
是否超出信用额度	否	否	否	否	是
订单是否有效	有效	有效	有效	有效	无效

故哈尔滨路店的订单无效，库存分析时剔除哈尔滨路店的订单。

（三）库存分析

1. 库存分析

在WMS中查看本次任务的订单信息，统计汇总本次任务的货物出库需求信息，并在WMS中查询你所运营仓库的出库货物库存信息，预判断本次出库作业能否执行，是否需要进行订货入库进货作业，如果需要请做好订货入库的计划，并且填写表 C-6。

表 C-6　出库货物信息汇总表

货物编号	货物名称	出库总需求量（件）	当前货物所在库区及库存量				是否进货
			存储区库区	数量（件）	拣货区库区	数量（件）	
02010023	醒目 255mL	72	—	—	中型货架	35	是
03020015	海天味极鲜酱油 1L	32	立库货架	288	中型货架	6	否
06030019	250mL 伊利早餐奶	120	立库货架	120	中型货架	48	否
01020016	农夫山泉天然水	56	立库货架	864	中型货架	2	否

2．进货订单

分析出库货物的库存情况，如有需要进货的，请制订进货计划，见表 C-7。根据任务要求，订货不需要计算经济批量订货，如有需要订货，只需要向供应商订购 20 箱货物，考虑作业实施任务量的大小，计划进货入库的货物也需要做入库作业计划的方案。

表 C-7　进货订单

货　主：AA 配送中心　　　　　　　　　　　　订单日期：2016 年 11 月 3 日
供应商：JJ 食品有限公司　　　　　　　　　　预到日期：2016 年 11 月 4 日

序号	商品名称	货物编号	包装尺寸 [（长/mm）×（宽/mm）×（高/mm）]	入库（箱）
1	醒目 255mL	02010023	440×320×300	20

三、入库作业计划

11 月 3 日，AA 配送中心从供应商订货的货物运输到配送中心，需要对其进行入库验收与上架的作业，商品入库的信息见表 C-8。

表 C-8　入库信息表

货　主：AA 配送中心　　　　　　　　　　　　订单日期：2016 年 11 月 3 日
供应商：HH 日化用品有限公司　　　　　　　　预到时间：2016 年 11 月 4 日

商品名称	规格	包装尺寸 [（长/mm）×（宽/mm）×（高/mm）]	年需求量（件）	次订货成本（元）	年单位存储成本（元）
清风手帕纸	1-36-360	600×400×500	2592	32	2
枪手无味杀虫气雾剂	1-24-576	430×320×300	20736	24	3

请根据以上入库信息，从入库月台安排、货物码盘组托、上架安排三个方面为本次入库作业制订详细的入库作业计划。

（一）物动量 ABC 分类

物动量 ABC 分类标准为累计出库量。A 类货物为累计出库量所占比重 0～80%（含 80%），品项累计所占比重 0～20%；B 类货物为累计出库量所占比重 80%～95%（含 95%），品项累计所占比重 20%～50%；C 类货物为累计出库量所占比重 95%～100%（含 100%），品项累计所占比重 50%～100%。

依据物料出入库流水表中的品项与数量，运用 ABC 分类法对货物进行有效控制和管理。

注："商品进出货流水账"请从虚拟仓库仓储办公室计算上的 WMS 系统仓库报表中导出，系统中保留有其中一周（10 月 27 日—11 月 2 日）的货物出入库流水信息，请依此信息对仓

库货物进行 ABC 分类，见表 C-9。运用 Excel 数据透视表的统计分析功能对出库数据进行大数据分析，提高工作效率。

表 C-9 ABC 分类表

序 号	商 品	出库量（件）	单品类占比		合 计 占 比		类 别
			品 项	出库量	品 项	出 库 量	
1	130g 达能牛奶饼干	8860	3.33%	17.31%	3.33%	17.31%	A
2	旺旺雪饼	7702	3.33%	15.05%	6.67%	32.36%	
3	农夫山泉天然水	6880	3.33%	13.44%	10.00%	45.81%	
4	新达利香辣牛肉桶装米线	5950	3.33%	11.63%	13.33%	57.44%	
5	格力高双层百力滋	5219	3.33%	10.20%	16.67%	67.63%	
6	巧面馆红烧牛肉面	4913	3.33%	9.60%	20.00%	77.23%	
7	100g 绿盛牛肉粒	1897	3.33%	3.71%	23.33%	80.94%	B
8	180g 亨仕利盐津葡萄	1125	3.33%	2.20%	26.67%	83.14%	
9	枪手无味杀虫气雾剂	1097	3.33%	2.14%	30.00%	85.28%	
10	250mL 伊利早餐奶	981	3.33%	1.92%	33.33%	87.20%	
11	舒蕾洗发水 1L	872	3.33%	1.70%	36.67%	88.90%	
12	三辉法式香奶面包	738	3.33%	1.44%	40.00%	90.35%	
13	清风手帕纸	737	3.33%	1.44%	43.33%	91.79%	
14	雀巢麦片（高钙）	621	3.33%	1.21%	46.67%	93.00%	
15	300g 雕牌洗衣粉	617	3.33%	1.21%	50.00%	94.21%	
16	六神花露水	516	3.33%	1.01%	53.33%	95.21%	C
17	一次性打火机	415	3.33%	0.81%	56.67%	96.03%	
18	维达餐巾纸	310	3.33%	0.61%	60.00%	96.63%	
19	雀巢麦片（燕麦）	300	3.33%	0.59%	63.33%	97.22%	
20	90g 高露洁美白牙膏	294	3.33%	0.57%	66.67%	97.79%	
21	金龙鱼葵花籽食用调和油 5L	283	3.33%	0.55%	70.00%	98.34%	
22	醒目 255mL	280	3.33%	0.55%	73.33%	98.89%	
23	索芙特保温啫喱水	126	3.33%	0.25%	76.67%	99.14%	
24	梅林午餐肉罐头	115	3.33%	0.22%	80.00%	99.36%	
25	可口可乐 355mL	91	3.33%	0.18%	83.33%	99.54%	
26	海天味极鲜酱油 1L	76	3.33%	0.15%	86.67%	99.69%	
27	苏泊尔电饭锅	69	3.33%	0.13%	90.00%	99.82%	
28	高露洁牙刷	48	3.33%	0.09%	93.33%	99.92%	
29	海天白米醋 450mL	27	3.33%	0.05%	96.67%	99.97%	
30	鲁花菜籽油 1L	15	3.33%	0.03%	100.00%	100.00%	

（二）货物进货量的计算

通过平衡采购进货成本和保管仓储成本核算，以实现总库存成本最低的最佳订货量。经济订货批量是固定订货批量模型的一种，可以用来确定企业一次订货（外购或自制）的数量。当企业按照经济订货批量来订货时，可实现订货成本和储存成本之和最小化。

清风手帕纸：

$$Q = \sqrt{2 \times 年订货量 \times \frac{每次订货成本}{单位存货的年储存成本}} = \sqrt{2 \times 2592 \times \frac{32}{2}} = 288（件）= 8（箱）$$

枪手无味杀虫气雾剂：

$$Q = \sqrt{2 \times 年订货量 \times \frac{每次订货成本}{单位存货的年储存成本}} = \sqrt{2 \times 20736 \times \frac{24}{3}} = 576（件）= 24（箱）$$

通过对入库信息表中的数据应用经济订货批量计算，设计的入库单见表C-10。

表C-10 入库单

货主：AA配送中心　　　　　　　　　　　　订单日期：2016年11月3日
供应商：HH日化用品有限公司　　　　　　　预到日期：2016年11月4日

货物编码	货物名称	单位	数量（件）	单价（元）	金额（元）	备注
01020032	清风手帕纸	瓶	288	6	1728	
05260020	枪手无味杀虫气雾剂	瓶	576	25	14400	

（三）库存管理方式

由于AA配送中心存储区中立库货架区有3360个货位，托盘货架有288个货位。立库货架区存储量和托盘货区的存储量是11.67:1的关系，所以大多数货物都放在立库货架区。其中，C类货物种类多、价值低、出库频率低，将C类货物安排于立库货架靠近入口的位置；B类货物种类较多，可排于立库货架中间位置或靠近出口的中层；A类货物种类少、出库频率高、较为贵重，则需安排在立库货架靠近出口的底层。这三种类别的货物都要满足储位分配的基本原则，重的货物存放在下面的货位，较轻的货物存放在高处的位置。特殊货物、易燃易爆货物和退换货物放置在托盘货架区。

根据货物属性和ABC分类结果：清风手帕纸、枪手无味杀虫气雾剂和250mL伊利早餐奶都是B类货物，醒目255mL是C类货物，B类货物种类较多，可排于立库货架中间位置或靠近出口的中层，但枪手无味杀虫气雾剂属于易燃易爆货物，应该放置在托盘货架区。

（四）入库月台安排

由于清风手帕纸、枪手无味杀虫气雾剂和250mL伊利早餐奶都是B类货物，醒目255mL是C类货物，B类货物种类较多，可排于立库货架中间位置或靠近出口的中层，但枪手无味杀虫气雾剂属于易燃易爆货物，应该放置在托盘货架区。

因为清风手帕纸、枪手无味杀虫气雾剂在同一辆车内，而清风手帕纸上架至立库货架区，枪手无味杀虫气雾剂上架至托盘货架。通过计算叉车运行距离可知入库月台安排为月台3（R03）工作效率最高。250mL伊利早餐奶和醒目255mL分别在不同的车内，250mL

伊利早餐奶和醒目 255mL 都上架至立库货架区。通过计算叉车运行距离可知，收货月台安排为月台 4（R04）和月台 5（R05）效率最高，见表 C-11。

表 C-11　入库月台分配表

序号	货物编码	货物名称	存储库区	入库月台
1	01020032	清风手帕纸	立库货架区	R03
2	05260020	枪手无味杀虫气雾剂	托盘货架区	
3	06030019	250mL 伊利早餐奶	立库货架区	R04
4	02010023	醒目 255mL	立库货架区	R05

（五）货物验收

货物的验收主要包括检验数量、检验质量和检验包装三方面的内容，即核对货物数量是否与入库凭证相符，货物质量是否符合规定的要求，货物包装能否保证在储存和运输过程中的安全。主要针对货物的数量进行验收，见表 C-12。

表 C-12　货物验收表

供应商	货物名称	包装规格[(长/mm)×(宽/mm)×(高/mm)]	应收数量（件）	实收数量（件）	差异原因	主管签字
HH 日化用品有限公司	清风手帕纸	600×400×500	288	288		
	枪手无味杀虫气雾剂	430×320×300	576	576		
JJ 食品有限公司	250mL 伊利早餐奶	430×320×300	480	480		
	醒目 255mL	430×320×300	480	480		

（六）货物组托示意图

请根据入库订单货物的包装规格、托盘尺寸、码盘注意事项等信息，对入库商品做出码盘设计。要求画出码盘奇数层俯视图、偶数层俯视图。

枪手无味杀虫气雾剂、250mL 伊利早餐奶和醒目 255mL 的堆码如图 C-2 所示。

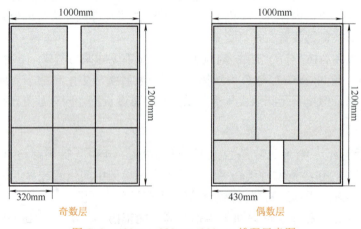

图 C-2　430mm×320mm×300mm 堆码示意图

清风手帕纸的堆码如图 C-3 所示。

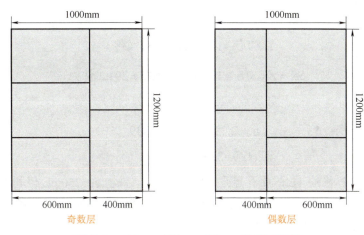

图 C-3 600mm×400mm×500mm 堆码示意图

（七）货物上架储位安排

货物码盘完成后，需要根据码盘的托盘数量，分别安排上架储位，请根据 ABC 分类结果，以及货物存储的特殊要求，将托盘货物合理安排在配送中心存储区货架上，存储区货架包括立库货架和托盘货架。

由于清风手帕纸和 250mL 伊利早餐奶都是 B 类货物，并且无特殊属性，将清风手帕纸放在立库货架中间位置 A052505，250mL 伊利早餐奶放在立库货架靠近出口的中层 A053502。醒目 255mL 是 C 类货物，并且无特殊属性，放在立库货架靠近入口的地方 A050502。枪手无味杀虫气雾剂是 B 类货物，但属于易燃易爆货物，应该放置在托盘货架区 P061101。

货物上架储位安排信息见表 C-13。

表 C-13 货物上架储位安排信息表

托盘	商品	ABC 分类结果	有无特殊存储要求	安排库位
1	清风手帕纸	B	无	A052505
2	枪手无味杀虫气雾剂	B	易燃易爆	P061101
3	250mL 伊利早餐奶	B	无	A053502
4	醒目 255mL	C	无	A050502

四、库内作业优化调整

（一）拣货区库存管理

根据每种货物的日平均消耗量，计算这几种货物的安全库存，判断哪些货物需要进行进货补货作业。如果需要，计算订购点是多少。

因为醒目 255mL 要进行进货作业，因此库内作业中不考虑此种货物。

已知：海天味极鲜酱油 1L 是 C 类货物，日需求量的标准差是 55 单位；250mL 伊利早餐奶是 B 类货物，日需求量的标准差是 102 单位。农夫山泉天然水是 A 类货物，日需求量的标准差是 84 单位。其中，所有货物的提前期是 3 天，A 类货物的服务水平是 99%，B 类货物的服务水平是 95%，C 类货物的服务水平是 90%，它们的标准差参考附录 F。

根据安全库存的公式计算货物安全库存如下：

海天味极鲜酱油 1L: $SS = z\sigma_d\sqrt{L} = 1.28 \times \sqrt{3} \times 55 = 122$（件）

订购点 $= 122 + 55 \times 3 = 287$（件）

250mL 伊利早餐奶: $SS = z\sigma_d\sqrt{L} = 1.65 \times \sqrt{3} \times 102 = 291$（件）

订购点 $= 291 + 102 \times 3 = 597$（件）

农夫山泉天然水: $SS = z\sigma_d\sqrt{L} = 2.33 \times \sqrt{3} \times 84 = 339$（件）

订购点 $= 339 + 84 \times 3 = 591$（件）

由于海天味极鲜酱油 1L 的库存量是 294 件，大于订购点；250mL 伊利早餐奶的库存量是 168 件，小于订货点；农夫山泉天然水的库存量是 866 件，大于订购点，故只有 250mL 伊利早餐奶需要进行进货补货作业。

分析货物拣货区库存量，判断本次任务出库货物的拣货区库存量是否够用。判断哪些货物需要进行库内补货作业，以及哪些货物需要进行移库。具体的分析见表 C-14。

表 C-14 拣货区库存管理表

货物编码	货物名称	ABC 分类	拣货区库位	拣货区库存	拣货区出库量	是否补货	是否移库
02010023	醒目 255mL	C	F030502	—	—	否	否
03020015	海天味极鲜酱油 1L	C	F110202	6	8	是	否
06030019	250mL 伊利早餐奶	B	F030201	—	—	否	否
01020016	农夫山泉天然水	A	F040502	2	8	是	是

综合以上两种方法判断可知，250mL 伊利早餐奶要进行进货补货作业，海天味极鲜酱油 1L 和农夫山泉天然水要进行库内补货作业，农夫山泉天然水要进行移库作业。其中，农夫山泉天然水既要进行库内补货又要进行移库作业，为避免不必要的重复作业，先进行移库作业，再进行库内补货作业。

（二）储位优化调整（移库）

根据物动量 ABC 分类的结果，对拣货区货物的储位进行优化调整，合理规划设计拣货区货物存储位置，能够有效提高拣货效率，仓库中的散品货物存储于电子标签仓库和中型货架仓库，熟悉这两种设备的拣货作业方式，试对本次出库货物进行拣货储位的优化调整，进行移库作业。

当同一种货物既需要移库又需要补货的时候先进行移库作业，再进行补货作业，这样可以减少工作量，将最终的设计结果填入表 C-15 中。

表 C-15 库位调整作业表

货物编码	货物名称	原库位	目标库位	移库数量
01020016	农夫山泉天然水	F040502	L040502	2

（三）进货补货作业计划

对于需要进货补货的货物制订进货补货计划，订购点根据安全库存进行计算。计划制订完成后，在任务实施阶段需要在系统中录入对应的入库单，并执行进货补货作业。根据作业计划填制表 C-16。

表 C-16　进货补货作业计划表

货　　主：AA 配送中心　　　　　　　　　　　　订单日期：2016 年 11 月 3 日
供应商：JJ 食品有限公司　　　　　　　　　　　预到日期：2016 年 11 月 4 日

序　号	商品名称	货物编码	包装尺寸 [（长/mm）×（宽/mm）×（高/mm）]	入库（箱）
1	250mL 伊利早餐奶	06030019	440×320×300	20

订购点 = 安全库存 + 平均日需求量 × 备货时间 =291+102×3=597（件）≈ 20（箱）

由于进货补货作业也需要货物进行入库作业，所以也需要进行入库月台安排、货物码盘组托、上架安排三个方面的计划，本次入库作业计划的制订详见入库作业计划。

（四）库内补货作业计划

对于需要补货的货物制订补货计划，配送中心运作规定，拣货区货物补货时，每次补充到该库位的最大库存容量。计划制订完成后，在任务实施阶段需要在系统中录入对应的补货单，并执行补货作业。根据作业计划填制表 C-17。

表 C-17　补货作业计划表

货物编码	货物名称	拣货区库位	当前库存量（件）	最大库存容量（箱）	计划补货量（箱）
03020015	海天味极鲜酱油 1L	F110202	6	3	2
01020016	农夫山泉天然水	L040502	2	6	5

五、出库作业计划

2016 年 11 月 4 日，AA 配送中心接收到各门店的订货信息，订单信息请在系统中查询。

（一）拣货方式的选择

根据订单信息、当前库存量和货物存储区域等相关信息，分析相关数据，写出对本次订单的分析结果，并详细设计本次作业的执行方案。

拣货方式：合并所有订单，进行播种式拣货作业方式，见表 C-18。

由于门店稳定且数量较多，需求数量有差异，但品种共性高，并且配送时间要求也不太严格，可以采取播种式拣货作业方式并进行拣货路线规划，减少不必要的重复路径。

表 C-18　拣货方式

有效订单号	是否合并	合并方式	拣货方式	理　由
1	是	全部合并	播种式	由于客户数量较多，需求虽有差异，但品种共性高，可以采取播种式拣货作业方式并进行拣货路线规划，减少不必要的重复路径，从而达到节约时间、降低成本的效果
2	是	全部合并	播种式	
3	是	全部合并	播种式	
4	是	全部合并	播种式	

（二）拣货策略的制订

分批按合计量分拣后再集中分类，在拣货作业前将所有订单中订货量按品种进行累计处理，然后按累计的总量进行拣货分类，这就是按照总合计量分批，其好处在于可以缩短拣货路径。总合计量分批如图 C-4 所示。

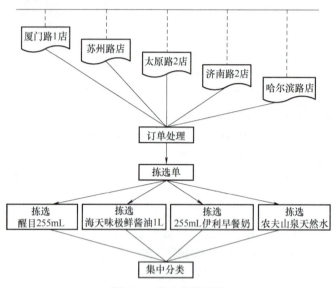

图 C-4　总合计量分批

根据此拣货策略，制订具体的出库分配计划，见表 C-19。

表 C-19　库存分配计划表

货物编码	货物名称	出库总量	各库区的出库量	
			存储区出库量	拣货区出库量
02010023	醒目 255mL	72	72	—
03020015	海天味极鲜酱油 1L	32	24	8
06030019	250mL 伊利早餐奶	120	120	—
01020016	农夫山泉天然水	56	48	8

（三）拣货路径设计

为了缩短拣货员的行走距离或拣货设备的搬运距离，事先对各个拣货库位和车辆存放进行研究分析，电子标签货架区和立库货架区的拣货不需要车辆搬运货物，托盘货架区拣货需要平板手推车搬运货物，中型货架区需要双层手推车搬运货物。这里我们考虑车辆在拣货过程中的行走路径，用粉色的框在配送中心平面图（平面图参考图 2-9）中标注拣货库位和两个车辆存放区。

通过计算可知，拣货路径为：车辆存放区 1→中心货架→输送线→电子标签货架→车辆存放区 2→立库货架出库口。

六、配送作业计划

11 月 4 日，AA 配送中心需要将前一天下午接到的 6 个配送订单进行配送作业，根据公司的物流配送服务水平，需要在 4h 内完成货物配送到门店。要配送的货物前一天已经出库完成等待配送，作为配送部门的主要负责人，请设计正确合理的配送作业计划（配送作业的订单数据请在系统中查询）。

（一）配载信息调研

1. 笼车配载计算

配送运输采用笼车集装方式，每个笼车最大载重 500kg，根据订单货物总重量，计算每个订单需要笼车装载的数量，填入表 C-20。

表 C-20 笼车装载分配信息表

序 号	客 户 名 称	送货重量/kg	需要笼车数（个）	地 址 序 号
1	厦门路 1 店	1302.8	3	A
2	合肥路 1 店	1871.5	4	B
3	苏州路 1 店	760	2	C
4	杭州路 3 店	763	2	D
5	成都路 2 店	1448.5	3	E
6	郑州路 2 店	1308.2	3	F

AA 配送中心在配送车辆选择中有核定载重 3t 和 5t 两种车型，车辆又分为自有车辆和外协车辆。3t 车厢中有 8 个笼车位，5t 车厢中有 12 个笼车位。

2. 客户位置图

在 DMS 配送管理信息系统中，调查各个客户的位置（绘制或软件截图表示），客户的位置如图 C-5 所示。

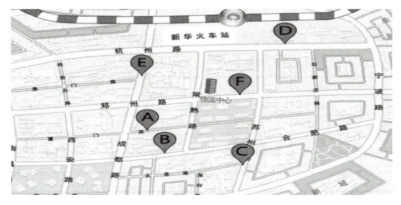

图 C-5 客户位置图

（二）配送路线优化

根据客户分布及客户对配送作业的要求，采用节约里程法手工进行配送路线优化的方案设计，确定送货车辆的选型和配送顺序。本方案在确定完车辆和送货路线后，根据成本计算结果确定在实施环节使用车辆的类型。

1. 导出最短距离矩阵

在 DMS 配送管理信息系统中，调查各个客户之间的距离，导出最短距离矩阵表，见表 C-21。

表 C-21 最短距离矩阵表 （单位：km）

距离矩阵	C0001	A	B	C	D	E	F
C0001	0.00	11.00	12.00	17.00	16.00	14.00	4.00
A	11.00	0.00	10.00	19.00	26.00	13.00	14.00
B	12.00	10.00	0.00	12.00	27.00	20.00	16.00
C	17.00	19.00	12.00	0.00	23.00	30.00	14.00
D	16.00	26.00	27.00	23.00	0.00	20.00	13.00
E	14.00	13.00	20.00	30.00	20.00	0.00	18.00
F	4.00	14.00	16.00	14.00	13.00	18.00	0.00

2．计算节约里程矩阵

根据最短距离矩阵表，计算节约里程矩阵，见表 C-22。

表 C-22 节约里程矩阵

	需要量/kg	P/km					
A	1302.8	11	A/km				
B	1871.5	12	10（13）	B/km			
C	760	17	19（9）	12（17）	C/km		
D	763	16	26（1）	27（1）	23（10）	D/km	
E	1448.5	14	13（12）	20（6）	30（1）	20（10）	E/km
F	1308.2	4	14（1）	16（0）	14（7）	13（7）	18（0）	F/km

3．节约里程排序表

根据节约里程矩阵，对节约的里程进行排序，见表 C-23。

表 C-23 节约里程排序表

序号	路线	节约里程/km	序号	路线	节约里程/km	序号	路线	节约里程/km
1	BC	17	6	AC	9	11	BD	1
2	AB	13	7	CF	7	12	CE	1
3	AE	12	8	DF	7	13	AF	1
4	CD	10	9	BE	6	14	BF	0
5	DE	10	10	AD	1	15	EF	0

4．规划最优配送路线

综合考虑节约的里程和配送成本，选取最优的配送路线，见表 C-24。

表 C-24 最优配送路线

序号	车辆型号	路线	车辆装载	节约里程/km	笼车数（个）
1	5t 车	P→A→B→C→P	ABC	30	9
2	5t 车	P→F→D→E→P	FDE	17	8

（三）装车配载方案

根据配送路线安排的结果，绘制车辆配载示意图，如图 C-6 和图 C-7 所示。

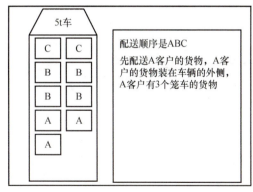
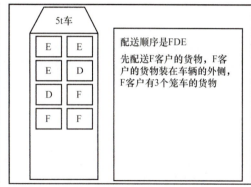

图 C-6　车辆配载图 1　　　　　　图 C-7　车辆配载图 2

七、作业实施计划

（一）作业进度计划

本次模拟仓库运作，系统模拟一天中 AA 配送中心的运作情景，其中需要处理的作业包括入库、出库、补货、订货和配送等作业内容，根据以上设计的结果和预案，可以计划到 2016 年 11 月 4 日当天将要进行的作业情景。请按照时间先后顺序和作业的内容将作业人员在一天的仓储作业和配送作业中的工作内容编制成作业进度计划表，并用甘特图体现。

1. 单人作业

下面以入库作业为例，编制入库作业的进度计划表，见表 C-25，并将入库作业的作业进度计划表用甘特图体现出来，如图 C-8 所示。

表 C-25　入库作业进度计划表

操作人员	任务	开始时间	持续时间	完成时间
入库管理员	进入 WMS，打印入库单	08：30：00	0：01：00	8：31：00
	签收送货单	08：31：00	0：00：30	8：31：30
搬运工	地牛收货	08：31：30	0：02：30	8：34：00
	叉车叉取托盘	08：34：00	0：03：00	8：37：00
理货员	码盘	08：37：00	0：03：00	8：40：00
	PDA 收货	08：40：00	0：01：20	8：41：20
	签字回单	08：41：20	0：00：40	8：42：00
搬运工	PDA 执行上架	08：42：00	0：00：30	8：42：30
	叉车执行入库	08：42：30	0：02：00	8：44：30
	PDA 执行上架	08：44：30	0：00：20	8：44：50
	叉车执行入库	08：44：50	0：01：30	8：46：20
	归还叉车	08：46：20	0：01：00	8：47：20

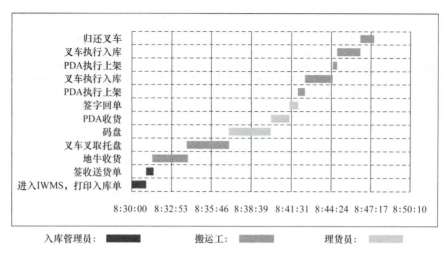

图 C-8　入库作业进度计划甘特图

2. 小组作业

方案的优化作业通过员工之间多人协同作业的标准化操作，提高运作效率，节约物流成本，从而优化存储系统。在优化过程中，根据协同作业的实际操作流程，制作出多人协同作业的甘特图。针对多人协同作业的操作流程，计算出多人协同操作的作业成本，从而得出优化方案。

为了保证作业的顺利完成，首先对队员进行分工，见表 C-26。

表 C-26　多人协同作业人员分工

项　目	队　员	角　色
入库作业	组长	入库管理员
	队员1	理货员1
	队员2	搬运工、理货员2
补货作业	组长	仓库管理员
	队员1	补货员
	队员2	搬运工
出库作业	组长	出库管理员
	队员1	拣货员、搬运工
	队员2	拣货员、搬运工、复核员

下面以入库作业为例，编制入库作业的进度计划表，见表 C-27，并将入库作业的进度计划表用甘特图体现出来，如图 C-9 所示。

表 C-27　多人协同作业入库进度计划表

操作人员	任　务	开始时间	持续时间	完成时间
组长	进入IWMS，打印入库单	08:30:00	0:01:00	8:31:00
	签收送货单	8:31:00	00:00:30	8:31:30
	PDA收货、签字回单	8:34:30	0:02:00	8:36:30
队员1	地牛收货	8:31:00	0:02:30	8:33:30
	码盘	8:33:30	0:01:30	8:35:00
	PDA执行上架	8:35:30	0:00:30	8:36:00

（续）

操作人员	任务	开始时间	持续时间	完成时间
队员1	打开立库货架区计算机	8:36:00	0:00:30	8:36:30
	PDA执行上架	8:36:30	0:01:00	8:37:30
队员2	叉车叉取托盘	08:30:00	0:03:00	08:33:00
	码盘	8:33:30	0:01:00	8:34:30
	叉车执行上架	8:36:00	0:01:30	8:37:30
	叉车执行上架	8:37:30	0:02:00	8:39:30
	归还叉车	8:39:30	0:00:30	8:40:00

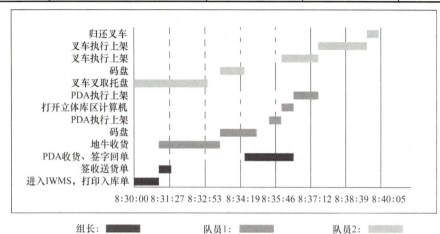

图 C-9 多人协同作业入库进度计划甘特图

（二）作业成本预算

在明确了 2016 年 11 月 4 日一天要进行的仓储配送作业基础上，对这一天要进行的所有事情的成本进行预算，包括作业过程可能发生的各种费用项目及相应的预算金额。在此只计算单人作业成本，分别计算不同成本类型的成本，然后计算综合成本，见表 C-28 和表 C-29。

表 C-28 各成本类型的成本

科目名称	成本值/min	入库时间/min	入库成本（元）	库内时间/min	库内成本（元）	出库时间/min	出库成本（元）
分拣系统运行成本							
堆垛机单位时间费用	5.00	3	15.00	2	10.00	3	15.00
波次分拣单位时间费用	1.30					4	5.20
电子标签分拣单位时间费用	2.00			4	8.00	1	2.00
动力输送线单位时间费用	0.50					4	2.00
合计		3	15.00	6	18.00	11	24.20
按时计费设备成本							
科目名称	成本值/min	入库时间/min	入库成本（元）	库内时间/min	库内成本（元）	出库时间/min	出库成本（元）
平板手推车单位时间费用	0.20			6	1.20	1	0.20
拣货手推车单位时间费用	0.20					2	0.40
动力叉车单位时间费用	1.00	5	5.00				
手动叉车单位时间费用	0.50	2	1.00				
合计		7	6.00	6	1.20	3	0.60

（续）

科目名称	成本值（次）	入库次数（次）	入库成本（元）	库内次数（次）	库内成本（元）	出库次数（次）	出库成本（元）
按次计费设备成本							
打包按纸箱计费（打包纸箱）	0.20						
打印单据按次计费（打印纸张）	0.10	2	0.20	3	0.30	6	0.60
打印纸按次计费（打印标签）	0.20					4	0.80
打包按纸箱计费（仓储笼）	0.20					4	0.80
托盘每次费用	1.00	2	2.00	1	1.00	3	3.00
周转箱每次费用	0.80					3	2.40
合计		4	2.20	4	1.30	20	7.60

科目名称	成本值/min	入库时间/min	入库成本（元）	库内时间/min	库内成本（元）	出库时间/min	出库成本（元）
作业人员计时成本							
总经理单位时间费用	0.30						
仓储部经理单位时间费用	0.30						
配送部经理单位时间费用	0.30						
客服经理单位时间费用	0.30						
客服文员单位时间费用	0.30						
仓库管理员时间单位费用	0.30			2	0.60		
入库管理员单位时间费用	0.30	3	0.90				
出库管理员时间单位费用	0.30					3	0.90
拣货员时间单位费用	0.30					10	3.00
补货员时间单位费用	0.30			11	3.30		
理货员时间单位费用	0.30	5	1.50				
搬运工时间单位费用	0.30	7	2.10			3	0.90
复核员时间单位费用	0.30					6	1.80
合计		15	4.50	13	3.90	22	6.60

配送运输作业成本

成本类型	科目名称	成本值	运输次数（次）	运输时间/min	运输里程/km	运输成本（元）
作业人员计时成本	人员成本总经理	0.50min				
	人员成本销售代表	0.20 min				
	人员成本调度员	0.30 min		3		0.90
	人员成本配载员	0.20 min		5		1.00
	人员成本运输经理	0.30 min				
	人员成本货车驾驶员	0.20 min		15		3.00
按里程计费成本	自有车辆固定成本3T	300.00 次	1			300.00
	自有车辆固定成本5T	500.00 次				
	自有车辆可变成本3T	6.00km			47	282.00
	自有车辆可变成本5T	10.00km				
	外包车辆固定成本3T	800.00 次				
	外包车辆固定成本5T	1200.00 次				
	外包车辆可变成本3T	3.00km				
	外包车辆可变成本5T	5.00km				
按次计费设备成本	纸张费用	0.30 次	10			3.00
	仓储笼费用	0.50 次	5			2.50
合计			16	23	47	592.40

表 C-29　综合作业成本

成本类型	仓储作业成本			配送作业成本（元）	合计（元）
	入库成本（元）	库内成本（元）	出库成本（元）		
分拣系统运行成本	15.00	18.00	24.20		57.20
按时计费设备成本	6.00	1.20	0.60		7.80
按次计费设备成本	2.20	1.30	7.60	5.50	16.60
作业人员计时成本	4.50	3.90	6.60	4.90	19.90
按里程计费成本				582.00	582.00
合计	27.70	24.40	39.00	592.40	683.50

八、作业实施应急预案

作业过程中需要制订紧急预案，见表 C-30。

表 C-30　紧急预案

出现的问题	应急预案
打印入库单错误	及时发现并重新调整
收货准备错误	及时发现并重新调整
验货、组托错误	及时发现并重新调整
PDA 收货、上架错误	及时发现并重新上架
叉车入库上架错误	及时发现并重新上架
归还设备错误	及时发现并重新调整
签字回单错误	及时发现并重新回单
打印补货单错误	及时发现并重新打印
货物下架错误	及时发现并重新调整
货物上架错误	及时发现并重新调整
打印出库单、拣货单错误	及时发现并重新打印
中型货架拣货错误	及时发现并重新拣货
电子标签货架拣货错误	及时发现并重新拣货
立库货架拣货错误	及时发现并重新拣货
播种错误	及时发现并重新播种
打包复核错误	及时发现并重新打包
集货错误	及时发现并重新集货
车辆调度错误	及时发现并重新调整
车辆配载错误	及时发现并重新配载
货物交接错误	及时发现并重新调整

附录 D 客户档案

表 D-1 厦门路 1 店客户档案

客户编号		2004083001		助记码		XML		
公司名称				AA 连锁超市厦门路 1 店				
公司地址			上海市静安区厦门路			邮编		200042
证件类型		营业执照		证件编号		310000		
通讯资料	法人代表	王敏	家庭电话		021-8395		联系电话	138002
	业务负责人	刘雯	联系电话		139162		办公电话	021-8352
			电子邮箱				传真号码	021-8352
财务资料	开户银行	中国农业银行		银行账号			6228488	
	税号	310106		发票地址			上海市静安区厦门路	
	财务负责人	李雪莉	联系电话		138162		电子邮箱	
资信情况	公司性质	私营	所属行业		零售业		经营范围	日用品、食品
	客户类型	重点型	客户等级		A 类		忠诚度	高
	信用额度	30 万元	应收账款		26 万元		满意度	较高
	客户状态	正常				注册资金		280 万元
	建档时间	2004 年 8 月				维护时间		2015 年 8 月
备注：								

表 D-2 合肥路 1 店客户档案

客户编号		2006093002		助记码		HFL		
公司名称				AA 连锁超市合肥路 1 店				
公司地址			上海市静安区合肥路			邮编		200040
证件类型		营业执照		证件编号		310000		
通讯资料	法人代表	梁晓波	家庭电话		021-8495		联系电话	138002
	业务负责人	李春天	联系电话		139160		办公电话	021-8486
			电子邮箱				传真号码	021-8486
财务资料	开户银行	中国建设银行		银行账号			6227009	
	税号	310106		发票地址			上海市静安区合肥路	
	财务负责人	王明	联系电话		138160		电子邮箱	
资信情况	公司性质	私营	所属行业		零售业		经营范围	日用品、食品
	客户类型	重点型	客户等级		B 类		忠诚度	较高
	信用额度	20 万元	应收账款		18 万元		满意度	高
	客户状态	升级				注册资金		200 万元
	建档时间	2006 年 9 月				维护时间		2013 年 9 月
备注：								

表 D-3　成都路 1 店客户档案

客户编号		2012063003		助记码		CDL		
公司名称				AA 连锁超市成都路 1 店				
公司地址		上海市黄浦区成都路				邮编		200010
证件类型		营业执照		证件编号		310000		
通讯资料	法人代表	杨华		家庭电话	021-8595	联系电话		138002
	业务负责人	郑思思		联系电话	139162	办公电话		021-8562
				电子邮箱		传真号码		021-8562
财务资料	开户银行	中国农业银行		银行账号		6228482		
	税号	310106		发票地址		上海市黄浦区成都路		
	财务负责人	张萌		联系电话	138162	电子邮箱		
资信情况	公司性质	私营		所属行业	零售业	经营范围		日用品、食品
	客户类型	普通型		客户等级	C 类	忠诚度		较高
	信用额度	10 万元		应收账款	9.8 万元	满意度		一般
	客户状态		正常		注册资金			150 万元
	建档时间		2012 年 6 月		维护时间			2015 年 8 月
备注：								

表 D-4　苏州路店客户档案

客户编号		2010063013		助记码		SZL		
公司名称				AA 连锁超市苏州路店				
公司地址		上海市虹口区苏州路				邮编		200698
证件类型		营业执照		证件编号		310004		
通讯资料	法人代表	白楠		家庭电话	021-8956	联系电话		13802203698
	业务负责人	霍敏轩		联系电话	139160	办公电话		021-82003666
				电子邮箱		传真号码		021-82003668
财务资料	开户银行	中国工商银行		银行账号		6222025		
	税号	310106		发票地址		上海市虹口区苏州路		
	财务负责人	闫君		联系电话	134160	电子邮箱		
资信情况	公司性质	私营		所属行业	零售业	经营范围		日用品、食品
	客户类型	普通型		客户等级	C 类	忠诚度		一般
	信用额度	22 万元		应收账款	21.9 万元	满意度		高
	客户状态		正常		注册资金			240 万元
	建档时间		2010 年 6 月		维护时间			2014 年 9 月
备注：								

表 D-5 济南路 2 店客户档案

客户编号	2011063014		助记码		JNL	
公司名称	AA 连锁超市济南路 2 店					
公司地址	上海市虹口区济南路			邮编	200698	
证件类型	营业执照		证件编号		310002	
通讯资料	法人代表	王志飞	家庭电话	021-8456	联系电话	138026
	业务负责人	张德军	联系电话	1391602	办公电话	021-8204
			电子邮箱		传真号码	021-8204
财务资料	开户银行	中国银行		银行账号	6216612	
	税号	310106		发票地址	上海市虹口区济南路	
	财务负责人	马天宝	联系电话	134160	电子邮箱	
资信情况	公司性质	私营	所属行业	零售业	经营范围	日用品、食品
	客户类型	普通型	客户等级	C 类	忠诚度	一般
	信用额度	8 万元	应收账款	6.6 万元	满意度	一般
	客户状态	正常		注册资金	120 万元	
	建档时间	2011 年 6 月		维护时间	2015 年 9 月	
备注:						

表 D-6 成都路 2 店客户档案

客户编号	2007092606		助记码		CDL	
公司名称	AA 连锁超市成都路 2 店					
公司地址	上海市普陀区成都路			邮编	200035	
证件类型	营业执照		证件编号		310005	
通讯资料	法人代表	郭天	家庭电话	021-8280	联系电话	135021
	业务负责人	贺兰兰	联系电话	1341602	办公电话	021-8285
			电子邮箱		传真号码	021-8285
财务资料	开户银行	中国工商银行		银行账号	6222028	
	税号	310106		发票地址	上海市普陀区成都路	
	财务负责人	薛小美	联系电话	132162	电子邮箱	
资信情况	公司性质	集体	所属行业	零售业	经营范围	日用品、食品
	客户类型	普通型	客户等级	B 类	忠诚度	高
	信用额度	35 万元	应收账款	34.9 万元	满意度	较高
	客户状态	正常		注册资金	320 万元	
	建档时间	2007 年 9 月		维护时间	2015 年 12 月	
备注:						

表 D-7 常熟路店客户档案

客户编号	2010032605		助记码		CSL	
公司名称			AA 连锁超市常熟路店			
公司地址		上海市普陀区常熟路		邮编		200030
证件类型		营业执照	证件编号		3100005	
通讯资料	法人代表	南阳	家庭电话	021-8260	联系电话	133021
	业务负责人	花蕊	联系电话	138160	办公电话	021-8260
			电子邮箱		传真号码	021-8260
财务资料	开户银行	中国银行	银行账号		6216615	
	税号	310106	发票地址		上海市普陀区常熟路	
	财务负责人	董媛媛	联系电话	131160	电子邮箱	
资信情况	公司性质	私营	所属行业	零售业	经营范围	日用品、食品
	客户类型	普通型	客户等级	B 类	忠诚度	一般
	信用额度	15 万元	应收账款	15 万元	满意度	较高
	客户状态	暂停		注册资金	220 万元	
	建档时间	2010 年 3 月		维护时间	2013 年 6 月	
备注：						

表 D-8 合肥路 2 店客户档案

客户编号	2008092609		助记码		HFL	
公司名称			AA 连锁超市合肥路 2 店			
公司地址		上海市长宁区合肥路		邮编		200050
证件类型		营业执照	证件编号		310005	
通讯资料	法人代表	吴荣	家庭电话	021-8560	联系电话	138020
	业务负责人	杨珍惜	联系电话	139165	办公电话	021-8560
			电子邮箱		传真号码	021-8560
财务资料	开户银行	中国交通银行	银行账号		6222605	
	税号	310106	发票地址		上海市长宁区合肥路	
	财务负责人	马可	联系电话	133021	电子邮箱	
资信情况	公司性质	股份制	所属行业	零售业	经营范围	日用品、食品
	客户类型	重点型	客户等级	B 类	忠诚度	一般
	信用额度	35 万元	应收账款	33 万元	满意度	高
	客户状态	升级		注册资金	350 万元	
	建档时间	2008 年 9 月		维护时间	2011 年 12 月	
备注：						

表 D-9　西安北路店客户档案

客户编号	2008062808		助记码		XABL	
公司名称			AA连锁超市西安北路店			
公司地址		上海市徐汇区西安北路		邮编	200023	
证件类型		营业执照	证件编号		310020	
通讯资料	法人代表	高培育	家庭电话	021-8890	联系电话	138021
	业务负责人	白小玲	联系电话	135160	办公电话	021-8860
			电子邮箱		传真号码	021-8860
财务资料	开户银行	中国工商银行		银行账号	6222025	
	税号	310106		发票地址	上海市徐汇区西安北路	
	财务负责人	冯天一	联系电话	138165	电子邮箱	
资信情况	公司性质	股份制	所属行业	零售业	经营范围	日用品、食品
	客户类型	重点型	客户等级	A类	忠诚度	高
	信用额度	50万元	应收账款	49.8万元	满意度	较高
	客户状态		正常	注册资金	500万元	
	建档时间		2008年6月	维护时间	2016年6月	
备注：						

表 D-10　太原路店客户档案

客户编号	2009032504		助记码		TYL	
公司名称			AA连锁超市太原路店			
公司地址		上海市黄浦区太原路		邮编	200013	
证件类型		营业执照	证件编号		310000	
通讯资料	法人代表	赵越	家庭电话	021-8698	联系电话	135002
	业务负责人	王强	联系电话	136162	办公电话	021-8662
			电子邮箱		传真号码	021-8662
财务资料	开户银行	中国建设银行		银行账号	6227200	
	税号	310106		发票地址	上海市黄浦区太原路	
	财务负责人	曾瑜	联系电话	1381636	电子邮箱	
资信情况	公司性质	集体	所属行业	零售业	经营范围	日用品、食品
	客户类型	重点型	客户等级	A类	忠诚度	较高
	信用额度	30万元	应收账款	28万元	满意度	高
	客户状态		正常	注册资金	300万元	
	建档时间		2009年3月	维护时间	2014年9月	
备注：						

表 D-11　杭州路店客户档案

客户编号	2009062807		助记码		HZL	
公司名称	AA连锁超市杭州路店					
公司地址	上海市徐汇区杭州路			邮编	200020	
证件类型	营业执照		证件编号		31000852	
通讯资料	法人代表	刘安	家庭电话	021-8790	联系电话	132021
	业务负责人	徐文静	联系电话	139021	办公电话	021-8760
			电子邮箱		传真号码	021-8760
财务资料	开户银行	中国银行		银行账号	6216612	
	税号	310106		发票地址	上海市徐汇区杭州路	
	财务负责人	陈鹏	联系电话	130160	电子邮箱	
资信情况	公司性质	私营	所属行业	零售业	经营范围	日用品、食品
	客户类型	普通型	客户等级	C类	忠诚度	一般
	信用额度	18万元	应收账款	17.2万元	满意度	一般
	客户状态	正常		注册资金	180万元	
	建档时间	2009年6月		维护时间	2012年9月	
备注：						

表 D-12　石家庄路店客户档案

客户编号	2007063012		助记码		SJZL	
公司名称	AA连锁超市石家庄路店					
公司地址	上海市闵行区石家庄路			邮编	200203	
证件类型	营业执照		证件编号		310004	
通讯资料	法人代表	马文	家庭电话	021-8920	联系电话	138022
	业务负责人	赵小玥	联系电话	139022	办公电话	021-8326
			电子邮箱		传真号码	021-8326
财务资料	开户银行	中国建设银行		银行账号	6227200	
	税号	310106		发票地址	上海市闵行区石家庄路	
	财务负责人	山姗	联系电话	134160	电子邮箱	
资信情况	公司性质	股份制	所属行业	零售业	经营范围	日用品、食品
	客户类型	重点型	客户等级	A类	忠诚度	高
	信用额度	10万元	应收账款	6万元	满意度	较高
	客户状态	正常		注册资金	380万元	
	建档时间	2007年6月		维护时间	2015年9月	
备注：						

表 D-13 郑州路 1 店客户档案

客户编号		2006033115		助记码		ZZL	
公司名称			AA 连锁超市郑州路 1 店				
公司地址			上海市浦东新区郑州路		邮编		200756
证件类型		营业执照		证件编号		310003	
通讯资料	法人代表	赵腾彧	家庭电话	021-8963		联系电话	13802
	业务负责人	刘妮娜	联系电话	139160		办公电话	021-8756
			电子邮箱			传真号码	021-8756
财务资料	开户银行	中国农业银行		银行账号		6228482	
	税号	310106		发票地址		上海市浦东新区郑州路	
	财务负责人	水田	联系电话	134162		电子邮箱	
资信情况	公司性质	股份制	所属行业	零售业		经营范围	日用品、食品
	客户类型	重点型	客户等级	A 类		忠诚度	高
	信用额度	40 万元	应收账款	35 万元		满意度	高
	客户状态	正常		注册资金		450 万元	
	建档时间	2006 年 3 月		维护时间		2014 年 6 月	
备注：							

表 D-14 郑州路 2 店客户档案

客户编号		2005091811		助记码		ZZL	
公司名称			AA 连锁超市郑州路 2 店				
公司地址			上海市闵行区郑州路		邮编		200203
证件类型		营业执照		证件编号		310004	
通讯资料	法人代表	马腾飞	家庭电话	021-8002		联系电话	138020
	业务负责人	米兰	联系电话	139160		办公电话	021-8300
			电子邮箱			传真号码	021-8300
财务资料	开户银行	中国交通银行		银行账号		6222600	
	税号	310106		发票地址		上海市闵行区郑州路	
	财务负责人	刘宇	联系电话	134160		电子邮箱	
资信情况	公司性质	私营	所属行业	零售业		经营范围	日用品、食品
	客户类型	普通型	客户等级	B 类		忠诚度	较高
	信用额度	10 万元	应收账款	10 万元		满意度	一般
	客户状态	暂停		注册资金		100 万元	
	建档时间	2005 年 9 月		维护时间		2013 年 12 月	
备注：							

表 D-15 西安路店客户档案

客户编号	2011092610		助记码		XAL		
公司名称			AA 连锁超市西安路店				
公司地址			上海市长宁区西安路		邮编		200055
证件类型			营业执照	证件编号	310004		
通讯资料	法人代表	孙拉	家庭电话	021-8360	联系电话		138020
	业务负责人	邓腾	联系电话	139160	办公电话		021-8365
			电子邮箱		传真号码		021-8365
财务资料	开户银行		中国交通银行	银行账号	6222602		
	税号		310106	发票地址	上海市长宁区西安路		
	财务负责人	田伟	联系电话	134160	电子邮箱		
资信情况	公司性质	私营	所属行业	零售业	经营范围		日用品、食品
	客户类型	普通型	客户等级	C 类	忠诚度		较高
	信用额度	25 万元	应收账款	24.95 万元	满意度		一般
	客户状态		正常	注册资金	250 万元		
	建档时间		2011 年 9 月	维护时间	2014 年 12 月		
备注：							

附录 E 配送中心货物堆码基础信息

1．货格单元尺寸

立库货架：3000mm×1100mm×1500mm。
托盘货架：3000mm×1100mm×1500mm。
中型货架：2000mm×500mm×600mm。
电子标签货架：4000mm×500mm×600mm。

2．货物包装规格（见图 E-1）

规格 1：430mm×320mm×300mm。
规格 2：300mm×240mm×230mm。
规格 3：600mm×400mm×500mm。
规格 4：370mm×190mm×270mm。
规格 5：480mm×380mm×360mm。
规格 6：400mm×300mm×260mm。
规格 7：440mm×270mm×250mm。
规格 8：340mm×250mm×280mm。

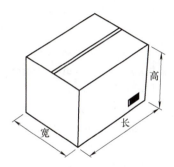

图 E-1 货物包装规格

3. 货格堆码基础信息

塑料托盘（见图 E-2）：1000mm×1200mm×150mm。

货格高度：1500mm。

堆放重量：不考虑。

注：由于货架为重型货位式货架，主要由立式柱片和横梁组合而成。一般要求叉车最大提升高度至少比最上层货架横梁高 200mm，每一层货格放上托盘货物后，距上层货格的距离不少于 250mm，以供叉车作业。

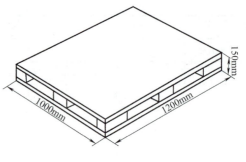

图 E-2 托盘规格

附录 F 标准正态分布表

表 F-1 标准正态分布表

x	0	1	2	3	4	5	6	7	8	9
0	0.50000	0.50399	0.50798	0.51197	0.51595	0.51994	0.52392	0.52790	0.53188	0.53586
0.1	0.53983	0.54380	0.54776	0.55172	0.55567	0.55962	0.56356	0.56749	0.57142	0.57535
0.2	0.57926	0.58317	0.58706	0.59095	0.59483	0.59871	0.60257	0.60642	0.61026	0.61409
0.3	0.61791	0.62172	0.62552	0.62930	0.63307	0.63683	0.64058	0.64431	0.64803	0.65173
0.4	0.65542	0.65910	0.66276	0.66640	0.67003	0.67364	0.67724	0.68082	0.68439	0.68793
0.5	0.69146	0.69497	0.69847	0.70194	0.70540	0.70884	0.71226	0.71566	0.71904	0.72240
0.6	0.72575	0.72907	0.73237	0.73565	0.73891	0.74215	0.74537	0.74857	0.75175	0.75490
0.7	0.75804	0.76115	0.76424	0.76730	0.77035	0.77337	0.77637	0.77935	0.78230	0.78524
0.8	0.78814	0.79103	0.79389	0.79673	0.79955	0.80234	0.80511	0.80785	0.81057	0.81327
0.9	0.81594	0.81859	0.82121	0.82381	0.82639	0.82894	0.83147	0.83398	0.93646	0.83891
1.0	0.84134	0.84375	0.84614	0.84849	0.85083	0.85314	0.85543	0.85769	0.85993	0.86214
1.1	0.86433	0.86650	0.86864	0.87076	0.87286	0.87493	0.87698	0.87900	0.88100	0.88298
1.2	0.88493	0.88686	0.88877	0.89065	0.89251	0.89435	0.89617	0.89796	0.89973	0.90147
1.3	0.90320	0.90490	0.90658	0.90824	0.90988	0.91149	0.91308	0.91466	0.91621	0.91774
1.4	0.91924	0.92073	0.92220	0.92364	0.92507	0.92647	0.92785	0.92922	0.93056	0.93189
1.5	0.93319	0.93448	0.93574	0.93699	0.93822	0.93943	0.94062	0.94179	0.94295	0.94408
1.6	0.94520	0.94630	0.94738	0.94845	0.94950	0.95053	0.95154	0.95254	0.95352	0.95449
1.7	0.95543	0.95637	0.95728	0.95818	0.95907	0.95994	0.96080	0.96164	0.96246	0.96327
1.8	0.96407	0.96485	0.96562	0.96638	0.96712	0.96784	0.96856	0.96926	0.96995	0.97062
1.9	0.97128	0.97193	0.97257	0.97320	0.97381	0.97441	0.97500	0.97558	0.97615	0.97670
2.0	0.97725	0.97778	0.97831	0.97882	0.97932	0.97982	0.98030	0.98077	0.98124	0.98169
2.1	0.98214	0.98257	0.98300	0.98341	0.98382	0.98422	0.98461	0.98500	0.98537	0.98574
2.2	0.98610	0.98645	0.98679	0.98713	0.98745	0.98778	0.98809	0.98840	0.98870	0.98899
2.3	0.98928	0.98956	0.98983	0.99010	0.99036	0.99061	0.99086	0.99111	0.99134	0.99158
2.4	0.99180	0.99202	0.99224	0.99245	0.99266	0.99286	0.99305	0.99324	0.99343	0.99361

（续）

X	0	1	2	3	4	5	6	7	8	9
2.5	0.99379	0.99396	0.99413	0.99430	0.99446	0.99461	0.99477	0.99492	0.99506	0.99520
2.6	0.99534	0.99547	0.99560	0.99573	0.99585	0.99598	0.99609	0.99621	0.99632	0.99643
2.7	0.99653	0.99664	0.99674	0.99683	0.99693	0.99702	0.99711	0.99720	0.99728	0.99736
2.8	0.99744	0.99752	0.99760	0.99767	0.99774	0.99781	0.99788	0.99795	0.99801	0.99807
2.9	0.99813	0.99819	0.99825	0.99831	0.99836	0.99841	0.99846	0.99851	0.99856	0.99861
3.0	0.99865	0.99869	0.99874	0.99878	0.99882	0.99886	0.99889	0.99893	0.99896	0.99900
3.1	0.99903	0.99906	0.99910	0.99913	0.99916	0.99918	0.99921	0.99924	0.99926	0.99929
3.2	0.99931	0.99934	0.99936	0.99938	0.99940	0.99942	0.99944	0.99946	0.99948	0.99950
3.3	0.99952	0.99953	0.99955	0.99957	0.99958	0.99960	0.99961	0.99962	0.99964	0.99965
3.4	0.99966	0.99968	0.99969	0.99970	0.99971	0.99972	0.99973	0.99974	0.99975	0.99976
3.5	0.99977	0.99978	0.99978	0.99979	0.99980	0.99981	0.99981	0.99982	0.99983	0.99983
3.6	0.99984	0.99985	0.99985	0.99986	0.99986	0.99987	0.99987	0.99988	0.99988	0.99989
3.7	0.99989	0.99990	0.99990	0.99990	0.99991	0.99991	0.99992	0.99992	0.99992	0.99992
3.8	0.99993	0.99993	0.99993	0.99994	0.99994	0.99994	0.99994	0.99995	0.99995	0.99995
3.9	0.99995	0.99995	0.99996	0.99996	0.99996	0.99996	0.99996	0.99996	0.99997	0.99997
4.0	0.99997	0.99997	0.99997	0.99997	0.99997	0.99997	0.99998	0.99998	0.99998	0.99998
4.1	0.99998	0.99998	0.99998	0.99998	0.99998	0.99998	0.99998	0.99998	0.99999	0.99999
4.2	0.99999	0.99999	0.99999	0.99999	0.99999	0.99999	0.99999	0.99999	0.99999	0.99999
4.3	0.99999	0.99999	0.99999	0.99999	0.99999	0.99999	0.99999	0.99999	0.99999	0.99999
4.4	0.99999	0.99999	1.00000	1.00000	1.00000	1.00000	1.00000	1.00000	1.00000	1.00000

附录G 货物基础信息表

表 G-1 货物基础信息表

序号	物料编码	物料名称	类别	包装代码	规格 [（长/mm）×（宽/mm）×（高/mm）]	重量/kg	价格（元）	保质期	供应商
1	0101001	美汁源果粒橙	饮料	1-10-180	480×380×360	1.2	8	12个月	BB饮料有限公司
2	0101002	红星二锅头酒	饮料	1-12-720	300×240×230	0.48	12	12个月	BB饮料有限公司
3	0101003	西凤陈酒A8	饮料	1-16-576	340×250×280	0.48	38	12个月	BB饮料有限公司
4	0102001	百事可乐	饮料	1-24-576	430×320×300	0.58	3	12个月	BB饮料有限公司
5	0102002	可口可乐	饮料	1-24-576	430×320×300	0.58	5	12个月	BB饮料有限公司
6	0102003	雪碧	饮料	1-24-576	430×320×300	0.48	3	12个月	BB饮料有限公司

（续）

序号	物料编码	物料名称	类别	包装代码	规格［（长/mm）×（宽/mm）×（高/mm）］	重量/kg	价格（元）	保质期	供应商
7	0103001	王老吉	饮料	1-16-576	340×250×280	0.3	3.5	24个月	BB饮料有限公司
8	0103002	加多宝	饮料	1-24-576	430×320×300	0.3	3	24个月	BB饮料有限公司
9	0103003	红牛	饮料	1-24-576	430×320×300	0.24	6	12个月	BB饮料有限公司
10	0103004	脉动	饮料	1-16-576	340×250×280	0.48	6	18个月	BB饮料有限公司
11	0103005	东鹏特饮	饮料	1-27-972	440×270×250	0.24	5	12个月	BB饮料有限公司
12	0104001	爽歪歪	饮料	1-27-972	440×270×250	0.195	2	6个月	BB饮料有限公司
13	0104002	青岛啤酒（Tsingtao）纯生	饮料	1-16-576	340×250×280	0.48	4	12个月	BB饮料有限公司
14	0105001	统一冰红茶	饮料	1-24-576	430×320×300	0.55	3	12个月	BB饮料有限公司
15	0105002	智力海燕赤霞干红葡萄酒	饮料	1-24-576	430×320×300	0.52	29	12个月	BB饮料有限公司
16	0105003	康师傅冰红茶	饮料	1-24-576	430×320×300	0.52	3	12个月	BB饮料有限公司
17	0106001	阿拉老酒（开坛8年）	饮料	1-24-576	430×320×300	0.59	30	12个月	BB饮料有限公司
18	0106002	百岁山矿泉水	饮料	1-12-720	300×240×230	0.49	4	18个月	BB饮料有限公司
19	0106003	恒大冰泉	饮料	1-27-972	440×270×250	0.49	3	18个月	BB饮料有限公司
20	0106004	昆仑山雪山矿泉水	饮料	1-24-576	430×320×300	0.5	4	24个月	BB饮料有限公司
21	0201001	旺旺仙贝	休闲食品	1-24-240	600×400×500	0.5	24	18个月	CC零食工坊有限公司
22	0201002	米老头蛋黄煎饼	休闲食品	1-12-384	400×300×260	0.29	10	18个月	CC零食工坊有限公司
23	0201003	米多奇雪饼	休闲食品	1-6-60	600×400×500	0.91	40	18个月	CC零食工坊有限公司
24	0202001	乐吧薯片	休闲食品	1-50-3000	300×240×230	0.045	2	12个月	CC零食工坊有限公司
25	0202002	乐事薯片（原味）	休闲食品	1-24-240	600×400×500	0.14	12	18个月	CC零食工坊有限公司
26	0202003	好丽友薯片	休闲食品	1-24-240	600×400×500	0.15	16	18个月	CC零食工坊有限公司
27	0203001	秦之恋手工锅巴	休闲食品	1-12-384	400×300×260	0.38	12	6个月	CC零食工坊有限公司
28	0203002	傻二哥粗粮锅巴	休闲食品	1-18-1080	370×190×270	0.09	4.5	6个月	CC零食工坊有限公司

（续）

序号	物料编码	物料名称	类别	包装代码	规格 [（长/mm）×（宽/mm）×（高/mm）]	重量/kg	价格（元）	保质期	供应商
29	0203003	百吉猫锅巴	休闲食品	1-12-384	400×300×260	0.29	6	12个月	CC零食工坊有限公司
30	0203004	三只松鼠糯米锅巴	休闲食品	1-12-384	400×300×260	0.25	20	6个月	CC零食工坊有限公司
31	0204001	恰恰开口松子	休闲食品	1-4-72	480×380×360	0.185	20	6个月	CC零食工坊有限公司
32	0204002	金鸽瓜子	休闲食品	1-30-720	430×320×300	0.35	8	6个月	CC零食工坊有限公司
33	0204003	老灶煮花生	休闲食品	1-30-720	430×320×300	0.68	28.5	6个月	CC零食工坊有限公司
34	0204004	三只松鼠手剥山核桃	休闲食品	1-24-240	600×400×500	0.225	40	6个月	CC零食工坊有限公司
35	0205001	好丽友巧克力派	休闲食品	1-24-240	600×400×500	1	29	18个月	CC零食工坊有限公司
36	0205002	盼盼肉松饼	休闲食品	1-10-180	480×380×360	2.48	53	6个月	CC零食工坊有限公司
37	0205003	港荣蒸蛋糕	休闲食品	1-40-1280	400×300×260	0.95	39	6个月	CC零食工坊有限公司
38	0206001	三只松鼠黑加仑葡萄干	休闲食品	1-6-360	370×190×270	0.27	19	6个月	CC零食工坊有限公司
39	0206002	五分文冰糖话梅	休闲食品	1-30-720	430×320×300	0.15	16	12个月	CC零食工坊有限公司
40	0206003	同享九制话梅	休闲食品	1-10-360	340×250×280	0.118	7	18个月	CC零食工坊有限公司
41	0301001	康师傅红烧牛肉面	副食品	1-40-1280	400×300×260	0.11	5	6个月	DD副食品发展有限公司
42	0301002	统一老坛酸菜面（桶装）	副食品	1-12-720	300×240×230	0.105	5	6个月	DD副食品发展有限公司
43	0301003	统一小浣熊干脆面	副食品	1-18-1080	370×190×270	0.048	1	6个月	DD副食品发展有限公司
44	0301004	五谷道场方便面	副食品	1-24-240	600×400×500	0.54	22	6个月	DD副食品发展有限公司
45	0302001	厨师红烧牛肉米饭	副食品	1-18-648	440×270×250	0.44	16	18个月	DD副食品发展有限公司
46	0302002	皓康自热鲜拌面	副食品	1-40-1280	400×300×260	0.225	10	6个月	DD副食品发展有限公司
47	0302003	周家庄骨汤饭	副食品	1-6-60	600×400×500	0.78	10	12个月	DD副食品发展有限公司
48	0303001	银鹭八宝粥	副食品	1-12-720	300×240×230	0.335	4	24个月	DD副食品发展有限公司
49	0303002	娃哈哈桂圆莲子八宝粥	副食品	1-12-720	300×240×230	0.27	3.5	24个月	DD副食品发展有限公司
50	0304001	欢乐家黄桃罐头	副食品	1-18-648	440×270×250	0.85	12	24个月	DD副食品发展有限公司

（续）

序号	物料编码	物料名称	类别	包装代码	规格［（长/mm）×（宽/mm）×（高/mm）］	重量/kg	价格（元）	保质期	供应商
51	0304002	梅林午餐肉罐头	副食品	1-10-360	340×250×280	0.32	15	24个月	DD副食品发展有限公司
52	0304003	平西府牛肉火锅罐头	副食品	1-18-1080	370×190×270	0.45	30	24个月	DD副食品发展有限公司
53	0305001	酱牛八方香菇牛肉	副食品	1-6-360	370×190×270	0.16	15	24个月	DD副食品发展有限公司
54	0305002	乌江涪陵榨菜	副食品	1-50-3000	300×240×230	0.058	8	18个月	DD副食品发展有限公司
55	0305003	松露油杏鲍菇辣酱	副食品	1-12-720	300×240×230	0.2	40	24个月	DD副食品发展有限公司
56	0305004	阿一波橄榄菜	副食品	1-12-720	300×240×230	0.38	16	18个月	DD副食品发展有限公司
57	0306001	金锣肉粒多	副食品	1-4-72	480×380×360	0.3	12	6个月	DD副食品发展有限公司
58	0306002	泡面搭档	副食品	1-6-360	370×190×270	2.8	60	6个月	DD副食品发展有限公司
59	0306003	双汇Q趣火腿	副食品	1-6-360	370×190×270	3.35	95	6个月	DD副食品发展有限公司
60	0306004	双汇王中王	副食品	1-4-72	480×380×360	0.56	16	6个月	DD副食品发展有限公司
61	0401001	清扬洗发水	洗涤日化	1-30-720	430×320×300	0.7	45	36个月	EE洗涤日化有限公司
62	0401002	力士（LUX）洗发露	洗涤日化	1-30-720	430×320×300	0.7	63	36个月	EE洗涤日化有限公司
63	0401003	海飞丝洗发露	洗涤日化	1-30-720	430×320×300	0.7	80	36个月	EE洗涤日化有限公司
64	0401004	沙宣套装（洗发护发）	洗涤日化	1-24-240	600×400×500	0.95	150	36个月	EE洗涤日化有限公司
65	0402001	舒肤佳沐浴露	洗涤日化	1-30-720	430×320×300	1.5	36	36个月	EE洗涤日化有限公司
66	0402002	妮维雅男士洁面炭泥	洗涤日化	1-50-3000	300×240×230	0.15	39	36个月	EE洗涤日化有限公司
67	0402003	美涛保温摩丝定型喷雾	洗涤日化	1-50-3000	300×240×230	0.125	199	36个月	EE洗涤日化有限公司
68	0403001	痘清洗面奶	洗涤日化	1-50-3000	300×240×230	0.11	30	36个月	EE洗涤日化有限公司
69	0403002	大宝SOD蜜	洗涤日化	1-50-3000	300×240×230	0.1	9	36个月	EE洗涤日化有限公司
70	0403003	佰草集美白面膜	洗涤日化	1-12-720	300×240×230	0.5	200	18个月	EE洗涤日化有限公司
71	0404001	蓝月亮洗衣液	洗涤日化	1-18-648	440×270×250	2.95	45	36个月	EE洗涤日化有限公司
72	0404002	沙宣摩丝	洗涤日化	1-12-720	300×240×230	0.68	18	36个月	EE洗涤日化有限公司

（续）

序号	物料编码	物料名称	类别	包装代码	规格[（长/mm）×（宽/mm）×（高/mm）]	重量/kg	价格（元）	保质期	供应商
73	0404003	汰渍净白去渍洗衣粉	洗涤日化	1-24-240	600×400×500	2.75	25	36个月	EE洗涤日化有限公司
74	0404004	曼思无味环保指甲油	洗涤日化	1-18-648	440×270×250	2.95	35	36个月	EE洗涤日化有限公司
75	0405001	洁柔Face卷纸	洗涤日化	1-4-72	480×380×360	1.75	26	36个月	EE洗涤日化有限公司
76	0405002	维达抽纸纸巾	洗涤日化	1-40-1280	400×300×260	1.35	15	36个月	EE洗涤日化有限公司
77	0405003	舒洁湿纸巾	洗涤日化	1-30-720	430×320×300	0.67	20	24个月	EE洗涤日化有限公司
78	0405004	美甲指甲油	洗涤日化	1-12-720	300×240×230	0.13	5	24个月	EE洗涤日化有限公司
79	0406001	舒适达抗敏感牙膏	洗涤日化	1-50-3000	300×240×230	0.18	48	24个月	EE洗涤日化有限公司
80	0406002	黑人牙膏	洗涤日化	1-50-3000	300×240×230	0.225	13	36个月	EE洗涤日化有限公司
81	0501001	洁丽雅毛巾	日用百货	1-6-60	600×400×500	0.102	14	12个月	FF日用百货有限公司
82	0501002	Zippo打火机	日用百货	1-6-60	600×400×500	0.36	68	12个月	FF日用百货有限公司
83	0501003	洁丽雅印花枕巾	日用百货	1-24-240	600×400×500	0.17	30	24个月	FF日用百货有限公司
84	0501004	一次性打火机	日用百货	1-18-1080	370×190×270	0.1	18	12个月	FF日用百货有限公司
85	0502001	餐台笤帚簸箕套装	日用百货	1-10-180	480×380×360	0.13	16	24个月	FF日用百货有限公司
86	0502002	百家好旋转拖把	日用百货	1-6-60	600×400×500	2.5	60	18个月	FF日用百货有限公司
87	0502003	枪手无味杀虫气雾剂	日用百货	1-6-60	600×400×500	0.6	25	24个月	FF日用百货有限公司
88	0502004	宜洁垃圾袋	日用百货	1-30-720	430×320×300	0.25	10	18个月	FF日用百货有限公司
89	0503001	六神喷雾艾叶花露水	日用百货	1-27-972	440×270×250	0.18	18	18个月	FF日用百货有限公司
90	0503002	科比防风煤油打火机	日用百货	1-50-3000	300×240×230	0.3	9	24个月	FF日用百货有限公司
91	0503003	雷达电热蚊香液	日用百货	1-50-3000	300×240×230	0.008	5	18个月	FF日用百货有限公司
92	0504001	厨房置物架	日用百货	1-6-60	600×400×500	0.95	45	24个月	FF日用百货有限公司
93	0504002	水果蔬菜收纳架	日用百货	1-6-60	600×400×500	0.45	14	24个月	FF日用百货有限公司
94	0504003	抗菌竹子砧板	日用百货	1-24-240	600×400×500	1.95	40	36个月	FF日用百货有限公司
95	0504004	不锈钢圆形加厚面盆	日用百货	1-6-60	600×400×500	0.48	32	36个月	FF日用百货有限公司
96	0505001	六神花露水	日用百货	1-10-360	340×250×280	0.145	7	18个月	FF日用百货有限公司

（续）

序号	物料编码	物料名称	类别	包装代码	规格［（长/mm）×（宽/mm）×（高/mm）］	重量/kg	价格（元）	保质期	供应商
97	0505002	樱之花防蛀防霉樟脑丸	日用百货	1-6-60	600×400×500	0.495	20	18个月	FF日用百货有限公司
98	0505003	A5皮面带扣记事本	日用百货	1-10-360	340×250×280	0.635	8	24个月	FF日用百货有限公司
99	0506001	多功能五金工具箱	日用百货	1-10-180	480×380×360	4.95	125	36个月	FF日用百货有限公司
100	0506002	双开加长U形锁	日用百货	1-30-720	430×320×300	1.6	60	36个月	FF日用百货有限公司
101	0601001	晨光原木HB铅笔	文化用品	1-4-72	480×380×360	2.3	100	30个月	GG文化用品有限公司
102	0601002	晨光按动子弹头中性笔	文化用品	1-4-72	480×380×360	1.6	220	30个月	GG文化用品有限公司
103	0601003	英雄学生练字钢笔	文化用品	1-6-360	370×190×270	1.5	50	30个月	GG文化用品有限公司
104	0602001	彩色长尾票夹	文化用品	1-10-180	480×380×360	0.78	12	30个月	GG文化用品有限公司
105	0602002	得力502强力胶	文化用品	1-6-360	370×190×270	1.5	18	30个月	GG文化用品有限公司
106	0602003	得力桶装回形针	文化用品	1-10-180	480×380×360	0.8	8	30个月	GG文化用品有限公司
107	0603001	红双喜道勃尔乒乓球	文化用品	1-18-648	440×270×250	0.485	69	30个月	GG文化用品有限公司
108	0603002	李宁鹅毛羽毛球	文化用品	1-12-384	400×300×260	0.485	58	30个月	GG文化用品有限公司
109	0603003	威尔胜WILSON网球	文化用品	1-18-648	440×270×250	0.485	34	30个月	GG文化用品有限公司
110	0604001	道林A5活页纸	文化用品	1-10-360	340×250×280	0.5	15	30个月	GG文化用品有限公司
111	0604002	玛丽36K练习本	文化用品	1-12-384	400×300×260	0.685	10	30个月	GG文化用品有限公司
112	0605001	24色3D彩泥橡皮泥	文化用品	1-16-576	340×250×280	0.45	38	30个月	GG文化用品有限公司
113	0605002	米菲36色水彩笔	文化用品	1-16-576	340×250×280	0.395	24	30个月	GG文化用品有限公司
114	0606001	龙猫果冻笔袋	文化用品	1-27-972	440×270×250	0.11	7	30个月	GG文化用品有限公司
115	0606002	小怪兽拉链笔袋	文化用品	1-40-1280	400×300×260	0.045	8	30个月	GG文化用品有限公司
116	0606003	得力多功能铅笔盒	文化用品	1-40-1280	400×300×260	0.045	12	30个月	GG文化用品有限公司
117	0606004	欧唛多层木质文具盒	文化用品	1-27-972	440×270×250	0.11	28	30个月	GG文化用品有限公司
118	0607001	得力4B美术用橡皮擦	文化用品	1-18-1080	370×190×270	0.74	5	30个月	GG文化用品有限公司
119	0607002	晨光改正液	文化用品	1-18-1080	370×190×270	0.365	10	30个月	GG文化用品有限公司
120	0607003	全万年方形钢嘴修正液	文化用品	1-10-360	340×250×280	0.34	3	30个月	GG文化用品有限公司

参考文献

[1] 薛威. 仓储作业管理 [M]. 北京：高等教育出版社，2012.
[2] 沈文天. 配送作业管理 [M]. 北京：高等教育出版社，2012.
[3] 陈勇. 配送实务 [M]. 郑州：河南科学技术出版社，2013.
[4] 吴理门. 配送作业与管理 [M]. 武汉：武汉大学出版社，2011.
[5] 谢翠梅. 仓储与配送管理实务 [M]. 北京：北京交通大学出版社，2013.
[6] 罗书林，刘翠芳. 仓储管理实务 [M]. 北京：北京大学出版社，2014.
[7] 李加明. 连锁企业物流配送中心运营实务 [M]. 北京：北京理工大学出版社，2014.
[8] 徐丽蕊，杨卫军. 仓储作业实务 [M]. 北京：北京理工大学出版社，2016.
[9] 骆卫青. 仓储与配送业务管理 [M]. 北京：国防工业出版社，2013.
[10] 刘慧娟，顾全根. 物流成本管理 [M]. 北京：国防工业出版社，2015.
[11] 陈荣秋，马士华. 生产运作管理 [M]. 4版. 北京：机械工业出版社，2013.
[12] 赵刚. 物流成本分析与控制 [M]. 成都：四川人民出版社，2009.
[13] 张卓. 项目管理 [M]. 2版. 北京：科学出版社，2009.